ARBRES & ARBUSTES

Bruno P. Kremer

Gunter Steinbach éd.
revu par Bärbel Oftring

775 photos
535 dessins

Rossolis

ULMER

Table des matières

Introduction
Ce qu'il faut savoir sur les arbres et les arbustes 4
Adaptables à souhait 8
Attrait multicolore 10
La couleur des fruits n'est pas un hasard 12
Verdure apaisante 14
Le tronc, témoin de l'Histoire 16
Lexique botanique 18
Arbres et arbustes : un aperçu 20
Les feuilles des arbres 22
Les feuilles des arbustes 24
Fleurs et chatons 26
Les fruits 30

ACTIFS DANS LA NATURE
Enfin le printemps : place aux feuilles ! 36
Une pépinière sur le bord de la fenêtre 38
Profiter de l'automne… et le comprendre 40
De subtiles techniques pour se propager 42
À la découverte du bourgeon 44

Index des espèces 368
Fruits sauvages et comestibles 380
Fruits sauvages comestibles ou toxiques 384

Conifères à feuilles en aiguilles
ou en écailles 46

Feuillus, feuilles opposées
et à marge entière 102

Feuillus, feuilles opposées
et à marge dentée 134

Feuillus, feuilles opposées
et à marge lobée ou sinuée 142

Feuillus, feuilles alternes
et à marge entière 152

Feuillus, feuilles alternes
et à marge dentée 218

Feuillus, feuilles alternes
et à marge lobée ou sinuée 292

Feuillus
à feuilles composées 314

Ce qu'il faut savoir sur les arbres et les arbustes

Nous partageons notre espace vital avec des plantes. Partout. Il y en a de si petites que nous les remarquons à peine : les algues sur le mur, les mousses dans les joints des pavés ou les herbes dans les fentes de l'asphalte et du béton. En général, nous accordons davantage d'attention aux arbres et aux arbustes.

Comparés aux algues, aux mousses et aux herbes, les arbres et les arbustes incarnent une forme de vie végétale particulière. On les reconnaît aux tissus du système racinaire, du tronc et des branches, presque tous lignifiés. C'est pour cela qu'on les nomme communément plantes ligneuses ou, simplement, ligneux.

Le tronc des arbres, dans sa partie inférieure, est dépourvu de branches.

Il y a aussi peu d'arbres herbacés que d'herbes arborescentes. La lignification entraîne un port et un aspect extérieur très caractéristiques.

Des têtes couronnées

Un **arbre** est un végétal ligneux avec un tronc vertical, robuste et une couronne ramifiée. Même les arbres isolés, qui paraissent couverts de branches jusqu'en bas et peuvent avoir un aspect buissonnant, n'ont pas de branches dans la partie inférieure du tronc.

En revanche, les **arbustes** n'ont pas un tronc bien défini et proéminent. Ils se ramifient immédiatement au-dessus du sol, les nombreux troncs et branches étant à peu près du même calibre. Ils forment ainsi des structures buissonnantes et souvent impénétrables, déjà à quelques centimètres du sol. On pourrait admettre qu'un arbuste est une couronne d'arbre posée à même le sol.

Il faut différencier les **buissons** des arbustes. Ces derniers sont complètement lignifiés, tandis que les buissons se situent entre les herbes et les plantes vivaces. Ils ne sont lignifiés qu'à la base du tronc et aux branches principales. Ils survivent durant les mois automnaux et hivernaux, produisent de nouvelles pousses à la nouvelle saison végétative mais celles-ci ne se lignifient qu'à la deuxième ou troisième année. De nombreuses plantes aromatiques comme la sauge et le thym ne sont donc ni des herbes, ni de véritables arbustes, mais plutôt des buissons.

Arbre, arbuste ou les deux ?

Certains ligneux peuvent se développer comme arbuste ou comme arbre. Par exemple, le sureau noir. Il apparaît la plupart du temps comme un arbuste, mais est également connu dans sa forme arborescente. Il en va de même avec le houx.

Des conditions de croissance particulières imposent d'importants changements d'aspect même à des arbres caractéristiques : le hêtre a un port normalement imposant, mais lorsqu'il pousse près de la limite des forêts, en montagne ou dans le nord de l'Europe, il se développe comme un arbuste à la couronne évasée et aux branches plaquées au sol.

Certains arbustes portent l'appellation d'arbre à cause de leurs grandes dimensions : arbre à perruques, arbre aux papillons, arbre de Judée. Le nom commun n'est donc pas toujours fiable...

Alors que quelques ligneux peuvent choisir entre la forme arborescente et arbustive en fonction des conditions de la station, la Nature ne permet pas aux buissons d'adopter un port d'arbuste ou d'arbre. Il n'existe pas non plus d'arbres au port de buisson.

Un formidable succès

Des plantes arborescentes croissent sur notre planète depuis presque 350 millions d'années. Dès que les premières plantes terrestres se développèrent à partir de varech et fougères aquatiques, au cours du Dévonien, la forme végétale au port vertical et à la couronne riche en branches s'imposa sur les autres.

Depuis, les arbres dominent la couverture végétale de la terre ferme. Des forêts continentales existaient déjà au Carbonifère, l'époque succédant au Dévonien. Leur croissance luxuriante est désormais consignée dans des couches étendues de charbon fossile.

Les arbustes sont ramifiés depuis le sol.

Les buissons comme l'hysope ne sont lignifiés qu'à la base.

De la graine à l'arbre

Même les plus grands arbres débutent leur existence par de minuscules semis d'aspect herbacé qui ont peu de chances de survivre. Cependant, en grandissant, ils surpassent tous les autres végétaux. Leur domination s'observe dans la couverture végétale naturelle : là où les conditions climatiques le permettent, la végétation naturelle se développe toujours en zones boisées et forêts.

Sous nos climats, la partie aérienne de nombreuses plantes disparaît à la fin de la belle saison; parfois la plante meurt carrément. Les graines ou les organes de réserve enfouis dans le sol donneront naissance l'année suivante à une nouvelle biomasse herbacée. Par contre, les ligneux fixent leur croissance annuelle dans le bois et se renouvellent à partir des bourgeons dormants, situés à la terminaison des branches. Ainsi, les arbres possèdent la longévité la plus importante de tous les êtres vivants. Les séquoias géants de Californie vivent plus de 4000 ans. Les plus vieux d'entre eux ont germé lorsqu'en Europe moyenne se terminait l'Age du Bronze. Mais il y a aussi des ifs de 2000 ans et des tilleuls millénaires qui sont de réels témoins de l'Histoire occidentale.

La richesse d'espèces par étages

En dépit de la surface relativement élevée de forêts, la flore arborescente indigène se compose de peu d'espèces. En Europe moyenne, les espèces d'arbres indigènes sont inférieures à trois douzaines. Par contre, on dénombre environ 100 espèces d'arbustes indigènes. Aujourd'hui, des peuplements d'arbustes sauvages colonisent des stations naturellement non boisées. En sont un exemple les landes à arbustes nains sur les prairies alpines et la toundra nordique. Dans l'intérieur des terres d'Europe moyenne, les saulaies buissonnantes constituent les boisements na-

Les célèbres séquoias géants du Kings Canyon, en Californie.

Lande à buissons nains alpins, à myrtilles et rhododendrons.

turels le long des rives des cours d'eau et près des eaux tranquilles, des marais et des prairies humides, mais les ligneux colonisent aussi les falaises et les pentes raides le long des vallées de moyenne montagne.

En Europe moyenne on trouve aussi d'autres espèces non-indigènes, car les conditions sont favorables à certaines espèces d'Amérique du Nord ou de l'Est de l'Asie. Ces dernières ont été introduites au cours des décennies passées comme essences forestières ou comme arbres et arbustes décoratifs. Les essences exotiques n'enrichissent donc pas uniquement les parcs et les jardins. On les trouve dans des plantations sylvicoles, le long des routes et même dans les vergers. Avec ces importations d'espèces exotiques, on recense aujourd'hui plus de 500 espèces d'arbres et d'arbustes dans nos pays.

Pourquoi y a-t-il si peu d'espèces indigènes ?

À l'époque Tertiaire, il y a environ 25 millions d'années, la richesse spécifique des ligneux d'Europe moyenne était bien plus importante qu'aujourd'hui, comme le démontrent les gisements de fossiles. Les palmiers étaient indigènes, tout comme l'ailante, le laurier-sauce et le magnolia.

Cet appauvrissement des espèces n'est pas une conséquence des problèmes environnementaux actuels, il trouve sa cause dans la dernière époque glaciaire. Peu d'espèces thermophiles ont pu se réfugier loin des fronts glaciaires, dans les régions sud-orientales et sud-occidentales d'Europe, car les verrous montagneux transversaux (les Pyrénées, les Alpes et les Carpates) constituaient des barrières insurmontables. Par contre, en Amérique du Nord, les grandes chaînes montagneuses sont généralement disposées en direction Nord-Sud. Les plantes thermophiles ont donc pu se replier sur des contrées méridionales. La flore arborescente du Nouveau Monde est ainsi restée bien plus riche en espèces que celle au nord des Alpes. Dans les parcs et les jardins, les ligneux provenant d'Amérique septentrionale et d'Asie orientale compensent les pertes.

Adaptables à souhait

Le port des ligneux dépend des conditions de croissance. Ce sont les arbustes qui ont développé le plus de stratégies d'adaptation aux facteurs environnementaux.

Les feuilles de plusieurs années des **arbustes à feuilles persistantes** sont toujours vertes, solides et coriaces. La cire de surface renforce le tissu foliaire et le protège de l'évapotranspiration. Les espèces toujours vertes comme le buis et le houx préfèrent le sud, chaud et sec, mais supportent le gel et sont largement diffusées dans les territoires d'Europe moyenne où les hivers sont cléments. Le laurier-sauce, par contre, est une vraie espèce méridionale : au nord, il ne passe qu'exceptionnellement l'hiver en plein air.

Les **arbustes à feuilles réduites** montrent également une adaptation impressionnante aux conditions hydriques irrégulières et à la carence d'eau. Leurs feuilles sont petites et peuvent tomber avant l'automne. La photosynthèse, activité vitale, incombe aux branches, fines et vertes, comme chez le genêt à balais, le genêt ailé, le spartier et l'ajonc. Le fragon présente une particularité unique : ses branches se développent carrément comme des feuilles, pour augmenter la surface exposée à l'irradiation solaire.

L'effet du climat : un hêtre arbustif !

Au-dessus de la limite des forêts et dans la toundra arctique se développent de minuscules espèces de saule, comme le saule réticulé et le saule herbacé. On n'en voit parfois que les terminaisons des troncs ou des branches, de la taille d'allumettes, pour autant qu'elles dépassent du sol. Ce sont des **arbustes rampants**. Ils se blottissent densément comme des tapis et peuvent ainsi contrer les attaques du vent, profitant aussi de la couche de neige protectrice durant la saison froide.

Les **arbustes nains** comme la camarine, l'airelle, la myrtille, la bruyère et le bouleau nain entrent dans une autre catégorie. D'une hauteur à mi-chemin entre la cheville et le genou, ils forment également de petits fourrés denses. Ce port permet d'exploiter au mieux la chaleur du sol et de limiter l'évapotranspiration. Cette dernière est aussi réduite grâce à des feuilles particulièrement petites.

Bien défendus

De nombreuses plantes savent se défendre efficacement : on le remarque lorsque notre pantalon reste croché aux ronces ou que notre main frôle un ajonc par inadvertance. Il n'y aurait pas de plantes supérieures telles que nous les connaissons si elles n'avaient pas dû dresser des défenses contre

Épais et bien défendu : l'églantier.

Il grimpe par ses racines : le lierre.

les animaux depuis la nuit des temps. Elles ont développé des réponses raffinées et variées — poison ou goût nauséabond, épines, aiguillons. Le rosier des champs, l'épine-vinette et l'épine noire se protègent des museaux blessants des gros ruminants avec leurs piquants. Cependant, pour certaines larves d'insectes qui se glissent dans les rameaux des arbustes ou cherchent leur menu vert dans les fourrés épais, la défense épineuse n'est pas un obstacle mais plutôt une bonne protection.

Grimper

Les longues épines des ronces et des rosiers, courbées vers l'arrière ne les protègent pas que des animaux : elles aident à grimper, œuvrant selon le principe du coinceur ou du clou d'escalade.

De plantes ligneuses remarquables sont également celles qui grimpent comme des lianes en s'enroulant et se faufilant vers la lumière, recouvrant des murailles, des treillis ou la couronne d'autres arbres et arbustes. La clématite, par exemple, grimpe très haut à l'aide de ses robustes pétioles. Au bord des zones alluviales et en lisière forestière, elle tisse de denses rideaux de plusieurs mètres de haut, dont l'enchevêtrement de tiges rappelle les lianes des forêts pluviales tropicales.

Parmi les plantes ornementales introduites figurent également des privilégiées à la croissance rapide : la glycine est un arbuste grimpant qui s'enroule vers la gauche. Le lierre grimpe aux arbres le long du tronc et ne s'étale qu'une fois arrivé à la couronne. Il monte à l'aide de racines situées le long des pousses. Cette technique lui permet également de grimper sur des murs. Certaines vignes vierges exhibent d'élégantes ventouses qui leur permettent même d'escalader des façades complètement lisses. Il s'agit de parties foliaires transformées.

Attrait multicolore

De nombreux arbustes ornementaux comptent sur des animaux pollinisateurs. Pour les appâter, ils ont rendu leurs fleurs plus attrayantes.

Une simple tache de couleur sur fond vert rend à peine curieux et n'attire pas les foules de nectarivores. Il en faut davantage. Car les insectes qui se ruent affamés ou assoiffés sur une fleur, ne veulent pas chercher trop longtemps.

Le principe de la cible

Sur les fleurs de nombreux arbustes ornementaux, les insectes repèrent immédiatement leur chemin : le contraste entre le bord et le centre de la fleur sert d'indicateur de direction et de piste d'atterrissage. Presque toutes les fleurs pollinisées par des insectes colorent leur centre afin d'intéresser leurs visiteurs : celui-ci est soit nettement plus foncé, soit nettement plus clair que le bord. Le stratagème est valable tant pour les fleurs sauvages que pour les arbres et arbustes aux fleurs voyantes.

Ce contraste de couleurs amène l'insecte avec précision au centre de la fleur, où il trouve sa récompense en nectar. Vous pouvez aisément observer le motif de cette cible dans les fleurs des rosiers, des hibiscus, des pervenches ou des arbres à papillons. Les enfants le comprennent par intuition : lorsqu'ils dessinent une fleur, ils en colorent le centre et le bord en accentuant les contrastes, comme si cela allait de soi.

Une superfleur : l'inflorescence

Pourquoi la fleur du cornouiller, du sureau ou de la viorne est-elle en fait composée de plusieurs petites fleurs ? Et celle de l'hortensia de nombreuses petites fleurs fertiles au centre, entourées d'une couronne de fleurs exubérantes mais stériles ? Ces fleurs composées, indépendamment de leur structure, nous apparaissent comme une seule grande fleur.

Vous pouvez en observer aussi chez les fleurs sauvages, en particulier chez les ombellifères et les composées. En regardant attentivement une inflorescence, on peut repérer des douzaines, et jusqu'à une centaine de fleurs. L'ensemble apparaît aux pollinisateurs assoiffés comme une extraordinaire superfleur, particulièrement attrayante.

Les étamines de l'épine-vinette forment des lignes optiques qui conduisent au centre.

Le buddléia produit des inflorescences compactes et attire de nombreux papillons.

Suivez les lignes !

Afin d'attirer les regards et conduire les visiteurs ailés à la cible, les fleurs ajoutent encore un maquillage : chez la globulaire, le romarin, la bugrane et la guimauve, un motif rayé plus ou moins prononcé apparaît sur les pétales. Vous remarquerez que ces lignes ne sont pas disposées au hasard : elles dessinent un motif vers le centre de la fleur, des rayons vers le moyeu.

Pour les insectes, ces motifs rayés, la plupart du temps foncés, sont d'extraordinaires indicateurs de direction. Ils constituent de véritables glissières de sécurité optiques. Des motifs comparables se sont développés et ont été optimisés dans plusieurs familles, par exemple chez les mauves.

La couleur des fruits n'est pas un hasard

De nombreux oiseaux sont particulièrement friands de fruits. Le succès reproductif de certains ligneux passe effectivement par l'estomac de leurs consommateurs.

Aide aux « sédentaires »

Une fois mûrs, les fruits de certains arbres, comme les érables ou les sapins, s'envolent, poussés par le vent. C'est leur technique pour se propager. Par contre, un petit arbuste ne constitue pas une bonne piste d'envol pour des vélivoles, hélicoptères et autres troupes aériennes. Lorsque les fruits restent sur les branches, il faut donc attirer des auxiliaires animaux pour assurer la dissémination des graines.
Vous connaissez le résultat de cette stratégie : les couleurs extraordinaires des fruits juteux de nombreux ligneux. Les oiseaux et les petits mammifères vont, pour ainsi dire, marauder sur les arbustes à baies ou à fruits à noyaux comme dans un verger luxuriant. Le véritable menu est le fruit, car la graine n'est pas digérée.

La publicité paie toujours

Afin d'être attrayants, de nombreux fruits ont des couleurs vives. La couleur n'est pas un hasard, c'est un panneau publicitaire qui attire les animaux frugivores. Regardez bien : les fruits sont souvent d'un rouge éclatant, de couleur complètement différente des fleurs de la même espèce. Cela n'est pas sans raison : les insectes pollinisateurs ne voient pas bien le rouge, tandis que les yeux des oiseaux voient particulièrement bien dans le spectre du rouge. Les grives et autres oiseaux chanteurs sont donc attirés par les baies du cornouiller, de l'églantier, du sorbier des oiseleurs (!) et de la viorne comme s'ils en étaient charmés.
Par ailleurs : une couleur vive n'est pas forcément une invitation pour nous. De nombreux fruits sont, certes, très nourrissant pour les oiseaux qui les tolèrent, mais plutôt toxiques pour l'être humain.

Brillante performance

Pourquoi les baies et fruits à noyaux bleu-noir sont-ils aussi alléchants ? Leur couleur, qui nous les fait apparaître comme s'ils étaient camouflés, exerce tout de même un effet spécial. La plupart de ces fruits sont recouverts d'une couche cirée, que l'on peut parfois essuyer comme du givre lorsqu'ils sont mûrs. Cette couche reflète particulièrement bien les faibles longueurs d'ondes de la lumière du jour, auxquelles les oiseaux sont également sensibles. En effet, les oiseaux, comme les abeilles, voient dans le spectre de l'UV. Les fruits cirés leur apparaissent ainsi assez brillants et voyants. Observez des oiseaux en pleine récolte et vous verrez que les fruits du troène, du nerprun, de la bourdaine, du prunellier et du lierre ont également la cote.

L'aide hivernale au jardin

Les fruits mûrs ne passent pas longtemps inaperçus. Cependant, le nombre de

Importants pour les oiseaux, beaux pour nous : les fruits dans le jardin hivernal.

consommateurs diminue avec l'automne, car beaucoup d'espèces d'oiseaux sont migratrices. Une partie de la récolte reste intouchée, mais ne moisit pas : les températures hivernales sont un bon réfrigérateur. Les restes de l'automne passent l'hiver sur les branchages. Les migrateurs partiels et les sédentaires trouveront ainsi une bonne réserve de nourriture pour la saison froide.

Il est donc important d'avoir quelques arbustes à fruits dans son jardin, non seulement pour la décoration, mais aussi pour la protection des oiseaux. Épine-vinette, sureau, cornouiller et viorne : ce ne sont pas que de beaux arbustes ! À toute saison, ils constituent une aide efficace à la survie des oiseaux.

Verdure apaisante

Peu d'êtres vivants sont aussi présents dans le quotidien de l'être humain que les arbres et les arbustes. En tant qu'éléments de son environnement et de sa culture, ils contribuent à améliorer sa qualité de vie.

Sagas, mythes et poésie

Les arbres jouent un rôle particulier dans la découverte de la nature. Celle-ci ne se trouve pas que dans les coutumes et les contes, dans les fables et les mythes. Elle est également célébrée dans la littérature et les arts figuratifs. Depuis des temps immémoriaux, les arbres sont des lieux de rencontre, de protection et de justice, mais aussi les emblèmes de valeurs particulières, comme l'arbre de la liberté, l'arbre de la paix, l'arbre du bonheur ou le tilleul à danser. Bref, les arbres sont des symboles d'un patrimoine culturel vaste et extrêmement complexe.

« On peut parler aux arbres comme à des frères et échanger sa propre âme avec eux », écrivait Erich Kästner. Hermann Hesse a dédié plusieurs réflexions, essais et poèmes aux vieux arbres marqués par le cours des siècles.

Une agréable toile de fond

Sans arbres et arbustes, le paysage semble vide et monotone. Mais les ligneux ont également une fonction esthétique dans les espaces bâtis. Leur port impressionnant et leur couronne luxuriante attirent l'attention et constituent des repères spatiaux, surtout lorsqu'ils croissent librement. En ville, les alignements de masses grises de béton et la monotonie des façades sont rompus par l'agréable présence d'arbres et d'arbustes. À la campagne, les groupements d'arbres à proximité des villages contribuent à intégrer la localité dans le paysage. En ville aussi, des groupes d'arbres peuvent ménager la transition entre la zone bâtie et celle affectée à d'autres utilisations, dans ses environs. Même des complexes industriels paraissent visuellement supportables lorsqu'ils sont entourés de grands arbres.

De la verdure qui fait du bien

Dans un environnement industrialisé et urbanisé, privé de ses composantes naturelles, les arbres remplissent toute une série de fonctions écologiques. Ils font de l'ombre autour d'eux, selon la forme et les dimensions de leur couronne. Cela réduit le réchauffement de la surface du sol. De plus, l'évapotranspiration par les feuilles consomme une grande quantité de chaleur.

Les arbres compensent donc la chaleur engendrée par l'espace bâti. L'effet rafraîchissant global de l'ombre et de l'évapotransporation peut atteindre plus de 5 °C. Les arbres constituent donc une climatisation efficace.

Protection et respiration

De la même façon que l'on place des rangées d'arbres dans le paysage pour protéger du vent, les groupes d'arbres constituent une protection efficace contre les

Les arbres et les arbustes rendent le paysage vivant et structuré.

intempéries aussi dans l'espace bâti. Ils réduisent la pression du vent sur les bâtiments et, en même temps, empêchent les effets néfastes des pluies battantes. De plus, un grand arbre fixe annuellement environ 100 kg de poussières grossières et fines, déposées périodiquement par la pluie. Lors de la photosynthèse, le tissu foliaire vert transforme le gaz carbonique de l'air en matière organique végétale. Pour chaque molécule de dioxyde de carbone absorbée, un arbre en libère une d'oxygène dans l'air.

Il est prouvé qu'un arbre en zone urbaine trouve jusqu'à 30 % du carbone qui lui est nécessaire dans les gaz d'échappement du trafic automobile. Un grand arbre « à trois dimensions » travaille donc plus efficacement comme « poumon vert » que les gazons constitués d'herbes récemment tondues. Et il est tellement plus charmant.

Le tronc, témoin de l'Histoire

Le bois n'est pas complètement homogène. Un tronc coupé ou des pièces de mobilier permettent de lire la biographie de l'arbre, par des anneaux très particuliers : les cernes.

Le seigneur des anneaux

Les cernes sont une structure bien connue : la surface d'un arbre coupé et même le bois de construction, par exemple d'un chalet, montre clairement que le bois n'est pas complètement homogène. Sous nos latitudes, le climat force les ligneux à une croissance marquée par un rythme annuel. C'est pour cela que vous voyez des anneaux sur la section d'un tronc, emboîtés comme des cercles ou des cylindres concentriques.

Leur présence s'explique aisément : le corps ligneux est formé d'une série de cernes annuels, constituée de bois clair de printemps et d'été et de bois d'hiver, plus foncé. La limite annuelle se situe entre le bois foncé et le bois clair, car la croissance en épaisseur des arbres et des arbustes ralentit à la fin de l'été et ne redémarre que le printemps suivant.

Le nombre de limites annuelles révèle donc l'âge de l'arbre. Par ailleurs : les spécialistes parlent effectivement de « cernes annuels », bien que le terme « cerne de l'an » soit plus approprié.

Les cernes annuels sont particulièrement bien reconnaissables dans le bois soumis aux intempéries

Un calendrier fiable

La dendrochronologie est une discipline scientifique qui étudie les épaisseurs des successions de cernes. Cette méthode constitue une aide précieuse à la datation. Cela fonctionne de cette façon : l'épaisseur des cernes révèle la croissance annuelle d'un arbre : plus les cernes sont larges, plus l'arbre a poussé rapidement et inversement. Lorsqu'il s'agit de bois dont la date d'abattage est connue (par exemple par des inscriptions sur des poutres), il est possible de dater précisément les années au cours desquelles l'arbre a poussé plus ou moins vite. En juxtaposant plusieurs objets de périodes différentes, on a ainsi établi la séquence des croissances annuelles de certaines espèces comme le chêne ou l'épicéa, se rapportant carrément à plusieurs siècles écoulés.

La comparaison de l'épaisseur des cernes a permis d'établir une chronologie standard de la croissance des chênes d'Europe moyenne et occidentale durant les derniers huit millénaires. Ce « chêne-modèle » n'existe que dans l'ordinateur dans lequel sont consignées ses mensurations détaillées. Son tronc aurait un diamètre de plus de 30 m. Des échantillons de chênes d'âge inconnu sur lesquels on peut lire quelques cernes et en mesurer l'épaisseur peuvent désormais être datés de façon étonnamment précise, à l'aide de l'ordinateur qui les compare avec une courbe standard et situe dans sa portion la plus probable. Ainsi, des chemins en traverses de chêne de l'Age du Bronze, à travers des marais, peuvent être situés dans le temps à l'année près, aussi précisément que des fondations de ponts romains sur le Rhin ou des ouvrages de cathédrales médiévales.

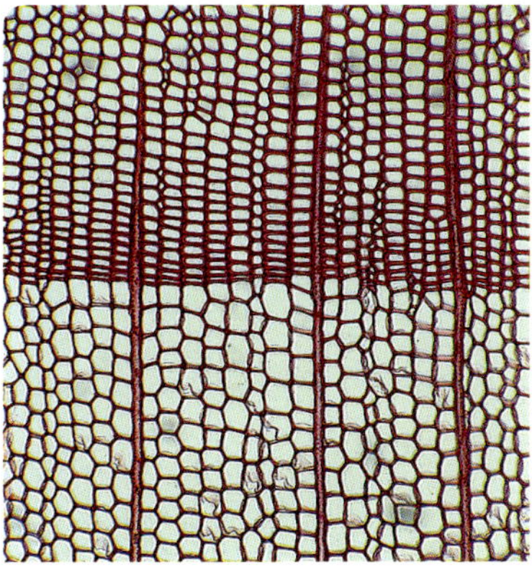

Au microscope aussi, on distingue les parois épaisses du bois tardif de celles du bois précoce, plus minces.

À travers minceur et épaisseur

Si l'on regarde bien, cela apparaît clairement : les cernes annuels ne sont pas réguliers. Leurs épaisseurs sont différentes. Cela vous permet d'en déduire les conditions de croissance jusqu'à des époques très reculées. Un tronc d'arbre conserve sa biographie dans ses cernes, mais est aussi une archive climatique sans faille. Des anneaux larges correspondent à de bonnes conditions de croissance, celles des étés plutôt chauds et humides. Les cernes des étés chauds et arides sont visiblement plus serrés.

Aujourd'hui, sur les troncs des conifères, vous observerez souvent le phénomène suivant : les arbres ont démarré rapidement leur jeune croissance annuelle (cela donne des cernes de plusieurs millimètres). Par contre, les cernes récents, à l'extérieur du tronc, sont plutôt serrés et flous : la croissance a été faible. C'est un indice des dommages infligés à la forêt par des facteurs environnementaux.

Lexique botanique

Aiguillon excroissance pointue de l'écorce, pouvant être détachée sans entamer le bois.

Ailes chez les fleurs des fabacées se dit des 2 pétales latéraux.

Aisselle angle formé entre le pétiole et la branche ou angle entre deux nervures principales.

Alternes se dit des feuilles insérées individuellement le long de la tige, à des niveaux différents ou formant une spirale ascendante.

Angiosperme groupe très développé de plantes à fleurs, dont les ovules sont enfermés dans un ovaire formé de réceptacles soudés.

Anthère partie terminale de l'étamine, renfermant le pollen.

Bractée feuille transformée, localisée au niveau d'une inflorescence où elle axille une fleur ou un ensemble de fleurs ; dans certaines espèces, elles sont même plus voyantes que les vrais pétales.

Calice ensemble des sépales, généralement vert, en forme de gobelet, constitue un organe protecteur externe de la fleur.

Carène Saillie longitudinale du dos de certains organes, rappelant par sa forme la carène d'un bateau.

Chaton inflorescence compacte, souvent longue et pendante, avec des fleurs mâles ou femelles nues.

Conique port de certains arbres à cime pointue et aux flancs généralement étroits et parallèles.

Couronne la partie supérieure d'un arbuste ou d'un arbre : comprend le branchage et le feuillage ; chez la fleur, la couronne indique l'ensemble des pétales.

Cylindrique port de certains arbres, par exemple du peuplier d'Italie, à la couronne dense et mince et aux branches implantées presque perpendiculairement au tronc.

Cyme inflorescence aplatie de l'apparence d'une ombelle, les fleurs extérieures s'ouvrant les premières.

Décussé se dit des feuilles opposées dont les paires se croisent à angle droit.

Dioïque plante qui ne porte que des fleurs mâles ou que des fleurs femelles.

Échancrée extrémité de la feuille pourvue d'une large entaille, comme si elle avait été coupée.

Épine pointe droite et aiguë, dans l'axe des pousses, indétachable du rameau.

Espèce catégorie fondamentale de la systématique biologique ; ensemble des individus capables de se reproduire entre eux et dont les caractères typiques sont reconnaissables dans les différents individus et dans les descendants.

Étale sur deux rangs disposition régulière des aiguilles des deux côtés du rameau, comme les dents d'un peigne.

Étandard chez les fleurs des fabacées, pétale supérieur, médian, souvent plus grand que les autres pétales.

Famille catégorie de la systématique biologique supérieure au genre.

Folioles divisions des feuilles composées

Fruit ailé fruit à excroissance membraneuse, lui permettant d'être emporté par le vent ; par exemple chez les érables.

Gaine enveloppe en forme de fourreau, par exemple à la base des bouquets d'aiguilles des pins, généralement claire.

Genre catégorie de la systématique biologique, située entre l'espèce et la famille.

Grappe inflorescence composée de fleurs insérées le long d'un pédoncule (rachis) non ramifié.

Gymnospermes groupe archaïque de plantes à fleurs, dont les ovules nus sont portés par des réceptacles non soudés.

Hermaphrodite fleur qui porte à la fois les organes mâles (étamines) et les organes femelles (stigmate).

Hybride produit issu d'un croisement entre individus d'espèces différentes, bâtard; dans la nomenclature scientifique, il est indiqué par une croix (×).

Incision entaille entre deux lobes.

Inflorescence regroupement de plusieures fleurs sur un axe.

Lenticelle sorte de pore liégeux présent sur une branche, à l'aspect d'une verrue, souvent de couleur différente de l'écorce; favorise l'échange gazeux des tissus profonds de l'écorce.

Limbe surface de la feuille.

Lobe structure en forme d'oreillette au bord de la feuille, p. ex. chez le chêne pédonculé.

Monoïque plante qui porte des fleurs mâles et des fleurs femelles sur un même pied, à des endroits différents de la tige.

Nervure vaisseau conducteur de sève formant un réseau à la surface d'une feuille.

Nervure centrale nervure principale, généralement au milieu du limbe.

Nervure enfoncée nervure qui apparaît comme un sillon sur la partie supérieure du limbe, p. ex chez le noisetier.

Ombelle inflorescence dans laquelle les fleurs partent du même point.

Opposé se dit des feuilles insérées en vis-à-vis, la plante présente deux feuilles au même niveau sur la tige.

Ovule organe fertile du réceptacle ou du calice qui produit les graines après fertilisation.

Panicule inflorescence composée de fleurs insérées le long d'un axe principal, sur de nombreuses ramifications latérales.

Pédoncule axe qui porte une fleur, une inflorescence ou un fruit, se différencie du pétiole (feuille) et de la tige.

Pétiolule pétiole qui relie la foliole à la nervure principale.

Photosynthèse processus par lequel les feuilles produisent de la matière organique à partir de matière inorganique, à l'aide de l'énergie solaire.

Port apparence globale d'un ligneux.

Pousse terminale houppier ou cime; sa forme donne un critère morphologique d'identification, parfois penché latéralement.

Rachis nervure centrale d'une feuille composée ou axe principal d'une inflorescence.

Sous-espèce catégorie de la systématique biologique au-dessous de l'espèce; groupe d'individus similaires, capables de se reproduire entre eux (ce n'est donc pas un critère pour les exclure de l'espèce), mais qui peuvent être clairement distingués d'autres groupes et qui occupent souvent un territoire différent.

Stipules appendices foliacés situés à la base d'une feuille, de part et d'autre de son pétiole.

Stomate ouverture microscopique, généralement sur la face inférieure de la feuille, sert à l'échange gazeux entre les feuilles et l'atmosphère.

Substance médullaire tissu mou, généralement non lignifié, à l'intérieur des branches.

Tépales division de la fleur lorsqu'il n'y a pas de différences entre les sépales et les pétales.

Tige axe non lignifié des plantes herbacées

Verticille ensemble de plusieurs feuilles (plus de deux) fixées en cercle au même niveau sur la tige.

Arbres et arbustes : un aperçu

Ports

Thym commun, p. 132
jusqu'à 40 cm, petit arbuste

Saule herbacé, p. 164
2-5 cm, arbuste nain, formant des tapis

Clématite des haies, p. 314
plus de 10 m, arbuste grimpant, liane

Bruyère à quatre angles, p. 116
20-60 cm, arbuste nain

Genêt à balais, p. 334
1-2 m, feuilles promptement caduques, arbuste à rameaux minces

Laurier sauce, p. 170
1-8 m, arbuste ou arbrisseau toujours vert

Gui, p. 110
30-100 cm, semiparasite

Lierre, p. 312
jusqu'à 20 m, arbuste grimpant avec ses racines

Genévrier commun, p. 92
1-5 m, forme élevée

Aubépine, p. 266
3-10 m, arbre à feuilles caduques

Épicéa, p. 52

Pin sylvestre, p. 66

Séquoia géant, p. 80

Saule marsault, p. 222

Chêne pédonculé, p. 292

Orme champêtre, p. 244

Pommier, p. 176

Tilleul à grandes feuilles, p. 278

Frêne, p. 358

Les feuilles des arbres

Néflier,
p. 174
Poirier sauvage,
p. 178
Cerisier sauvage,
p. 254
Hêtre, p. 168
Saule marsault,
p. 222
Merisier à
grappes,
p. 256
Alisier blanc,
p. 262
Chêne pédonculé,
p. 292
Chêne
rouge,
p. 298
Aulne noir,
p. 236
Tulipier,
p. 300
Rouvre,
p. 294
Alisier de Suède,
p. 310
Mar-
ronnier,
p. 356
Platane hybride,
p. 302
Frêne, p. 358
Érable sycomore,
p. 142
Robinier, p. 324
Noyer, p. 318

Les feuilles des arbustes

À marge entière

Troène, p. 126

Buis, p. 104

Épine-vinette de Thunberg, p. 104

Genêt des teinturiers, p. 184

Chèvrefeuille des haies, p. 122

Saule marsault, p. 222

Pyracantha, p. 264

Hysope, p. 5

Cornouiller mâle, p. 118

Amélanchier à feuilles ovales, p. 268

Fusain, p. 120

Petite pervenche, p. 130

Rhododendron ferrugineux, p. 210

Bourdaine, p. 202

Airelle rouge, p. 214

Argousier, p. 204

Dentées

Saule herbacé, p. 164

Bouleau nain, p. 232

Aulne vert, p. 240

Chênette, p. 264

Noisetier, p. 228

Spirée du Japon, p. 270

Houx, p. 312

Lobées ou sinuées

Fleurs et chatons

Fleurs jaunâtres

Fleurs blanches

Fleurs rouges

Les fruits

Aulne noir, p. 236
Orme champêtre, p. 244
Bouleau, p. 230
Saule marsault, p. 222
Frêne, p. 358
Hêtre, p. 168
Tilleul à grandes feuilles, p. 278
Tilleul à petites feuilles, p. 280
Chêne pédonculé, p. 292
Chêne rouvre, p. 294
Cerisier sauvage, p. 254
Platane, p. 302
Néflier, p. 174
Pommier sauvage, p. 176
Poirier sauvage, p. 178

Érable sycomore, p. 142
Érable plane, p. 146
Charme, p. 234
Ailante, p. 360
Érable champêtre, p. 144
Noisetier de Byzance, p. 226
Châtaignier p. 242
Février à trois épines, p. 326
Noyer, p. 318
Marronnier, p. 356
Robinier, p. 324
Mûrier noir, p. 284
Alisier des bois, p. 310
Alisier blanc, p. 262
Merisier à grappes, p. 256
Cormier, p. 340
Olivier, p. 196

Fruits comestibles

Fruits non comestibles ou toxiques

Aiguilles et cônes

Genévrier nain, p. 94

If, p. 98

Cyprès chauve, p. 82

Pin parasol, p. 76

Tsuga du Canada, p. 58

Cyprès, p. 86

Sapin de Douglas, p. 58

Genévrier de Chine, p. 94

Pin sylvestre, p. 66

Cyprès de Lawson, p. 84

Pin de l'Himalaya, p. 72

Pin mugo, p. 62

Enfin le printemps : place aux feuilles !

Le débourrement des jeunes feuilles au printemps et l'exubérante floraison des sous-bois sont les événements les plus spectaculaires du monde végétal. Ils nous invitent à de longues promenades printanières.

Les bourgeons enflent

Si les températures sont favorables, les bourgeons s'ouvrent en l'espace de quelques jours et dévoilent progressivement un feuillage vert tendre. La chaleur du soleil printanier donne un coup de main efficace à cet épanouissement, tandis que l'augmentation de la longueur des jours n'influence que de façon marginale le développement des bourgeons.
La croissance des feuilles suit une série de processus parfaitement coordonnés. Les tissus foliaires ont surmonté l'hiver à l'intérieur du bourgeon dans un état de déshydratation prolongée. Ils doivent désormais se gorger d'eau pour se déployer. La température fait également augmenter le rythme de respiration des tissus du tronc et des branches. Il s'en produit de l'eau qui doit être excrétée, ce qui remet sous pression les vaisseaux responsables de son transport. Vous pouvez observer la préparation de l'éclosion des feuilles en incisant l'écorce d'un arbre ou d'un arbuste : vous verrez alors les pleurs de la sève. Au printemps, celle-ci monte littéralement - comme l'exprime parfaitement le langage courant - notamment chez les ligneux. Les bourgeons peuvent désormais s'épanouir...

Les voiles tombent

... mais que signifie au juste débourrer ? Regardez de près un érable, un bouleau, un chêne ou un charme. Même sans une loupe, vous verrez que la base des écailles des bourgeons, auparavant très solide, est désormais très détendue et plutôt molle, presque souple. Les écailles des bourgeons ne tombent donc pas simplement comme un emballage froissé au moment où nos ligneux reverdissent. Au contraire, elles s'étirent et se rallongent à nouveau. Elles s'écartent sur les côtés et laissent la place aux nouvelles feuilles qui peuvent désormais s'épanouir en absorbant de l'eau.
Par ailleurs, les limbes se déploient et s'agrandissent pratiquement sans divisions cellulaires. En effet, c'est surtout l'agrandissement des cellules qui provoque le développement et la croissance des feuilles.
Dès que la nouvelle génération de feuilles s'est déployée, les écailles des bourgeons sont superflues. Elles se détachent du jeune pétiole et tombent au sol en grande quantité. Puisque les écailles des bourgeons sont en fait des organes foliaires transformés, vous pourrez observer une importante chute des feuilles déjà au printemps !

Enfin le printemps : il est grand temps d'apprécier à nouveau pleinement nos forêts.

Problèmes d'emballage

En regardant les feuilles se déployer, on observe qu'elles se trouvent de différentes façons dans les bourgeons. Regardez un charme ou un noisetier - les plis en accordéon des feuilles repliées sont reconnaissables durant presque tout l'été. Par contre, chez le bouleau et le hêtre, les feuilles deviennent rapidement lisses. Les feuilles des érables ne sont pas repliées en accordéon dans les bourgeons : elles sont rangées en éventail.

Chez d'autres ligneux, vous découvrirez des feuilles enroulées dans les bourgeons. Chez la plupart des espèces, parmi lesquelles les chênes et les saules, les feuilles y sont enroulées latéralement. Chez les ligneux indigènes vous n'observerez pas de feuilles enroulées longitudinalement. Vous les verrez chez les jeunes fougères, qui produisent donc un véritable nouveau « développement » à chaque nouvelle génération de feuilles. De la même façon, chez les ligneux on ne trouve presque pas de feuilles repliées dans le bourgeon comme des mouchoirs froissés, à la manière des pétales du coquelicot par exemple.

La loupe permet d'y voir un peu plus clair.

Une pépinière sur le bord de la fenêtre

L'automne est partout le temps des récoltes. Même les fruits tardifs des arbres sont désormais mûrs — non seulement les pommes et les poires du verger : aussi les faînes, les châtaignes et les marrons, les glands et les noix.
Les animaux affamés, du mulot sylvestre au sanglier, s'occupent d'une partie de la récolte. Naguère, on conduisait également les animaux domestiques en forêt pour qu'ils y trouvent du fourrage. Cependant, la pâture en forêt n'a pas toujours été bénéfique, car les troupeaux trop nombreux broutaient toutes les jeunes pousses et perturbaient ainsi gravement l'écosystème.

Un départ difficile dans la Nature

Les arbres font, certes, partie des êtres vivants les plus imposants et couronnés de succès. Cependant, au début de leur vie ils ne sont que des petits germes tendres dans la couche herbeuse ou muscinale. Tout début est difficile, cela vaut également pour les repousses et les jeunes arbres de la couche inférieure : le sol forestier est souvent si sombre que les germes ne reçoivent pas assez de lumière. Au niveau des racines, il y a la concurrence inexorable des herbes, déjà bien en place. Finalement, toute une série d'herbivores circulent en forêt. Le vert tendre des jeunes pousses leur est particulièrement agréable. Il reste tout de même assez de candidats pour la relève, puisque les arbres forestiers produisent des fruits et des graines en grande quantité.

L'école forestière sur le bord de la fenêtre

La germination d'une plante est toujours un processus excitant - que l'on cultive un haricot dans un pot de fleurs ou que l'on fasse germer les restes du repas : pépins de pomme, d'orange, de courge, de raisin ou de tomate. Bien sûr, elle réussit également avec les graines et les fruits de n'importe quel arbre forestier.

Voici comment procéder :

» Récoltez ce que vous trouvez lors de votre prochaine promenade en forêt : des graines, des fruits et, de préférence, prenez aussi deux poignées de terreau forestier. En effet, après la germination, les racines doivent rapidement se mettre en symbiose avec certains champignons du sol. Ces derniers ne se trouvent pas dans un terreau acheté dans le commerce.

» Posez les fruits d'érable, les faînes, les glands, les graines d'épicéa ou de pin et autres semences que vous aurez ramenées dans les pots de fleurs, sur le terreau forestier et placez les pots sur le balcon ou au jardin. La plupart des graines des arbres de nos forêts ont besoin de basses températures hivernales, signal pour la germination. Vous pouvez aussi récolter les fruits l'automne et semer les graines au printemps suivant.

Les semis de l'épicéa ressemblent à de petits palmiers.

» Dès que les premières feuilles – appelées les cotylédons – pointent, vous pouvez rentrer les pots et observer la suite des événements directement sur le bord de la fenêtre.

La vie mouvementée des feuilles

En regardant attentivement, vous ferez une première découverte surprenante : les cotylédons de la plupart des espèces d'arbres ont un aspect totalement différent du feuillage typique des arbres adultes. Ceux du hêtre sont blanc-argenté sur la face inférieure et s'étirent en charmants demi-cercles. Ce n'est que la première paire de feuilles qui rappelle clairement la forme ovale, typique de cette espèce. Les cotylédons de l'érable sycomore sont minces et étirés. Par contre, les feuilles suivantes sont ovales, et ce n'est que la troisième feuille qui rappelle une feuille d'érable typique. On observe des situations similaires chez d'autres érables et chez le tilleul.

Quel est l'aspect des cotylédons du tilleul et du chêne ? Et avec combien de cotylédons naissent l'épicéa et le pin sylvestre ? Tâchez de le découvrir vous-même !

Profiter de l'automne… et le comprendre

On observe ce phénomène dans les forêts et les parcs : avant qu'elles ne tombent définitivement au sol, les feuilles vertes de l'été changent de couleur et virent au jaune éclatant, à l'orange intense et même au rouge flamboyant.

La fête des couleurs

Vous pouvez suivre de vos yeux les processus qui se déroulent lors de la coloration des feuilles, dessinée par la résorption des substances : d'abord, ce sont les bords qui changent de couleur, tandis que les lignes le long des nervures restent vertes.

Découvrez le rôle de la lumière dans le changement de couleur des feuilles : regardez d'abord les feuillus situés sous le cône de lumière d'un éclairage routier. Ils ne perçoivent plus le rythme jour-nuit, et leurs feuilles peuvent rester vertes jusqu'en décembre.

La perte des feuilles étant coordonnée avec leur décoloration, on devine que cette dernière dépend des changements du métabolisme dus à leur vieillissement. Dans ces processus, la diminution de la durée des journées constitue un important signal.

Indices de parasites

Observez aussi des perturbations comme les « îlots verts » qui se trouvent souvent sur les feuilles des hêtres : ce sont les cheminements typiques creusés par les chenilles des mineuses lorsqu'elles se nourrissent. Ces chenilles retardent même la décomposition des feuilles tombées, en sécrétant une hormone par leurs glandes salivaires. Elles s'assurent ainsi qu'il y a de la nourriture fraîche jusqu'au moment de leur mue en chrysalide, qui se passe au sol.

Changement de couleur et décoloration

Comment le vert estival se transforme-t-il en explosions de couleurs automnales ? Avant qu'ils n'abandonnent définitivement leurs feuilles, les ligneux à feuilles caduques opèrent un important recyclage de la matière. Les signes extérieurs en sont la perte de la coloration verte due à la dégradation et résorption de la chlorophylle, tandis que les caroténoïdes, jaunes et oranges, restent intacts. Le résultat s'observe dans la coloration chaude des forêts automnales.

Mais la résorption des composants de la chlorophylle n'explique qu'une partie de l'aspect automnal : le jaune soutenu de l'érable plane, du hêtre ou du peuplier noir est dû à l'augmentation des caroténoïdes à la fin de la saison estivale. La coloration automnale est donc une décoloration suivie d'un complément de couleur. Les ligneux qui croissent à l'ombre ne peuvent pas profiter pleinement de la photosynthèse. Ils doivent donc économiser leurs réserves de

Les couleurs éclatantes de l'érable plane ravissent enfants et adultes.

carbone. Pour cela, ils décomposent et récupèrent le squelette de carbone de leurs molécules de caroténoïdes. De ce fait, ils perdent la pigmentation des feuilles et ne peuvent pas arborer les couleurs d'automne. Regardez le sureau : dans sa robe automnale, il a l'air plutôt pâle, comme un fromage hollandais.

Selon les espèces, le feuillage automnal vire parfois au rouge intense. Ces feuilles se chargent d'anthocyanes rougeâtres, les mêmes qui se trouvent dans les fleurs (coquelicot) et les fruits (grains de raisin). Leur combinaison avec les caroténoïdes donne des couleurs particulièrement éclatantes. Aujourd'hui, on attribue aussi un autre effet aux anthocyanes : ils servent à inhiber la croissance des champignons parasites qui pourraient s'attaquer prématurément aux feuilles.

Curiosité Nature

L'été indien dans les jardins

Avec leurs couleurs automnales, les forêts de feuillus de la Nouvelle-Angleterre suscitent un véritable engouement touristique. Dans cette région, une composante génétique se joint aux conditions météorologiques dans le pilotage du changement de couleurs. Les espèces comme le copalme, le tulipier, l'érable à sucre et l'érable de Virginie, cultivées dans les parcs urbains d'Europe moyenne, ont en effet une coloration superbe, incomparable à celle des ligneux indigènes. Vous pouvez donc percevoir un soupçon d'été indien en faisant votre promenade dans les jardins.

De subtiles techniques pour se propager

L'air, et parfois aussi l'eau, sont les voies de communication principales utilisées par les plantes pour propager leur pollen. Les plantes recourent à ces mêmes voies de communication pour la dispersion des fruits et des graines. Chez les ligneux indigènes, il n'y a pas de « parachutes », comme chez la dent-de-lion et les autres astéracées. En revanche, ils ont développé d'autres sortes d'appareils volants tout aussi intéressants.

La flotte aérienne des ligneux

En automne, regardez les fruits à deux ailes des érables, appelés samares : ils fonctionnent selon le principe de l'hélicoptère. Lorsque le fruit se détache, il tombe. Puis, après environ 30 cm, il commence à tourner et descend plus lentement, en décrivant environ 16 rotations par seconde. Vous pouvez le tester depuis votre balcon. L'excroissance membraneuse du fruit a donc la fonction de ralentir la chute libre. En effet, le fruit ailé est emporté par le vent, pour une meilleure propagation, le plus loin possible de l'arbre.

Comparez les profils des hélices des érables, du frêne et de nos conifères : vous y découvrirez d'étonnantes similitudes. Regardez aussi l'aptitude à voler des bouquets de fruits des tilleuls, des ailantes et des charmes.

De minuscules frisbees

Comparés aux hélices des fruits de l'érable et du frêne, les akènes des bouleaux et des ormes sont de véritables poids plumes. Ils s'envolent au premier coup de vent comme des frisbees et couvrent des distances considérables. Ce n'est pas étonnant que les bouleaux, en bons pionniers, colonisent les clairières, les aires de coupe et les jachères. Ils dominent la scène jusqu'à l'arrivée d'autres ligneux à la pro-

La comparaison le démontre : la Nature a fabriqué plusieurs modèles d'hélices.

pagation moins efficace. Bien sûr, une bonne partie de l'abondante production de fruits de bouleau atterrit à des places complètement inadaptées, par exemple sur les bords des fenêtres et les balcons.

Tapis volants

Les peupliers et les saules se propagent avec une efficacité incroyable. Dès le début de l'été, de minuscules graines extrêmement légères sortent des capsules en grande quantité. Elles sont dotées d'appareils de vol fins comme des cheveux. La plupart du temps, elles restent ensemble et dérivent avec le vent, comme des amas de flocons.

La distance couverte est considérable : jusqu'à plusieurs kilomètres sans problème. Vous trouverez donc également des saules marsault et des trembles avec les bouleaux, parmi les plantes pionnières. Les graines peuvent même flotter : testez-le ! Ces arbres peuvent donc débarquer sur d'autres rivages, en suivant des cours d'eau ou en traversant des lacs, comme des planches à voile.

Collecte et banques de graines

Les poids lourds des graines, comme les faînes, les glands et les noisettes, n'ont pas la vie facile en matière de propagation par les airs. Ils ont besoin de l'aide des animaux. Les écureuils et les geais se jettent sur ces fruits énergétiques qu'ils récoltent avec zèle. Chaque automne, ils aménagent jusqu'à 1000 cachettes, chacune avec plusieurs fruits. Ces dépôts, dont nombreux finissent par être oubliés, constituent une bombe à retardement biologique : à la première occasion, les graines germent et assurent la relève - parfois même au jardin. C'est ce qui explique la présence surprenante et inattendue de hêtres, chênes et, éventuellement aussi de noyers ou de noisetiers au beau milieu des plates-bandes fleuries.

Curiosité Nature

Des orgies de couleurs insoupçonnées

Les fruits rouge vif comme ceux du fusain ou de la viorne constituent un attrait particulièrement efficace. Mais pourquoi les baies et fruits à noyau bleu-noir, apparemment peu attractifs, sont aussi séduisants pour les animaux frugivores ? Leur couleur, qui nous les fait apparaître comme s'ils étaient bien camouflés, exerce tout de même un effet éclatant : la couche cirée qui les recouvre reflète particulièrement bien les UV de la lumière du jour, auxquels les oiseaux sont particulièrement sensibles. Ces fruits, pour nous plutôt mornes, leur apparaissent comme de brillants amuse-gueules. Ainsi, même les fruits du troène, du nerprun, de la bourdaine, de l'épine noire et du lierre partent littéralement comme de petits pains.

À la découverte du bourgeon

Une promenade hivernale dans les forêts dénudées vous étonnera : les bourgeons cachent des trésors admirables.

Prémisses de printemps en automne ?

Vous connaissez le rythme annuel des feuilles chez les ligneux à feuilles caduques : c'est un phénomène familier. Mais à quoi servent donc les bourgeons hivernaux ?

Faites l'essai : à la fin de l'automne ou en hiver, coupez le bourgeon apical d'une pousse de marronnier dans sa longueur, à l'aide d'un couteau aiguisé ou d'une lame de rasoir, et observez la coupe à la loupe. Ce que vous allez voir est surprenant. Dans cette enveloppe on peut déjà reconnaître l'inflorescence entière qui attend la belle saison. Il ne s'agit que d'une miniature, mais elle présente déjà tous ses détails.

Et maintenant demandez à vos amis et connaissances : quand ces bourgeons qui renferment les futures feuilles se sont-ils formés ? La plupart des gens hésitera ou donnera une fausse période. La vérité est étonnante : en hiver, les feuilles et les inflorescences qui s'épanouiront le printemps suivant ont déjà au moins six mois. Leur préparation a démarré à la fin de l'été et s'est terminée au plus tard à la chute des feuilles. Car ce qui se trouve dans le bourgeon n'est pas une esquisse de la feuille ou de l'inflorescence, mais bien ces organes quasi entièrement développés, bien qu'en format compact.

Un manteau chaud ?

Demandez encore à vos connaissances quel est le rôle des bourgeons hivernaux et on vous donnera des réponses curieuses. Tandis que certains percevront les écailles du bourgeon comme une housse protectrice pour les fleurs ou les feuilles pas encore épanouies, d'autres supposeront que les écailles solides, parfois même assez dures, protègent les tendres tissus des températures hivernales ou du givre.

Or, les écailles des bourgeons ne mesurent même pas un demi-millimètre d'épaisseur. Plutôt mauvais comme manteau d'hiver. Les températures à l'extérieur et à l'intérieur du bourgeon sont donc les mêmes. La véritable fonction du bourgeon est plutôt celle d'un imperméable : il doit préserver le tissu des futures feuilles et fleurs, quasiment déshydraté, d'une absorption d'eau prématurée depuis l'extérieur. En effet, en automne, les organes qui doivent survivre à l'hiver se déshydratent. C'est une condition indispensable pour que les bourgeons résistent au gel : ce n'est qu'en éliminant l'eau de leurs cellules qu'ils évitent la dangereuse formation de cristaux de glace qui entraîne la mort des tissus.

Même en hiver, les arbres et les arbustes offrent toujours quelque chose à regarder.

Bien au sec

Vous pouvez vérifier vous-même certaines stratégies pour éviter l'infiltration d'eau : chez le marronnier, l'étanchéité des écailles du bourgeon est assurée par une sécrétion de résine. Les bordures velues des écailles chez l'alisier blanc et le sorbier des oiseleurs ont le même effet. Les écailles sont presque toujours serrées les unes contre les autres, par exemple chez le hêtre, le frêne, le tilleul et l'aulne. Par contre, les branches du sureau sont surprenantes : cette espèce ne possède absolument pas d'écailles. Les feuilles en développement se trouvent donc exposées à l'air.

Une question de taille

Lors de votre prochaine sortie aux bourgeons, prêtez attention aux différences de taille : chez le lila et l'érable, les bourgeons terminaux sont nettement plus grands que les bourgeons latéraux, car ces espèces ne développent des inflorescences qu'aux extrémités. Chez le cornouiller mâle, on peut aisément distinguer les bourgeons floraux, ronds, des bourgeons foliaires, allongés.

Sapin blanc

Abies alba · Pinacées

Les cônes dressés, les aiguilles planes et non piquantes ainsi que le port étroit et conique sont typiques de ce conifère toujours vert. ✩ mai-juin

Tronc droit et vigoureux, atteignant 50 m de haut; la couronne, conique chez les jeunes individus, tend à s'aplatir avec l'âge. Les arbres isolés portent des branches jusqu'au niveau du sol; celles-ci sont presque horizontales ou légèrement penchées vers le bas. Elles ne sont verticales que dans la zone de la cime. **Aiguilles** jusqu'à 3 cm de long, planes, souples, non piquantes; face supérieure vert foncé, face inférieure avec 2 lignes claires (rangées de stomates); la plupart du temps disposées sur deux rangs de part et d'autre du rameau, fixées par un pétiole arrondi; leur durée de vie est d'environ 8-10 ans. **Fleurs** pl. monoïque; se trouvant uniquement sur la partie supérieure de la couronne, sur les branches de deux ans; bourgeons brun rougeâtre, sans résine. **Cônes** dressés, jusqu'à 10 cm de long, d'abord verdâtres, brun pâle à maturité; les écailles se détachent une à une du cône, on ne trouve donc jamais de cônes intacts au sol; cônes à maturité en sept.-oct.

Répartition : plante principalement forestière, entre 400-1000 m d'altitude, en association avec le hêtre, l'érable sycomore, le pin sylvestre et l'épicéa, souvent comme composante des hêtraies-sapinières ou des pessières-sapinières de montagne, rarement comme peuplement monospécifique. Des Pyrénées au Carpates et à la Péninsule Balkanique, en passant par le Massif Central français, les Vosges, la Forêt Noire et les Alpes (sauf dans les Alpes centrales) en de grands peuplements isolés; petits territoires en Corse et dans l'Apennin septentrional. Également souvent cultivé en dehors de son aire naturelle de répartition; il s'y est cependant révélé moins résistant aux polluants atmosphériques, aux parasites et au stress climatique.

À savoir ! Le bois du sapin ne produit pas de résine, est très clair et ne se contracte que très peu au séchage. C'est donc un excellent bois d'œuvre. Il se prête aussi à la fabrication d'instruments de musique, p. ex. pour les tuyaux d'orgue et les instruments à cordes.

Le phénomène de la mort des forêts a été observé pour la première fois au cours des années 1970, par de nouveaux dégâts aux arbres dans les peuplements occidentaux, notamment dans la Forêt Noire. Il a révélé que cette espèce est particulièrement sensible aux gaz d'échappement et autres polluants atmosphériques. Dans ses stations naturelles, le sapin blanc peut atteindre l'âge de 600 ans et approcher 70 m de haut, ce qui le situe parmi les arbres indigènes les plus imposants. Cette espèce n'est cultivée que rarement comme arbre ornemental dans des jardins ou des parcs.

Le langage courant ne fait souvent pas de distinction entre le sapin de l'épicéa, nonobstant leurs différences botaniques marquées. On parle souvent de sapin pour indiquer des espèces de sapin et d'épicéa. Le miel de sapin dérive des sécrétions des pucerons qui se nourrissent de la sève sucrée de ces arbres.

Les cônes dressés perdent leurs écailles sur l'arbre, il n'en reste que l'axe.

Sapin blanc en haut à droite : cônes mûrs, au milieu à droite : axes des cônes

Sapin de Nordmann

Abies nordmanniana · Pinacées

Ce conifère se reconnaît facilement à ses aiguilles luisantes et vert foncé, à ses rameaux densément recouverts d'aiguilles et à sa couronne conique régulière. ✩ mai

Toujours vert, jusqu'à 60 m de haut; couronne d'abord étroite et conique, ensuite plutôt cylindrique, mais à la cime presque toujours pointue; les rameaux supérieurs sont moins dressés que chez le sapin blanc; tronc jusqu'à plus de 1 m de diamètre, à l'écorce fissurée en plaques foncées. **Aiguilles** de 2-3 cm de long, à l'extrémité légèrement arrondie, non piquantes; face supérieure déprimée au milieu et luisante, vert foncé, face inférieure avec 2 bandes blanches; fixées aux branches par un pétiole arrondi, disposées en spirale autour du rameau ou vaguement étalées en 2 rangées; agréablement aromatiques au froissement. Bourgeons **floraux** sans résine. **Cônes** cylindriques, jusqu'à 5 cm d'épaisseur et longs de 20 cm, résineux, longtemps verdâtres, bruns à maturité; bractées minces dépassant entre les écailles ovulifères, plus épaisses; cônes mûrs en sept.-oct.

cônes dressés

Répartition : forêts de montagne entre 900-2000 m d'altitude sur sols humides mais pas détrempés; peuplements monospécifiques ou en association avec d'autres conifères ou feuillus. Arbre forestier répandu au N.-E. de la Turquie et dans l'O. du Caucase; en Eur. moy. de plus en plus souvent planté en sylviculture ou comme arbre décoratif dans les parcs.

À savoir ! Cette espèce, nommée également sapin du Caucase, a été découverte vers 1840 par le botaniste finlandais A. Nordmann. Ensuite, elle fut cultivée en Angleterre. Ces arbres imposants sont très appréciés comme sapins de Noël, car ils supportent bien les conditions sèches des pièces chauffées

Sapin de Californie

Abies grandis · Pinacées

Cette grande espèce de sapin se distingue par ses aiguilles bien rangées, particulièrement tendres, qui sentent agréablement la mandarine lorsqu'elles sont frottées. ✩ avril-mai

Toujours vert, peut atteindre 50 m de haut, couronne étroite et conique, cime pointue; branches disposées en verticilles horizontaux, légèrement pendantes avec l'âge. **Aiguilles** vert moyen à foncé, 2-6 cm de long, planes, disposées en spirale et en 2 rangs réguliers, plus courtes sur la partie supérieure des rameaux que sur celle inférieure. Bourgeons des **fleurs** légèrement résineux. **Cônes** jusqu'à 4 cm de large et 10 cm de long, bractées non reconnaissables de l'extérieur; cônes mûrs en sept.

Répartition : en peuplements monospécifiques ou associé à d'autres conifères, des régions côtières jusqu'à des altitudes de 1500 m. Sa région d'origine se situe dans les forêts d'Amérique du N. occidentale, surtout sur l'Île de Vancouver et les montagnes côtières de la Colombie Britannique jusqu'au N.-O. de la Californie. Introduit en Eur. en 1830, où il est utilisé comme essence sylvicole ou ornementale dans les parcs.

À savoir ! Le sapin de Californie, appelé aussi sapin élancé ou sapin géant, porte bien son nom, puisqu'il est le plus grand de son genre. Dans ses régions d'origine, il peut même atteindre 100 m de haut. Aujourd'hui, de tels exemplaires sont rares et ne se trouvent presque plus que dans des parcs nationaux. Les individus cultivés en Eur. moy. n'atteignent (jusqu'à présent) qu'environ la moitié de cette taille au maximum. L'écorce est remarquable : épaisse et gris-brun foncé, chez les vieux arbres profondément entaillée et écailleuse. Au vu de la taille imposante de l'arbre, les cônes restent relativement petits. Cette espèce de sapin est aussi monoïque.

Sapin de Nordmann en haut à droite : les aiguilles disposées en spirale.

Sapin de Californie

Sapin noble

Abies procera · Pinacées

Cet arbre se singularise non seulement par ses grands cônes, aux écailles pointues, mais aussi par ses aiguilles argentées qui le rendent visible de loin. ✩ mai-juin

Toujours vert, jusqu'à 60 m de haut, couronne conique à cylindrique; écorce d'abord lisse, brun argenté, ensuite crevassée et brun-gris.

Aiguilles de 2-3,5 cm de long, non piquantes, disposées en spirales denses, repliées vers le haut et rayées; gris-vert à vert foncé, les deux faces avec des bandes de stomates. **Fleurs** ♂ d'abord rouge carmin, puis de plus en plus jaunes. Grands **cônes**, perpendiculaires aux grosses branches à l'intérieur de la couronne; brun clair à maturité; bractées claires, proéminentes, repliées vers l'arrière; cônes mûrs en sept.

Cônes jusqu'à 25 cm de long et 9 cm d'épaisseur

Répartition : forêts de montagne humides, entre 900 et 1800 m d'altitude, généralement en association avec le douglas, le pin de Lord Weymouth ou autres espèces de sapins. Montagnes côtières de l'O. de l'Amérique du N., de l'État de Washington jusqu'au N. de la Californie.

À savoir ! En Eur. moy., cette espèce est généralement cultivée comme arbre décoratif dans des parcs. La forme 'Glauca', aux aiguilles d'un vert-bleu intense, est particulièrement répandue. Les cônes du sapin noble sont les plus grands de toutes les espèces de sapins. Ils se distinguent également par les bractées qui dépassent amplement les écailles ovulifères. Dans son milieu indigène, cette espèce peut dépasser 600 ans. C'est le chercheur et explorateur David Douglas qui l'a découverte, en 1825. En son honneur, une espèce proche a été nommée douglas. Le « sapin noble » que l'on trouve dans les marchés de Noël ne correspond que rarement à cette espèce. Il s'agit souvent de différentes espèces d'épicéa.

Sapin d'Espagne

Abies pinsapo · Pinacées

Cet arbre se distingue par ses aiguilles hérissées, raides, comme des brosses, disposées autour du rameau, et par son aire de répartition limitée à l'Espagne. ✩ avril-mai

Toujours vert, jusqu'à 30 m de haut, silhouette fortement pyramidale, branches hérissées, pendantes dans la partie inférieure. **Aiguilles** de 1-2 cm de long; disposées en spirale autour des rameaux; rigides, non piquantes; section quadrangulaire, plus épaisse à la base; bandes claires des deux côtés. **Cônes** jusqu'à 5 cm d'épaisseur et 12 cm de long, pourpres avant la maturation, ensuite bruns; bractées non visibles; cônes mûrs en oct.

Répartition : sols calcaires de montagne au-dessus de 1000 m, généralement en peuplements monospécifiques ou avec des espèces de chênes sempervirents. Territoire restreint au S.-E. de l'Espagne, sur les montagnes calcaires autour de la ville de Ronda. Producteur de bois important pour la région.

À savoir ! Ce sapin, connu aussi comme sapin d'Andalousie, du nom de sa région d'origine, est devenu relativement rare, suite à une surexploitation de son bois. Le peuplement protégé le plus étendu se trouve dans le Parc National de la Sierra de las Nieves.

Proche **Sapin de Céphalonie** *Abies cephalonica*, jusqu'à 30 m de haut, couronne large, arrondie; aiguilles de 2-3 cm de long, rangées en spirale dense, rigides et piquantes; face supérieure vert foncé, brillante; indigène dans les montagnes calcaires de l'Eur. du S.-E.; rarement planté comme arbre ornemental.

Sapin noble forme 'Glauca'

Sapin d'Espagne

Épicéa

Picea abies · Pinacées

Les caractères typiques de ce conifère sont les aiguilles piquantes dressées, les cônes pendants et le tronc droit comme un poteau. ✫ mai-juin

Toujours vert, généralement entre 30 et 50 m de haut, exceptionnellement jusqu'à 70 m, couronne régulière et branches généralement pendantes; écorce brunâtre à cuivrée, finement écailleuse, ne se détachant que peu du tronc. **Aiguilles** 1-2,5 cm de long, rigides, piquantes, vert foncé, généralement peu rayées, en spirale autour du rameau; section quadrangulaire, une mince ligne claire de stomates sur chaque côté. **Fleurs** ♂ distribuées sur toute la couronne, d'abord rouges, ensuite jaunes; inflorescences ♀ seulement dans la partie supérieure de la couronne, rougeâtres, dressées. **Cônes** brun clair, pendants, jusqu'à 15 cm de long; à maturité en sept.-oct.

Répartition : souvent en peuplements monospécifiques ou en association avec d'autres essences dans les stations au sol léger, humique, au climat hivernal froid et humide; racines étalées. L'épicéa influence la composition de l'humus. Plusieurs formes, de l'Eur. moy. jusqu'à l'Asie de l'E.; la variété européenne est indigène dans l'espace alpin et préalpin, dans la Forêt Noire, le Hartz, la Forêt de Thuringe, le Jura suisse et la Forêt de Bavière, ainsi que dans les Carpates, en Scandinavie et au N. de la Russie. La sylviculture a propagé cette essence à l'extérieur de son aire naturelle.

À savoir ! Cette espèce, appelée aussi « Sapin rouge » en raison de son écorce brun cuivré, est actuellement la plus répandue en Eur. moy. C'est l'arbre le plus fréquent et le plus important fournisseur de bois. En tant qu'espèce relativement peu exigeante, elle s'accommode de terrains pauvres. Il doit son ample diffusion aux importants reboisements qui ont également concerné la moyenne montagne au début du XVIIIe s., afin de restaurer les forêts mises à mal par la surexploitation. Son bois clair est souvent utilisé dans le bâtiment et dans la fabrication de meubles, tandis que les débris sont recyclés dans la production d'agglomérés et dans l'industrie du papier.

L'épicéa peut atteindre 200 ans, voire même 400 ans dans les Alpes. Son port dépassant parfois les 50 m le place parmi les espèces d'arbres indigènes les plus imposantes. À l'E. de son aire de répartition naturelle, il est remplacé par l'épicéa d'Orient ou du **Caucase**, *Picea orientalis*, très proche.

Lorsque les aiguilles tombent, il reste toujours de minuscules écailles proéminentes sur le rameau, contrairement au sapin. Les branches nues sont donc toujours râpeuses comme une lime.

Le cône de l'épicéa est l'inflorescence femelle. Chaque fleur est constituée d'un ovule aplati porté par une écaille ovulifère qui se lignifie peu à peu et par une bractée qui reste membraneuse. Chez les sapins et les épicéas, écailles ovulifère et bractées se distinguent aisément même à maturité, tandis que chez les pins, par exemple, elles se soudent en une écaille unique. Les graines, riches en graisses, sont transportées par le vent. Elles constituent une importante source de nourriture pour les animaux sauvages.

Épicéa

Épicéa de Serbie

Picea omorika · Pinacées

On le reconnaît à sa couronne très étroite, conique ou cylindrique, à ses branches arquées et à ses cônes résineux. ✰ **mai**
Toujours vert, habituellement jusqu'à 30 m de haut, couronne étroite et pointue ; branches courtes, épaisses, étalées à l'horizontale ou légèrement pendantes ; écorce orange-brun, finement écailleuse. **Aiguilles** planes, 1-2 cm de long, souples, piquantes chez les jeunes individus, disposées en spirale, légèrement en rangs dans la partie inférieure ; face supérieure vert foncé, face inférieure avec 2 rangées claires de stomates ; sur certains rameaux, elles tournent la face inférieure vers le haut. ♂ **Fleurs** mesurant à peine 1 cm, rouge carmin avant la pollinisation, ♀ inflorescences à peine plus grandes, d'abord rouge clair. **Cônes** de seulement 4-6 cm de long, résineux ; bleu-violet avant la maturation, bruns à maturité ; écailles amples et arrondies, généralement non appliquées ; les cônes mûrissent dès la première année, en sept.-oct.

Répartition : forêts de montagne aux étés frais, principalement sur calcaire, de 700 à 1400 m d'altitude, souvent en association avec l'épicéa commun, le sapin blanc, plusieurs espèces de pin, le hêtre, l'érable sycomore et d'autres essences forestières. Indigène seulement dans un petit territoire entre la Bosnie et la Serbie (Monts Tara) et dans un îlot de distribution au Monténégro. Apprécié dans les jardins et fréquemment planté.

À savoir ! Cette espèce, découverte seulement en 1875, est désormais plus fréquente dans les jardins d'Eur. moy. que dans sa région d'origine. Elle s'est révélée particulièrement peu sensible aux polluants atmosphériques qui endommagent gravement les autres arbres, et se prête à merveille aux plantations dans des zones industrielles et des centres urbains. Dans son aire de répartition actuelle, elle constitue une relique de l'époque Tertiaire. Elle y a survécu aux ères glaciaires mais n'a pas réussi a reconquérir son aire de répartition ancienne. Avant les ères glaciaires, l'espèce était également abondamment répandue au nord des Alpes, comme l'attestent les fossiles.

Proche **Épicéa d'Engelmann** *Picea engelmannii*, atteint 30 m, couronne remarquablement étroite aux branches courtes et hérissées ; aiguilles jusqu'à 2,5 cm de long, quadrangulaires, disposées en spirale et dirigées vers l'extrémité des pousses, très piquantes ; cônes jusqu'à 6 cm de long, écailles des cônes se rétrécissant dans la partie antérieure, contrairement à l'épicéa de Serbie, et irrégulièrement dentées. Espèce très répandue dans les montagnes d'Amérique du N. occidentale, en Eur. n'est cultivée que dans de grandes plantations, souvent aussi en forme 'Glauca', aux aiguilles bleutées.

Épicéa de Serbie en bas à gauche : jeunes cônes, en bas à droite : cônes mûrs

Épicéa de Sitka

Picea sitchensis · Pinacées

Couleur voyante des cônes, brun clair, large couronne conique et branches dressées sont ses signes distinctifs. ✿ mai

Toujours vert, jusqu'à 60 m de haut, couronne conique, devenant plus large avec l'âge, tronc vigoureux; branches en verticilles presque horizontaux; pousses légèrement pendantes et jaune brillant. **Aiguilles** jusqu'à 2,5 cm de long, minces, rigides, acérées, à section quadrangulaire et dotée d'une côte sur la face inférieure, bandes claires sur toutes les faces; gaine à la base des aiguilles très rugueuse. **Fleurs** rougeâtres (♂) ou verdâtres (♀). **Cônes** de 3 cm d'épaisseur et jusqu'à 8 cm de long, aux écailles ondulées, dentées au bord, minces comme du papier, irrégulières, blanchâtres à jaune clair à maturité (août-sept.).

Répartition : forêt côtières sur sol détrempé, maigre, au climat pluvieux ou humide à cause du brouillard, jusqu'à 1000 m d'altitude; souvent en peuplements monospécifiques. Originaire des montagnes de la côte pacifique du S.-O. de l'Alaska. au N.-O. de la Californie; désormais diffusé par la sylviculture; très répandu et fréquent surtout en Grande-Bretagne, au Danemark et au N. de l'Allemagne; présent aussi comme arbre ornemental dans des parcs et jardins.

À savoir ! Cette espèce très peu exigeante, croissant rapidement même sur les sols sablonneux et maigres, a été nommée d'après la ville de Sitka, sur l'île du même nom au S.-O. de l'Alaska. Son nom commercial est souvent erroné : « sapin bleu ». Dans son pays d'origine, le sapin de Sitka affiche des ports imposants et peut atteindre jusqu'à 800 ans d'âge. C'est une essence importante en sylviculture, grâce à ses faibles exigences et à sa résistance au vent.

Épicéa du Colorado

Picea pungens · Pinacées

Conifère toujours vert, reconnaissable à ses aiguilles en forme de faux et à ses branches raides, disposées en verticilles denses. ✿ mai

Jusqu'à 30 m de haut, couronne pyramidale, ample, très dense; les troncs des jeunes arbres sont toujours courbés dans la partie inférieure. **Aiguilles** d'env. 1 cm de long, disposées en spirale, quadrangulaires, rigides, piquantes; chez la forme sauvage, vert mat, chez celle cultivée, généralement blanc bleuâtre. **Fleurs** ♂ jaunes; fleurs ♀ en petits cônes rougeâtres dressés, seulement dans la région de la cime. **Cônes** de 7-11 cm de long, pendants, résineux; à maturité en sept.-oct.

Répartition : montagnes, surtout près des cours d'eau. Originaire de l'Amérique du N. sud-occidentale, désormais répandu comme arbre ornemental très apprécié.

À savoir ! La coloration claire de la forme cultivée, souvent appelée « sapin bleu », provient d'une épaisse couche de cire sur les aiguilles.

Proche Le **sapin du Canada** *Picea glauca*, présent en Amérique du N. jusqu'à la limite polaire des forêts, n'est connu en Eur. que par sa forme « en pain de sucre » (photo ci-dessous), une forme naine au feuillage très dense. Les aiguilles de la forme sauvage frottées entre les doigts dégagent une odeur de cassis.

Épicéa de Sitka

Épicéa du Colorado gauche : jeunes cônes, droite : cônes mûrs

Tsuga du Canada

Tsuga canadensis · Pinacées

Les petits cônes pendants et les aiguilles planes, de dimensions irrégulières, disposées en 2-3 rangées le long des pousses sont caractéristiques de ce conifère. ✿ mai

Toujours vert, parfois à tronc ramifié, jusqu'à 30 m, couronne ample et irrégulière ; branches et cime légèrement arquées. **Aiguilles** planes, se rétrécissant vers la pointe, 1-2 cm de long, vert foncé et mates, face inférieure avec 2 bandes claires ; disposées en 2-3 rangées, celle du milieu souvent avec la face inférieure tournée vers le haut. **Fleurs** pl. monoïque, les ♂ seulement de 3 mm, jaune verdâtre ; les ♀ un peu plus grandes, verdâtres. **Cônes** ovales, env. 1 cm d'épaisseur, jusqu'à 2,5 cm de long, bruns à maturité ; écailles ovulifères peu nombreuses, larges, les bractées ne sont pas visibles ; mûrissent dès la première année, en sept.-oct., mais ne tombent que l'année suivante.

Répartition : sur sols légers, humides, riches jusqu'à 1600 m d'altitude environ. Originaire d'Amérique du N. nord-orientale, du Canada au N. de la Géorgie ; n'est utilisé que rarement en sylviculture, en Eur., mais est souvent planté dans les parcs.

À savoir ! Cette espèce décorative qui supporte l'ombre peut vivre jusqu'à 1000 ans.

Proche Tsuga de l'ouest *Tsuga heterophylla*, aiguilles linaires, atteignent 2 cm de long sur la partie inf. des pousses, mais seulement 1 cm sur la partie sup. ; cônes jusqu'à 2,5 cm de long ; croît dans les parcs et jardins

Sapin de Douglas

Pseudotsuga menziesii · Pinacées

Cet arbre est le seul à porter des cônes avec certaines écailles courtes et arrondies et d'autres longues, à 3 pointes. Ses aiguilles frottées sentent l'orange ou le citron. ✿ mai-avr.

Jusqu'à 50 m de haut, toujours vert, couronne conique et régulière ; branches disposées régulièrement, en verticilles hérissés horizontaux, étagés ; écorce d'abord lisse, gris foncé à gris-vert, avec des bulles de résine horizontales ; progressivement plus crevassée, brun-noir. **Aiguilles** 2-4 cm de long, planes, tendres mais résistantes, minces, à peine piquantes, face supérieure vert foncé, face inférieure avec 2 bandes argentées. **Fleurs** pl. monoïque ; fleurs ♂ jaunâtres, plusieurs bouquets aux extrémités des branches ; fleurs ♀ comme des pinceaux aux extrémités. **Cônes** pendants, 3 cm d'épaisseur, jusqu'à 8 cm de long, brun clair à maturité (août-oct.) ; bractées proéminentes.

Répartition : sols riches, humides, profonds ; souvent en peuplements monospécifiques. Montagnes côtières d'Amérique du N. de la Colombie Britannique à la Californie du S. ; en Eur., planté en forêt et comme arbre ornemental.

À savoir ! Le Douglas le plus haut mesuré jusqu'ici (hélas, abattu) atteignait 133 m. Il reste tout de même de très vieux individus de 3-4 m de diamètre, mais de hauteur nettement inférieure : au maximum 60-70 m. La variété 'Glauca', plantée fréquemment dans les jardins, se distingue par la couleur argentée de ses aiguilles. Le bois est commercialisé sous la dénomination de « Oregon Pine ». Il est clair dans la partie extérieure et rougeâtre au milieu. Il se contracte très peu au séchage et se prête donc particulièrement à la construction, tant dans le bâtiment que dans l'ingénierie navale.

Tsuga du Canada en bas à droite : cônes mûrs

Sapin de Douglas

Mélèze d'Europe

Larix decidua · Pinacées

Le mélèze est le seul conifère indigène dont les aiguilles se colorent de jaune or en automne avant de tomber. ✫ mars-mai
Jusqu'à 40 m de haut, feuilles caduques, couronne étroite, d'abord conique, ensuite cylindrique, branchage épais et régulier; écorce d'abord brun-gris et lisse, puis crevassée et écaillée avec l'âge; pousses jaune paille. **Aiguilles** tendres, minces, face inférieure avec une côte centrale saillante, 2-3 cm de long; fixées par bouquets de 20-40 sur les rameaux courts ou individuellement et densément sur les rameaux longs; vert clair au débourrage, ensuite plus foncé; non piquantes, 2 bandes claires sur la face inférieure. **Fleurs** pl. monoïque; les fleurs ♂ pour la plupart sur les rameaux courts de 2 ans; inflorescences ♀ dressées, rouge carmin prononcé, apparaissent avant les aiguilles sur les rameaux courts d'au moins 3 ans. **Cônes** jusqu'à 2,5 cm d'épaisseur et 5 cm de long, pourpres et verts lorsqu'ils ne sont pas encore mûrs, bractées non visibles, bord des écailles ovulifères peu ou pas recourbé; les cônes ne tombent des branches qu'après plusieurs années; à maturité en sept.-nov.

Répartition : sols calcaires ou modérément acides, au climat hivernal froid, en haute montagne, près de la limite supérieure des forêts. Peuplements monospécifiques ou en association avec d'autres essences dans les Alpes centrales, les Sudètes et les Tatras, dans l'E. de la Pologne également en plaine. En Eur., amplement diffusé au-delà de son aire naturelle par la sylviculture.

À savoir ! Le mélèze perd ses aiguilles dorées une à une. En plus des cultivars forestiers, le mélèze est planté dans les parcs. Cependant, il ne supporte pas le climat urbain et industriel.

Mélèze du Japon

Larix kaempferi · Pinacées

Cet arbre se distingue du mélèze d'Europe par ses aiguilles vert bleuâtre et les pousses et rameaux brunâtres. ✫ avril-mai
Feuilles caduques, jusqu'à 40 m de haut, tronc droit, branches généralement pendantes; écorce écailleuse, brun rougeâtre; pousses brun foncé à pourpre brunâtre, cerclées de gris. **Aiguilles** tendres, 2-3 cm de long, groupées par 30-60 dans des bouquets aplatis sur les rameaux courts, face supérieure vert-bleu, face inférieure avec 2 bandes gris clair; jaune or l'automne. **Fleurs** pl. monoïque; inflorescences ♀ nombreuses sur les rameaux courts anciens. **Cônes** immatures brun jaunâtre, brun foncé à maturité; les écailles ovulifères sont clairement recourbées vers l'extérieur.

Répartition : forêts de montagne sur sols profonds et riches. À l'origine uniquement au Japon, aujourd'hui largement planté dans des buts sylvicoles, souvent aussi dans les parcs et jardins.

À savoir ! Cette espèce est un peu plus résistante aux gaz d'échappement urbains et industriels que sa cousine européenne. Elle est donc utilisée pour reboiser des décharges, de vieux terrils et dans diverses mesures de reboisement de sites industriels. Le bois d'aubier est d'abord très clair, mais il devient rapidement foncé. Il se prête à la construction par sa stabilité, mais est également utilisé comme contreplaqué ou comme bois massif dans la fabrication de meubles.

En Eur., le mélèze **hybride**, un croisement spontané du mélèze du Japon et du mélèze d'Europe, est connu depuis le début du XIXᵉ s. Il est similaire aux deux parents.

Mélèze d'Europe

Mélèze du Japon en haut à droite : jeunes cônes, en bas à droite : cônes mûrs

Pin de montagne, pin mugo

Pinus mugo · Pinacées

Ce pin se distingue par la variété de ses ports, souvent arbustif avec un tronc rampant ou dressé, et aux gaines persistantes des aiguilles. ✰ juin-juil.

Toujours vert, tronc unique ou ramifié selon le port, dressé ou couché; jusqu'à 25 m de haut lorsque le port est arborescent, le tronc est robuste, la couronne est large et conique, avec des branches en verticilles réguliers; les branches sont plutôt irrégulières dans la version arbustive; écorce épaisse avec l'âge, gris-noir et crevassée. **Aiguilles** de 2-8 cm de long, rigides, vert foncé, groupées par deux dans de longues gaines gris cendré. **Fleurs** pl. monoïque; fleurs ♂ jaune clair, en bouquet à la base des pousses; inflorescences ♀ rouge carmin, groupées par 1-4 sous les terminaisons des rameaux longs. **Cônes** ouverts, env. 6 cm d'épaisseur et presque aussi longs; à maturité la 2e année, en oct.-nov.

Répartition : sur sol plat ou profond, alcalin ou modérément acide, pauvre, à la limite supérieure des forêts, généralement en peuplements monospécifiques. Montagnes de l'Eur. du S. et d'Eur. moy.; en îlots depuis les Pyrénées jusqu'aux Balkans, en passant par le Massif Central, la Forêt Noire, le Fichtelgebirge, la Forêt de Bavière et les Carpates, par endroits aussi dans les Abruzzes.

À savoir ! Cette espèce aux multiples aspects se divise en trois sous-espèces. Le **pin couché** (ssp. *mugo*) croît comme un grand arbuste couché aux branchages extrêmement flexibles. Il se trouve dans les Alpes jusqu'à presque 2500 m d'altitude, où il forme une ceinture de pins couchés à la limite supérieure des forêts.

Le **pin à crochet** (ssp. *uncinata*, photo de droite), parfois considéré comme une espèce à part entière, est un arbre atteignant jusqu'à 25 m de haut. On le trouve dans la partie occidentale de son aire de répartition (Alpes centrales suisses). Son nom est dû aux petits crochets présents sur les écailles ovulifères, très épaisses.

Une autre **sous-espèce de pin mugo** (ssp. *rotundata*, photo en bas) se trouve principalement dans la partie orientale de son aire de répartition (Forêt Noire, Forêt de Bavière, Monts Métallifères) sur sol tourbeux acide. Dans sa forme arborescente, il atteint 8-10 m de haut et est souvent doté de plusieurs troncs. D'un port de grand arbuste, il développe des branches couchées, redressées aux extrémités, comme le pin couché.

Pin de montagne, pin mugo

Pin de montagne, pin couché

Pinus mugo ssp. *mugo* · Pinacées

Conifère arbustif aux formes multiples, toujours vert, à un ou, plus souvent, plusieurs troncs; branches couchées ou dressées, disposées de façon désordonnée et de longueurs inégales.
✩ avril-mai

Taille de 1-5 m de haut; en forme arborescente, jusqu'à 25 m; écorce gris rougeâtre à gris-noir avec de petites écailles. **Aiguilles** rigides, droites ou légèrement arquées, peu ou pas torsadées, 2-8 cm de long et 2-3 mm de large; vert foncé et luisantes sur les deux faces, aux bords rugueux; par paires dans une gaine de 1 cm de long, gris cendre; restent environ 8-10 ans sur les rameaux. **Fleurs** pl. monoïque, fleurs ♂ jaune clair dans une manchette compacte à la base des nouvelles pousses de l'année; étamines nombreuses, en forme de spirale; inflorescences ♀ rouge carmin, env. 1 cm de long, charnues, groupées par 1-4 immédiatement au-dessous des extrémités des rameaux longs. **Cônes** jusqu'à 3 cm d'épaisseur lorsqu'ils sont fermés, env. 6 cm et presque autant de longueur lorsqu'ils sont ouverts; n'arrivent à maturité que la 2e année.

Répartition : sols alcalins ou modérément acides, maigres et généralement plutôt humides de l'étage montagnard supérieur; habituellement en peuplements monospécifiques. Montagnes d'Eur. moy. et d'Eur. du S. (Abruzzes, Balkans), dans le N. jusqu'au Fichtelgebirge, aux Monts Métallifères et au Massif des Géants; dans les Préalpes bavaroises, par endroits aussi au-dessous de 500 m d'altitude; dans les Alpes du Nord, il monte jusqu'à 2200 m et dans le canton suisse des Grisons, jusqu'à 2450 m d'altitude; dans la région alpine, il forme une ceinture d'arbres couchés, au-dessus de la limite de la forêt. Il s'est répandu hors de son aire naturelle de répartition car il est fréquemment planté dans les jardins.

À savoir ! Le pin de montagne est une espèce aux ports multiples, parmi lesquels les formes arborescentes comme le pin à crochets. On distingue aussi de nombreuses souches géographiques différentes parmi les formes arbustives connues comme pins couchés (aux dénominations régionales et locales très variées), dont proviennent les nombreuses formes cultivées aux caractères morphologiques difficiles à distinguer. Lorsqu'ils sont plantés en dehors des hautes montagnes, les pins couchés perdent leur port caractéristique aux branches couchées et développent des formes aux troncs quasi verticaux. Les formes sauvages se protègent du poids de la couverture neigeuse par leurs branches flexibles, contribuent à consolider les pentes raides et protègent contre les chutes de pierre et les avalanches. On les plante donc pour protéger contre l'érosion également à basse altitude. Dans son milieu naturel alpin, cette espèce préfère les sols calcaires. Elle est particulièrement fréquente sur les calcaires durs des massifs du Wetterstein et du Dachstein, ainsi que sur dolomie. Elle n'est toutefois pas liée aux sols alcalins et a effectivement été employée pour des reboisements sur sols acides et maigres de landes à bruyère dans le N. de l'Allemagne et sur les dunes du Jutland. Certaines formes colonisent également les sols tourbeux acides alpins. Les aiguilles, très aromatiques, donnent l'huile essentielle de pin de montagne, présente dans des produits cosmétiques et médicaux.

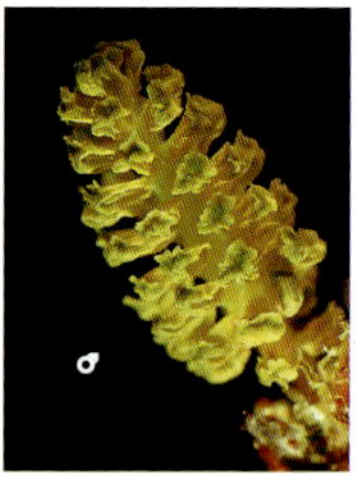

Pin de montagne, pin couché en bas à droite : cône mûr

Pin sylvestre

Pinus sylvestris · Pinacées

Typique : les aiguilles bleu-vert, longues jusqu'à 7 cm, sont groupes par deux et souvent tordues autour de leur axe. ✩ mai-juin

Toujours vert, jusqu'à 30 m de haut, rarement jusqu'à 40 m; couronne d'abord conique, ensuite aplatie irrégulièrement et étalée en parapluie; tronc droit dans la partie inférieure, souvent courbé en haut; écorce brun-rouge à brun orangé, à larges plaques foncées gris-brun dans la partie inférieure, avec de profondes entailles noirâtres. **Aiguilles** de 3-8 cm de long, vert-bleu ou gris-vert, un peu piquantes, pas particulièrement rigides, finement dentées au bord; restent généralement 2-3 ans sur le rameau. **Fleurs** plante monoïque; fleurs ♂ jaune clair, nombreuses et en

jeune cône

bouquets; inflorescences ♀ rouge clair à pourpre, généralement par 2 sur les rameaux longs. **Cônes** jusqu'à 5 cm d'épaisseur et 8 cm de long, verdâtres lorsqu'ils ne

sont pas encore mûrs, brun foncé à maturité; ouverts avec écailles retroussées, béantes; maturité dès la 2e année, en sept.-oct.

Répartition : de préférence sur sols modérément secs et légers; sur sols limoneux, sablonneux ou calcaires souvent en peuplements monospécifiques; dans les Alpes septentrionales jusqu'à 1600 m, dans les Alpes centrales jusqu'à 2200 m d'altitude. Hautes et moyennes montagnes d'Eur., hautes terres d'Écosse, Scandinavie, Turquie du N., Asie centrale et de l'E.; fortement diffusé par les plantations sylvicoles.

À savoir ! Le pin sylvestre couvre la plus ample aire de répartition continue du genre Pinus.

Arole, pin cembro

Pinus cembra · Pinacées

La couronne de ce conifère résistant au gel, que l'on peut trouver jusqu'à la limite supérieure des forêts, devient ample et arrondie avec l'âge. ✩ mai-juil.

Toujours vert, jusqu'à 25, rarement 35 m de haut, couronne ample et cylindrique; branches courtes et trapues, rameaux dressés aux extrémités; pousses densément duveteuses; écorce d'abord lisse et gris-vert, ensuite brunâtre. **Aiguilles** 5-8 cm de long, piquantes, seulement 1 mm de large; face externe vert foncé, face interne gris-vert, implantées par bouquets de 5 sur les rameaux courts. **Fleurs** pl. monoïque; fleurs ♂ jaunes à maturité du pollen, inflorescences ♀ rougeâtres. **Cônes** jusqu'à 7 cm d'épaisseur et 12 cm de long, vert-bleu lorsqu'ils ne sont pas mûrs, brun rougeâtre à maturité; dressés; cônes à maturité la 3e année, en oct.

Répartition : sols pierreux, acides et humiques au climat continental froid, rarement au-dessous de 1700 m d'altitude. Demande beaucoup de lumière pour croître. En Eur., uniquement dans les Alpes et les Carpates; une sous-espèce est présente de l'Oural jusqu'en Sibérie; insignifiant du point de vue sylvicole, rarement cultivé dans des parcs et jardins.

À savoir ! Les graines anguleuses, non ailées, d'env. 1 cm de long (pignons) sont comestibles. Elles contiennent environ 40 % d'huile. Les cônes s'ouvrent lorsqu'on les chauffe à basse température dans le four. Dans les Alpes, le bois de l'arole est très prisé : d'abord clair, puis devenant foncé, il a longtemps été utilisé dans le bâtiment. Il se prête également à être sculpté et tourné. La surexploitation a localement décimé les peuplements de cette espèce. L'arole et le seul pin d'Eur. moy. à 5 aiguilles. Il peut atteindre 1000 ans. Dans les Alpes, il peut grimper jusqu'à presque 3000 m d'altitude.

Pin sylvestre

Pin cembro, arole en bas à droite : des pignons

Pin noir, pin d'Autriche

Pinus nigra · Pinacées

Le nom de ce conifère imposant est dû à son écorce noire, qui paraît couverte de suie. ✿ mai-juin

Jusqu'à 40 m de haut, toujours vert, couronne régulière, aplatie, ouverte et retombante avec l'âge; l'écorce des vieux arbres est profondément crevassée et grossière, gris-brun à brun-noir. **Aiguilles** (photo en bas) de 10-15 cm de long, robustes, rigides, vert foncé à vert-noir, parfois légèrement torsadées, par paires (rarement par trois) sur les rameaux courts. **Fleurs** pl. monoïque; fleurs ♂ jaune clair, inflorescences ♀ groupées par 1-4, dressées aux extrémités des pousses. **Cônes** avec un pédoncule très court, jusqu'à 6 cm d'épaisseur et 9 cm de long, brun clair; maturation des cônes la 2e année, en sept.-nov.

Répartition : arbre forestier important sur sols peu profonds, en situation sèche, dans les montagnes calcaires de l'Eur. du S. Plusieurs variétés parsemées en îlots dans un territoire de répartition allant de l'Afrique du N. au S. de l'Espagne, la Corse, le S. de la France l'E. de l'Autriche et les Balkans, jusqu'à la mer Noire; largement diffusé par la sylviculture et très apprécié dans les parcs et les jardins.

À savoir ! Il est difficile de tracer une délimitation géographique précise des sous-espèces. En Allemagne, la **sous-espèce autrichienne**, *P. nigra* ssp. *austriaca*, est la plus répandue comme arbre d'ornement. Son port correspond aux caractéristiques énoncées ci-dessus. Dans son territoire d'origine, dans l'Eur. méridionale, il peut atteindre l'âge d'environ 500 ans. Naguère, l'abondante résine présente dans l'écorce et le bois était récoltée au moyen d'une incision et distillée pour produire l'essence de térébenthine et le colophane (résidu de distillation, solide). À cause de sa forte teneur en résine, le bois jaunâtre n'est utilisé que rarement dans la menuiserie. Les déchets de bois sont utilisés dans la production de la cellulose (pâte à papier).

Proche **Pin noir de Corse** ou de **Calabre** *Pinus nigra* ssp. *laricio*, aux aiguilles vert-gris, légèrement torsadées, de 8-16 cm de long, un peu piquantes; cônes jusqu'à 6 cm de long; couronne ample, très lâche. Italie du S., Sicile, Corse. Les formes partiellement naines sont plantées dans les jardins.

Pin noir d'Espagne ou des **Pyrénées** *Pinus nigra* ssp. *salzmannii*, aiguilles très minces, flexibles, 9-14 cm de long, non piquantes, cônes jusqu'à 8 cm de long, couronne étroite et conique. Midi de la France, S. et E. de l'Espagne.

Pin noir de Dalmatie *Pinus nigra* ssp. *dalmatica*, aiguilles longues seulement 4-7 cm, très rigides, un peu tordues, cônes jusqu'à 4,5 cm de long, couronne ample et conique. Côtes et îles slovènes jusqu'à la Dalmatie du N.-O. Plusieurs formes cultivées dans les parcs.

Pin noir inflorescences

Pin de Weymouth, pin blanc d'Amérique

Pinus strobus · Pinacées

Ce conifère est reconnaissable aux cônes pendants, en forme de banane, dont les écailles, flexibles et résineuses, s'ouvrent amplement à maturité. ✩ mai-juin
Toujours vert, extrêmement imposant, jusqu'à 50 m de haut, couronne d'abord étroite et conique, ensuite plus irrégulière et ouverte; branches souvent courbées; écorce cannelle ou brun-gris, grossièrement ridée de profondes crevasses gris foncé. **Aiguilles** de 5-15 cm de long, minces et flexibles, vert bleuâtre, finement dentées, groupées par 5 sur les rameaux courts.

Fleurs pl. monoïque; fleurs ♂ jaunâtres, en bouquets; fleurs ♀ vert rougeâtre. **Cônes** de 20 cm de long; lorsqu'ils sont ouverts, ils atteignent 5 cm d'épaisseur; maturation des cônes seulement la 2e année, en août-sept.

Répartition : sols peu humiques, profonds, humides au climat de montagne riche en précipitations, souvent en peuplements monospécifiques jusqu'à 1200 m d'altitude. Originaire des montagnes pluvieuses des Appalaches, dans l'Amérique du N. nord-orientale, du Québec à la Caroline du Sud; en Eur., souvent planté pour la sylviculture et comme arbre décoratif dans les parcs. Il existe toute une série de formes cultivées de cette espèce, parmi lesquelles aussi une forme naine de 1,5 m de haut seulement.

À savoir ! Dans sa région d'origine, cette espèce appelée White Pine peut atteindre jusqu'à 80 m de haut et 500 ans. Il s'agit du plus grand représentant de son genre sur la côte atlantique de l'Amérique du N. Les colons blancs ont durement décimé les peuplements, alors étendus, car le bois, solide, se prêtait à merveille au bâtiment et à la fabrication de meubles. Ce pin est connu grâce au Lord britannique Weymouth. C'est sur ses terres que l'espèce, introduite en Eur. dès le XVIe s., a été étudiée exactement pour la première fois, y ayant été plantée sur de grandes surfaces.

Proche **Pin jaune des Montagnes Rocheuses** *Pinus ponderosa*, aiguilles jusqu'à 25 cm de long dans une longue gaine brun-gris, généralement par 3 sur les rameaux courts; cônes jusqu'à 8 cm d'épaisseur et 15 cm de long, avec un robuste aiguillon redressé sur les écailles. C'est le pin le plus important de la côte pacifique de l'Amérique du N., du Canada au Mexique central, de la plaine aux hautes montagnes (2700 m); en Eur., planté surtout dans des parcs. Bois très solide et dense.

Pin de Jeffrey *Pinus jeffreyi*, à la couronne étroite et lâche, aiguilles jusqu'à 25 cm de long, rigides et piquantes, vert-gris, finement dentées sur les bords, par bouquets de 3 sur les rameaux courts; cônes jusqu'à 10 cm d'épaisseur et 20 cm de long, écailles avec un aiguillon dressé. Espèce caractéristique des peuplements de montagne (1500-2800 m) de la côte pacifique de l'Amérique du N.; en Eur., adaptée à la sylviculture par sa résistance au froid hivernal, mais souvent cultivé seulement dans les parcs.

Pin de Murray *Pinus contorta*, arbre aux nombreuses formes, jusqu'à 30 m de haut, couronne ample, arrondie et tronc droit; aiguilles seulement de 4-7 cm de long, par paires sur les rameaux courts, rigides, tordues de façon caractéristique (d'où le nom de l'espèce), vert-jaune à vert foncé; cônes de 2 cm d'épaisseur et de 5 cm de long, légèrement courbés, long aiguillon dressé sur les écailles; indigène de l'Amérique du N. occidentale, de la plaine à la montagne; en Eur. de plus en plus planté en sylviculture ou dans les parcs.

Pin de Weymouth en bas : jeunes pousses

Pin de l'Himalaya

Pinus wallichiana · Pinacées

Ce conifère s'illustre par ses aiguilles pendant mollement aux rameaux. ✿ mai-juin

Toujours vert, jusqu'à 50 m de haut, couronne ample et ouverte. **Aiguilles** jusqu'à 20 cm de long, tendres, pendantes, vert-gris, par bouquets de 5 sur les rameaux courts. **Cônes** de 25 cm de long, jusqu'à 8 cm d'épaisseur lorsqu'ils sont ouverts, pendants, brun clair, résineux; les cônes vides restent souvent plusieurs années sur l'arbre; cônes mûrs en août-oct.

Répartition : sols profonds de montagne, modérément acides à alcalins. À l'origine uniquement dans l'Himalaya, fréquemment planté en Eur. dans les parcs et les jardins.

Pin blanc du Japon

Pinus parviflora · Pinacées

Les aiguilles, fortement torsadées et courbées, sont disposées comme les poils d'une brosse à bouteille. ✿ mai-juin

Jusqu'à 30 m de haut, toujours vert, couronne ouverte et écorce gris-noir. **Aiguilles** de 3-6 cm de long, anguleuses, clairement torsadées, bleuâtres à vert foncé, par bouquets de 5 sur les rameaux courts. **Cônes** de 3 cm d'épaisseur et jusqu'à 7 cm de long, résineux; les d'écailles sont peu nombreuses, coriaces, béantes.

Répartition : sols humides de montagne. Originaire du Japon; en Eur., cultivé dans des jardins; plusieurs formes, généralement aux aiguilles bleutées; élevé également comme bonsaï.

À savoir ! Comme chez le pin de l'Himalaya, les cônes vides restent généralement plusieurs années sur les branches.

Pin des Balkans

Pinus leucodermis · Pinacées

Ce conifère se distingue par son écorce semblable à la mue d'un serpent. ✿ avril-mai

Jusqu'à 20 m de haut, toujours vert, écorce grise, écailleuse. **Aiguilles** de 7-10 cm de long, vert foncé, denses, en principe par paires sur des rameaux courts, concentrées aux extrémités des rameaux. **Cônes** de 5-8 cm de long, d'abord pourpre bleu, à maturité brun pourpre, écailles se terminant en une sorte d'aiguillon.

Répartition : généralement sur sols érosifs calcaires de montagne vers 800-1800 m d'altitude; bois clair. Balkans (Monténégro, Albanie et N. de la Grèce) ainsi qu'au S. de l'Italie.

À savoir ! Cette espèce proche du pin noir croît très lentement en Eur. moy. C'est un ligneux d'ornement très apprécié.

Pin de Macédoine

Pinus peuce · Pinacées

On reconnaît cette espèce de pin à ses cônes coriaces, généralement couverts de taches de résine. ✿ juin

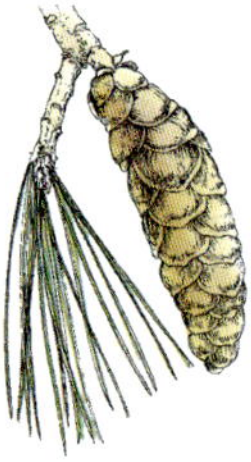

Toujours vert, jusqu'à 20 m de haut, couronne étroite; écorce finement écailleuse, brun-noir; branches dressées. **Aiguilles** de 7-10 cm de long, flexibles, vert foncé, par bouquets de 5 sur les rameaux courts. **Cônes** jusqu'à 12 cm de long et 5 cm d'épaisseur, à pédoncule court; écailles sans aiguillon, s'ouvrent en étant encore sur l'arbre.

Répartition : sols érosifs de montagne, modérément riches, jusqu'à 2000 m d'altitude. O. des Balkans jusqu'au N. de la Grèce.

À savoir ! Cette espèce, avec l'épicéa de Serbie, est une relique de l'époque Tertiaire.

Pin de l'Himalaya

Pin blanc du Japon

Pin des Balkans

Pin de Macédoine

Pin maritime

Pinus pinaster · Pinacées

L'écorce découpée en plaques rectangulaires et les très gros cônes sont caractéristiques de ce conifère imposant. ✰ mai

Toujours vert, jusqu'à 35 m de haut, couronne d'abord pyramidale, ensuite élargie et ouverte ; tronc généralement courbé ; écorce gris clair chez les jeunes individus, ensuite brun-rouge tendant au noirâtre. **Aiguilles** jusqu'à 25 cm de long et 2,5 mm de large, rigides, piquantes, gris-vert, par paires sur les rameaux courts ; chez les jeunes exemplaires, parfois aussi en bouquets de 3. **Fleurs** ♂ jaune doré, réparties sur les jeunes pousses ; inflorescences ♀ verdâtres. **Cônes** fermés, jusqu'à 8 cm d'épaisseur et 20 cm de long, verts lorsqu'ils ne sont pas mûrs, brun brillant à maturité, très robustes et lourds ; bref appendice gris sur les écailles ; maturation des cônes la 2e année, en nov.-déc., mais ne tombent qu'après plusieurs années, restant entiers.

Répartition : sols côtiers sablonneux (dunes), maigres, modérément acides ; en Corse et en Sardaigne du N. aussi sur terrains rocheux, siliceux, peu profonds, de la plaine jusqu'à env. 1 000 m d'altitude, forme souvent des peuplements. Méditerranée occidentale, côte atlantique portugaise et française, par endroits en Afrique du N. (Maroc) ; essence sylvicole fréquente en Afrique du S. et en Grande-Bretagne, culture expérimentale dans les Pays-Bas ; ailleurs en Eur. moy., rarement dans les parcs (peu résistant au vent).

À savoir ! Cette espèce caractérise le paysage le long de nombreuses côtes maritimes. Elle se prête à merveille pour consolider les dunes. Le bois jaunâtre est peu utilisé en ébénisterie, à cause de sa trop forte teneur en résine. Par contre, c'est un bois extraordinairement résistant et fréquemment employé dans les constructions, p. ex. pour les hors-bord. La récolte de résine par incision ou décollage de l'écorce a été largement pratiquée. Après distillation de la gomme, on obtenait l'essence de térébenthine et le colophane (résine à violons), servant à lisser les archets des instruments à corde. Les cônes, très semblables à ceux du pin parasol (⇨ p. 76), sont appréciés comme décoration de couronnes et autres compositions florales.

Proche **Pin d'Alep** *Pinus halepensis*, un conifère toujours vert, n'atteignant généralement que 15 m de haut ; tronc courbé et couronne ample, ouverte, portée par peu de branches robustes ; dans les peuplements denses, souvent au port arbustif ; écorce d'abord gris argenté, ensuite brun rougeâtre et crevassée. **Aiguilles** de 5-9 cm de long, droites, tendres, torsadées, vert clair, par paires sur les rameaux courts, généralement à l'extrémité des branches. **Cônes** individuels ou par 2-3, de 4 cm d'épaisseur et jusqu'à 12 cm de long ; pédoncules courts ; restent plusieurs années sur les branches. Répandu sur tout le pourtour méditerranéen, exceptés la Sardaigne, Crète, Chypre et l'Adriatique septentrional. En Grèce, la résine de ce pin est utilisée dans la vinification (Retsina).

Pin maritime en bas à gauche : en fleur, en bas à droite : cônes mûrs

Pin parasol

Pinus pinea · Pinacées

La couronne aplatie et voûtée, en forme de parasol, permet de reconnaître de loin les vieux arbres imposants. ✿ avril-mai
Toujours vert, jusqu'à 30 m de haut, couronne large en forme de parasol sur un long tronc, généralement droit; branches dressées; écorce brun-gris chez les vieux individus, crevassée dans la longueur, se détache en longues plaques, typiques. **Aiguilles** de 12-20 cm de long et presque 2 mm de largeur, piquantes, vert-gris à vert foncé, dans une gaine gris-brun d'env. 1 cm de long; par paires (rarement par 3) sur les rameaux courts. **Fleurs** ♂ : chatons ovales, jaunes, petits, nombreux, en manchons à la base des pousses; inflorescences ♀ généralement individuelles, vert-jaune pâle. **Cônes** jusqu'à 15 cm de long, ouverts jusqu'à 10 cm d'épaisseur, plutôt lourds; à maturité brun clair, brillant ou brun rougeâtre; maturation des cônes seulement la 3ᵉ ou 4ᵉ année, en sept.-oct.; grandes graines, jusqu'à 2 cm, brun foncé à noirs. Lorsque les cônes tombent, la première écaille à la base reste sur le rameau.
Répartition : préfère les sols côtiers légers, sablonneux, siliceux, modérément acides ou légèrement alcalins; espèce caractéristique des ligneux toujours verts à feuilles coriaces, ne forme habituellement que des peuplements clairsemés. Sur le pourtour méditerranéen, du S.-E. de l'Espagne jusqu'en Italie centrale, ainsi que de l'Albanie à la Turquie et au Liban; manque dans l'Adriatique septentrional, en Corse et sur de nombreuses îles grecques; très répandu aussi à l'extérieur de son aire de répartition par la plantation.
À savoir ! Le pin parasol, avec l'olivier, le chêne vert et le cyprès, est un arbre caractéristique du Sud de la Méditerranée. Ses cônes de grandes dimensions ont été symbolisés dans de nombreuses icônes antiques et décorent encore aujourd'hui, en forme stylisée, nombre de portes et portails.
Les pignons (« pinoli », en Italie), allongés, très oléagineux et à la saveur similaire à la noix, sont comestibles, comme les pignons d'arole. Ils sont commercialisés et constituent un ingrédient très nourrissant et goûteux de nombreux plats de la cuisine méditerranéenne. Ils se trouvent dans des cuvettes creusées sur les épaisses écailles ovulifères; à maturité, ils ont une étroite membrane ailée dépourvue de fonction. Chez d'autres espèces de ce genre, une membrane similaire sert efficacement à la propagation. Chez le pin sylvestre (⇨ p. 66), p. ex. les graines mûres sont libérées comme des hélices et portées par le vent. Par contre, les pignons, incapables de s'envoler, sont propagés par les animaux.
En Eur. moy., le beau pin parasol ne peut pas être cultivé, à cause de sa sensibilité au gel. Il ne pousse dans des stations naturelles qu'au sud des Alpes, où son avant-poste septentrional se trouve autour des lacs d'Italie du nord. Le bois, clair, extrêmement solide, presque sans résine et à la belle veinure prononcée est souvent employé dans la fabrication de meubles ainsi que pour les portes, les fenêtres et les marches d'escaliers.

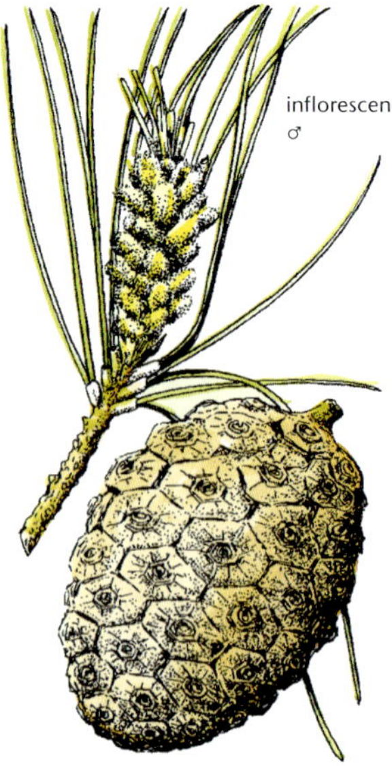

Pin parasol en bas à droite : pignons

Cèdre de l'Atlas

Cedrus atlantica · Pinacées

Ce conifère imposant se distingue des autres espèces par ses cônes, souvent déjà présents sur les rameaux bas, et sa cime fréquemment penchée latéralement. ✿ sept.-oct.

Toujours vert, jusqu'à env. 40 m de haut, couronne lâche, d'abord régulière, ensuite ample et retombante ; branches dressées mais obliques ; écorce brun-gris foncé, ridée en plaques. **Aiguilles** de 1-3 cm de long, piquantes, rigides, individuelles sur les rameaux longs, par bouquets de 30-40 sur les rameaux courts ; striées de lignes de stomates sur tous les côtés, mais particulièrement sur la face inférieure ; vert foncé à vert bleuâtre. **Fleurs** pl. monoïque ; fleurs ♂ très nombreuses sur les vieux rameaux courts, cylindriques, jusqu'à 5 cm de long, légèrement recourbées, jaune brunâtre clair, parfois légèrement rougeâtres ; inflorescences ♀ d'abord très petites, verdâtres. **Cônes** de 5 cm d'épaisseur et de 7 cm de long, ovales, à pointe concave, dressés ; maturation des cônes la 3e année, en sept.-oct. ; les écailles se détachent individuellement, tandis que les axes des cônes restent sur les rameaux des années durant.

Répartition : préfère les sols calcaires de montagne, drainés, surtout entre 1 600 et 2 500 m d'altitude. Originaire de l'Afrique du N. occidentale (Atlas entre l'Algérie et le Maroc) ; très apprécié dans les parcs et comme arbre décoratif dans les jardins et dès lors fréquemment planté aussi en Eur. moy.

À savoir ! Dans son milieu naturel, le cèdre de l'Atlas atteint 900 ans. Autrefois, au Maroc on produisait de l'huile essentielle aromatique de cèdre par distillation. Elle était utilisée en cosmétique et pour des applications techniques spéciales (p. ex. huile d'immersion pour la microscopie). Par conséquent, les peuplements naturels de cette espèce ont été surexploités et décimés.

Dans le jardinage on emploie surtout la variété bleutée 'Glauca', dont les aiguilles apparaissent vert-bleu ou quasiment blanches par la cire particulièrement abondante le long des rangées de stomates. Elles confèrent à l'arbre une valeur décorative élevée.

Contrairement aux mélèzes à feuilles caduques (⇨ p. 60), dont les aiguilles sont également fixées en bouquets sur les rameaux courts, les cèdres sont toujours verts. Leurs aiguilles restent 4 à 6 ans sur les rameaux. Les bouquets sont toujours constitués d'aiguilles d'âges différents.

Proche **Cèdre du Liban** *Cedrus libani*, Toujours vert, jusqu'à 35 m de haut, couronne ample « à étages » formés par les branches principales étalées ; tronc puissant, peut dépasser les 2 m d'épaisseur. Aiguilles jusqu'à 3,5 cm de long, piquantes, vert bleuté foncé, disposées en rosettes de 10-20 sur les rameaux courts ; floraison en sept.-oct. Présent dans les montagnes de l'Asie de l'O. des Monts Taurus jusqu'en Syrie, généralement au-dessus de 900 m jusqu'à la limite supérieure des forêts ; les peuplements naturels ont été fortement décimés dès l'Antiquité ; en Eur. moy. souvent planté dans les parcs dans les régions aux hivers doux.

Cèdre de l'Himalaya (photo) *Cedrus deodara*, se reconnaît à sa cime courbée latéralement et à son ample port pyramidal ; aiguilles jusqu'à 6 cm de long, disposées en rosettes de 20-30 sur les rameaux courts. Originaire de l'Himalaya occidental, à des altitudes de 1000-4000 m ; en Eur. souvent planté dans des parcs et jardins comme arbre d'ornement.

Cèdre de l'Atlas

Séquoia géant

Sequoiadendron giganteum · Taxodiacées

C'est l'arbre le plus grand et le plus vieux du monde. Il a une écorce rousse et spongieuse et des aiguilles piquantes, à l'aspect de petites écailles. ✿ mars-avril.
Imposant, plus de 80 m de haut, couronne dense, cylindrique, plutôt ouverte avec l'âge, tronc long et droit; écorce épaisse et spongieuse, rousse à brun-gris, aux profondes crevasses longitudinales. **Feuilles** en forme d'écailles, piquantes, de 5-10 mm de long, étalées sur les pousses ou hérissées; vert foncé à vert bleuâtre, à l'arôme d'anis si frottées. **Fleurs** pl. monoïque; fleurs ♂ toujours individuelles aux extrémités des pousses, fleurs ♀ individuelles ou par paires. **Cônes** jusqu'à 4 cm d'épaisseur et 6 cm de long, durs, brun foncé à maturité; écailles à l'appendice en aiguillon bien marquée; cônes mûrs en juil.-août.

Répartition : sols de montagne érosifs, riches, humides entre 1500 et 2500 m d'altitude. Versants occidentaux de la Sierra Nevada, en Californie (USA); en Eur., planté dans des parcs à de nombreux endroits.

À savoir ! Par leur grand âge, certains de ces arbres géants sont les témoins vivants de près de 3000 ans d'Histoire. Le volume de bois du plus grand exemplaire connu, se trouvant dans le Sequoia National Park, correspond au rendement d'un demi-hectare de pessière. L'écorce, spongieuse et mesurant jusqu'à 50 cm d'épaisseur, constitue une protection efficace contre les incendies récurrents, causés généralement par la foudre. Le nom botanique du genre est à l'honneur de l'Indien Se-quo-Yah (1770-1843), fils d'une Iroquoise et d'un Allemand. Il a développé le premier alphabet indien.

Séquoia, redwood de Californie

Sequoia sempervirens · Taxodiacées

Un séquoia aux aiguilles de longueurs irrégulières, bien alignées sur les rameaux courts, et aux branches disposées de façon désordonnée. ✿ fév.-mars
Toujours vert, plus de 100 m de haut, couronne conique, s'arrondissant avec l'âge, tronc long; écorce épaisse fibreuse et spongieuse, brun foncé à rouge-brun, profondément ridée. **Aiguilles** jusqu'à 2 cm de long, disposées en spirale sur les rameaux longs, alignées en deux raies sur les rameaux courts, piquantes, face supérieure vert foncé, face inférieure vert-gris avec deux bandes claires longitudinales bien marquées. **Fleurs** pl. monoïque; fleurs ♂ jaunes, à plusieurs aux extrémités des jeunes pousses; fleurs ♀ surtout sur les rameaux âgés. Cônes ovales, 2-3 cm de long, bruns à maturité (en sept.-nov.).

cônes à différents stades de maturation

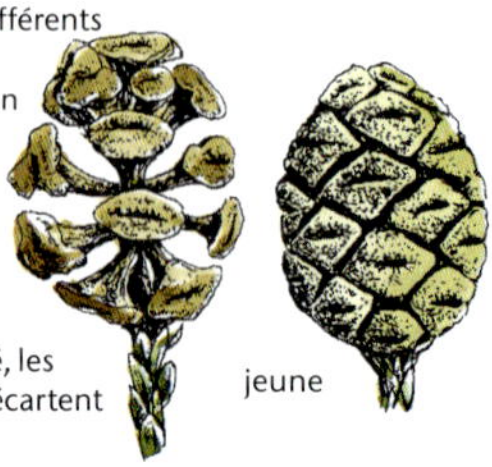

à maturité, les écailles s'écartent

jeune

Répartition : sols de plaine, riches, humides; en montagne jusqu'à 900 m d'altitude au maximum. Aire de répartition limitée à un territoire d'environ 800 × 60 km seulement, sur la côte pacifique d'Amérique du N., du S. de l'Oregon à la moyenne Californie; souvent planté dans les régions d'Eur. au climat hivernal doux.

À savoir ! En Amérique, cet arbre est appelé redwood (bois rouge) à cause de son bois brun-rouge foncé. Il était utilisé comme bois de construction et pour la fabrication de meubles. Les peuplements naturels ont été fortement décimés. Les vestiges, toujours impressionnants, se trouvent désormais dans des réserves naturelles.

Séquoia géant en haut à droite : jeune cône (gauche) et cône mûr

Séquoia, redwood de Californie

Métaséquoia

Metasequoia glyptostroboides · Taxodiacées

Conifère à feuilles caduques et à couronne conique lâche, le métaséquoia attire l'attention en automne, avec ses teintes orange à rouge cuivré. ✿ mai

Plus de 30 m de haut, couronne conique régulière ; tronc épais, se creusant en une petite dépression à l'insertion des branches. **Aiguilles** planes, piquantes mais tendres, d'environ 1-3 cm de long, strictement disposées en deux rangées sur les rameaux courts, opposés ; vert clair, rouge cuivré l'automne. **Fleurs** pl. monoïque. **Cônes** sphériques, jusqu'à 2,5 cm de long ; peu d'écailles, très larges ; brun foncé à maturité (en nov.-déc.).

Répartition : sols riches, profonds, dans les forêts de montagne ombragées. Aire naturelle dans un petit territoire du S.-O. de la Chine (environ 1500 exemplaires) ; cependant, récemment planté partout en Eur. comme arbre décoratif dans des parcs et jardins et même le long d'avenues.

À savoir ! Un fossile de feuille de l'époque Tertiaire, trouvé en 1940 en Asie de l'E., a été attribué à un nouveau genre *Metasequoia* par sa ressemblance avec les séquoias vivants. Un an plus tard, on a découvert un conifère jusqu'alors inconnu dans la province frontière du Sichuan. Il était très semblable au cyprès de Chine *(Glyptostrobus pensilis)*, indigène en Chine. Un examen approfondi a démontré que c'était un représentant vivant du genre « fossile » *Metasequoia*. Son nom scientifique, littéralement, signifie dès lors « métaséquoia ressemblant au cyprès de Chine ».

Fait inhabituel : en automne, l'arbre se sépare des rameaux courts en même temps que des aiguilles.

Cyprès chauve

Taxodium distichum · Taxodiacées

Signes distinctifs de ce conifère des zones humides : les racines qui ressortent du sol, les cônes, grands et sphériques, et les aiguilles caduques. ✿ mars-avril

Feuilles caduques, atteint 40 m de haut, couronne d'abord conique, ensuite de plus en plus ample et ouverte ; pied large, se rétrécissant rapidement pour donner ensuite un fût régulier. **Aiguilles** planes, tendres, jusqu'à 2 cm de long, vert clair ; en deux rangées sur les rameaux courts, individuellement sur les rameaux longs ; brun-roux l'automne ; tombent avec les rameaux courts. **Fleurs** pl. monoïque ; fleurs ♂ nombreuses, pendantes aux extrémités des pousses, jaunâtres ou pourpres ; fleurs ♀ minuscules, vertes. **Cônes** sphériques, env. 2 cm de long ; verts, ensuite bruns ; cônes à maturité en oct.-déc.

Répartition : à proximité des cours d'eau, berges et terres inondables marécageuses au sol gorgé d'eau. Amérique du N. sud-orientale, de la Floride jusqu'au Delaware, à l'O. jusqu'au territoire du Mississippi et à l'E. du Texas ; en Eur. souvent planté comme arbre ornemental dans les parcs, sur les rives des étangs.

À savoir ! Le cyprès chauve est bien adapté aux sols inondés : ses racines aériennes forment des organes de « respiration » atteignant 30 cm d'épaisseur, afin d'augmenter l'absorption d'oxygène. Ses ancêtres, qui ont produit d'importants gisements de charbon fossile, ont aussi vécu en Eur., il y a env. 15 millions d'années.

Métaséquoia

Cyprès chauve dans son habitat d'origine, avec de la mousse de Louisiane

Cyprès de Lawson

Chamaecyparis lawsoniana · Cupressacées

Au printemps, ce conifère se fait remarquer par ses nombreuses fleurs mâles rouge éclatant, et le reste de l'année par ses branches étalées, pendantes aux extrémités. ✲ avril

Toujours vert, jusqu'à 60 m de haut, couronne dense, étroite, conique ; cime habituellement penchée ; les arbres isolés ont des branches jusqu'au sol ; rameaux aplatis, élargis en éventail. **Feuilles** en écailles, densément appliquées contre les rameaux, imbriquées sur quatre rangs, celles de l'intérieur plus courtes que celles des bords ; piquantes ou non, face supérieure vert foncé, face inférieure vert-gris avec raies et lignes blanches. **Fleurs** pl. monoïque ; fleurs ♂ rouge carmin, aux extrémités des pousses ; inflorescences ♀ verdâtres. **Cônes** sphériques, d'à peine 1 cm, d'abord vert-bleu, puis brun rougeâtre et lignifiés à maturité (en sept.-oct.).

Répartition : sols limoneux humides, de la plaine à la montagne (1 700 m), souvent en peuplements monospécifiques. Côte pacifique d'Amérique du N., du S. de l'Orgeon au N. de la Californie ; en Eur. souvent planté dans des parcs, cimetières et grands jardins.

À savoir ! Cette espèce de cyprès est le plus souvent plantée comme plante ornementale, car elle est très peu exigeante et reste toujours verte. On en connaît de nombreuses formes cultivées qui se distinguent surtout par la coloration du feuillage et la forme de la couronne. Les formes 'Glauca', à la couleur vert-bleue prononcée, sont très appréciées.

Les pousses contiennent une huile essentielle aux composantes toxiques (thuyone, sabinol) et sentent le persil lorsqu'on les frotte. C'est ce qui les distingue des thuyas, au parfum plutôt fruité (⇨ p. 88).

les cônes sphériques se trouvent individuellement aux extrémités des pousses. Ils n'ont que 4 paires d'écailles.

Proche **Cyprès de Nootka**

Chamaecyparis nootkatensis, port conique très régulier ; rameaux vert uni sur la partie inférieure, sans motif blanc, sentent très mauvais s'ils sont frottés ; feuilles en écailles très piquantes, sur la partie supérieure des rameaux ; habitat naturel sur la côte pacifique de l'Amérique du N., de l'Alaska à l'Oregon ; souvent planté comme arbre d'ornement.

Cyprès de Sawara *Chamaecyparis pisifera*, cônes petits et sphériques ; rameaux avec de grandes taches blanches sur la partie inférieure, sentent fort la résine quand on les froisse ; feuilles en écailles à pointe redressée ; indigène au Japon ; nombreuses variétés cultivées argentées et dorées ou ramifiées en bouquets, formes naines également fréquentes.

Cyprès d'Hinoki, *Chamaecyparis obtusa*, ou cyprès japonais, feuilles en écailles denses, à pointe repliée vers l'intérieur, face supérieure vert foncé, face inférieure vert-gris avec lignes blanches, sent légèrement l'eucalyptus après froissement ; indigène au Japon ; forme sauvage rare en Eur. mais plusieurs variétés ornementales cultivées, parmi lesquelles des formes ramifiées en bouquets et des formes naines.

Cyprès de Lawson en bas à droite : cônes

Cyprès, cyprès d'Italie

Cupressus sempervirens · Cupressacées

Les feuilles en écailles toujours vertes, foncées et serrées comme des tuiles, donnent aux fins rameaux une forme quadrangulaire. ✩ mars-mai

Toujours vert, plus de 20 m de haut, couronne mince et dense, cylindrique (ressemble à un parapluie fermé) ou ample et ouverte; tronc subdivisé en nombreuses branches, à faible hauteur déjà; écorce crevassée longitudinalement, brun-gris, tout à fait claire également chez les vieux individus, se détache en bandes. **Feuilles** en écailles, non piquantes. **Fleurs** pl. monoïque; fleurs ♂ jaune clair, très nombreuses aux extrémités des rameaux; inflorescences ♀ verdâtres, peu voyantes. **Cônes** sphériques, jusqu'à 4 cm de long, avec une large bosse sur les écailles; d'abord verts, puis bruns à maturité quand les écailles s'écartent (dessin de droite).

Répartition : sols calcaires ou modérément acides, drainés, de la plaine jusqu'à environ 1300 m d'altitude. Naturellement présent seulement sur les côtes méditerranéennes orientales de la Grèce à l'Asie Mineure et à la Syrie; désormais fréquemment planté sur tout le pourtour méditerranéen.

À savoir! Planté le long d'allées, dans les jardins, les cimetières ou de petits bosquets, il est souvent dénommé cyprès d'Italie. Au vu de sa provenance, cette dénomination est incorrecte, mais l'espèce a effectivement été introduite en Italie dès l'Antiquité. Elle est plantée dans beaucoup de régions pour protéger les vergers du vent, par exemple en Provence, où Vincent van Gogh l'a immortalisée dans de nombreux dessins et tableaux. L'étroite forme cylindrique est celle d'une variété apparue il y a longtemps. Avec son allure ornementale, celle-ci est préférée depuis des siècles à la forme sauvage, qui possède une couronne ample. Cependant, cette dernière est utilisée pour les reboisements, car elle s'accommode même de sols qui s'érodent facilement.

Le bois du cyprès est un matériau très apprécié depuis l'Antiquité, grâce à sa remarquable résistance. Naguère il était utilisé pour les charpentes dans la construction navale et dans le bâtiment, mais aussi pour la fabrication de meubles et d'ustensiles divers.

Proche **Cyprès de l'Arizona** *Cupressus arizonica*, jusqu'à 20 m de haut, port cylindrique étroit, branches courtes, épaisses, étalées à l'horizontale; pousses quasiment perpendiculaires aux axes des branches; feuilles en écailles, vert-gris, pas serrées contre les rameaux; sentent le pamplemousse au frottement; Amérique du N. sud-occidentale; planté en Eur. moy. dans les parcs et jardins; diverses formes.

Genévrier de Virginie *Juniperus virginiana*, nommé aussi cèdre rouge de l'est ou cèdre à crayons, arbre atteignant 30 m de haut, à couronne étroite, cylindrique; feuilles en écailles, vert-gris, ou en aiguilles disposées en verticilles de 3, dégagent une odeur caractéristique de savon après froissement; côte atlantique d'Amérique du N., diffusé en Eur. moy. surtout dans la forme de jardinage au port étroit 'Skyrocket'.

Cyprès

Cyprès de Monterey

Cupressus macrocarpa · Cupressacées

Les couronnes denses des jeunes arbres se distinguent par leur port cylindrique régulier, qui devient plus ample, ouvert et irrégulier avec l'âge. ✫ mars
Toujours vert, plus de 20 m de haut; rameaux anguleux, environ 1-1,5 mm d'épaisseur. **Feuilles** en écailles, 1,5 mm de long, non piquantes, pas appliques contre les axes des rameaux, vert foncé à vert soutenu; odeur agréable de citron au froissement. **Fleurs** pl. monoïque; discrètes. **Cônes** de 2,5-4 cm de long, brun rougeâtre, brillants à maturité, avec 8-12 écailles dures, émoussées, avec une bosse pointue au milieu.

écailles des cônes avec une bosse pointue

Répartition : sols arides, pierreux, peu profonds, sur les côtes. Aire d'origine avec seulement environ 1500 individus répartis sur une surface de quelques hectares sur la côte californienne (péninsule de Monterey et Point Lobos près de Carmel); désormais répandu sur presque toute la Planète comme arbre décoratif; ne résiste pas aux hivers en Eur. moy., fréquent par contre dans l'Eur. nord-occidentale et dans les pays méditerranéens.

À savoir! Planté comme pare-vent autour des maisons et aux bords de falaises ou pour consolider les dunes dans nombreuses régions côtières européennes. Dans certaines régions, comme en Bretagne, il constitue une marque paysagère.

Thuya géant

Thuja plicata · Cupressacées

Les pousses à l'arome d'ananas présentent une face supérieure verte et brillante; leur face inférieure est en revanche vert-gris. ✫ mars-avril
Toujours vert, jusqu'à 50 m de haut, couronne d'abord conique et étroite, ensuite irrégulière et bien élargie dans la partie inférieure; tronc de plus de 2 m d'épaisseur; écorce rougeâtre à brun foncé, se détache en lambeaux ou en petites plaques. **Feuilles** d'env. 3 mm de long, en écailles, appliquées contre les rameaux, non piquantes ou avec une courte pointe. **Fleurs** ♂ petites, jaunâtres, très nombreuses aux extrémités des pousses; inflorescences ♀ verdâtres ou légèrement rougeâtres. **Cônes** pédonculés, dressés, de 1-2 cm de long, avec 5-6 paires d'écailles flexibles; bruns à maturité (août-sept.).

Répartition : sols humides, riches, sur les berges des cours d'eau et les pentes ombragées, de la plaine à la montagne jusqu'à 2100 m d'altitude; les grands peuplements monospécifiques sont rares. Indigène sur la côte pacifique d'Amérique du N., du S. de l'Alaska au N. de la Californie; arbre ornemental en Eur. moy.

À savoir! Dans son territoire d'origine, cet arbre atteint plus de 500 ans; ses troncs étaient utilisés entre autres pour fabriquer des totems. L'autre nom commun, cèdre rouge occidental, se réfère au bois, rougeâtre à l'intérieur, très résistant et bon bois d'œuvre. On en fabrique encore des bardeaux, des poutres et des mâts.

Cyprès de Monterey à gauche : sur la presqu'île de Monterey

Thuya géant cônes

Thuya d'Occident

Thuja occidentalis · Cupressacées

Le thuya se singularise par une couronne conique étroite, des feuilles écailleuses portant des glandes résineuses et des cônes ovales situés sur la face supérieure des pousses. ✿ avril-mai

Toujours vert, jusqu'à 20 m de haut, branches courtes, relevées; souvent plusieurs troncs; écorce mince, brun rougeâtre clair, fibreuse, avec de minces rides longitudinales; rameaux étalés en éventail. **Feuilles** en écailles, 3-6 mm de long, légèrement ou non piquantes, imbriquées sur les côtés des rameaux; face supérieure vert foncé, face inférieure vert jaunâtre; dégagent une odeur de pomme et de clou de girofle au froissement. **Fleurs** ♂ nombreuses aux extrémités des rameaux, jaunâtres; inflorescences ♀ rougeâtres. **Cônes** étirés en longueur, dressés, coriaces, jusqu'à 1,2 cm de long avec 4-5 paires de grandes écailles de dimensions très différentes; bruns à maturité (en sept.-oct.).

Répartition : sols profonds de montagne jusqu'à environ 900 m, souvent en peuplements monospécifiques. Amérique du N. orientale, de la région des Grands Lacs au Maine et New York; en Eur. très fréquent dans les cimetières et les haies de jardins.

À savoir ! Cette essence, appelée en Amérique également cèdre blanc (Northern White Cedar) est probablement la première espèce d'arbre nord-américaine introduite en Eur. Des exemplaires étaient déjà connus à Paris en 1536.

Les thuyas croissent lentement et peuvent vivre jusqu'à 400 ans. Le bois est solide mais relativement léger; il était apprécié des Indiens pour fabriquer des pirogues. Les colons blancs l'ont utilisé dans le bâtiment. Toutes les parties de la plante sont extrêmement toxiques, à cause de leur teneur en thuyone. Autrefois, on extrayait l'huile essentielle de ses pousses, pour usage médical.

Plusieurs formes cultivées, parfois avec un feuillage de couleur différente de celle de la forme sauvage, sont répandues en Eur. Dans les haies, elles supportent une taille régulière. Toutefois, les haies de *Thuja* n'offrent que peu de possibilités de nidification et de nourriture à la faune indigène. Du point de vue écologique, elles n'ont donc pas la valeur des haies de ligneux indigènes. Certes, elles offrent une protection visuelle tout au long de l'année.

Proche **Thuya oriental** *Thuja orientalis*, toujours vert, jusqu'à 30 m de haut, mais généralement plus petit; couronne étroite, conique, aux branches dressées, souvent plusieurs troncs; pousses aplaties, vert clair à vert-jaune; feuilles en écailles étroitement appliquées aux rameaux, clairement superposées, jusqu'à 7 mm de long, arôme légèrement fruité au froissement; plante monoïque, fleurs ♂ jaune clair, nombreuses aux extrémités des rameaux; inflorescences ♀ verdâtres et insignifiantes; floraison mars-avril; cônes jusqu'à 1,5 cm de long, d'abord vert bleuâtre, puis brun foncé à maturité, les 6 écailles sont dotées d'un appendice en forme de corne, recourbé vers l'arrière; indigène en Chine; plusieurs variétés (y compris des formes naines) plantées chez nous.

Thuya d'Occident en bas : jeunes cônes

Genévrier commun

Juniperus communis · Cupressacées

Conifère toujours vert au port arbustif, dressé, cylindrique, compact ou buissonnant, à tronc généralement ramifié. Rarement en forme arborescente à troncs également ramifiés. ✫ avril-juin

Forme arbustive, 1-5 m de haut; forme arborescente, jusqu'à 15 m; écorce mince, ridée longitudinalement, brunâtre. **Aiguilles** groupées par 3 en verticilles hérissés, de 1-2 cm de long et 1-2 mm de large, rigides, piquantes; face supérieure creuse, vert-gris avec une large bande médiane claire; face inférieure vert brillant, carénée. **Fleurs** pl. dioïque, exceptionnellement monoïque, fl. insérées aux aisselles des aiguilles, sur les rameaux de l'année précédente; fleurs ♂ jaunâtres avec de nombreuses étamines; fleurs ♀ avec plusieurs verticilles d'écailles, dont les 3 supérieures deviennent charnues à maturité pour donner des cônes juteux : les **baies** de genièvre. Ces dernières ont un bref pédoncule, un diamètre de 5-6 mm; ne mûrissent que la 2e ou 3e année; noires à rougeâtres et presque toujours pruineuses, aromatiques au froissement; baies à maturité dès août.

Répartition : ligneux aimant la lumière, croît sur sols maigres, peu profonds, modérément acides ou calcaires, sur des landes, prairies maigres, gazons semi-arides et dans des forêts clairsemées. C'est une espèce frugale qui supporte tant le froid intense que la chaleur estivale persistante et s'installe sur des substrats aussi divers que des sols sablonneux ou pierreux peu profonds. En Eur., très répandu de la plaine à la montagne, de la Péninsule Ibérique à la Scandinavie, à l'E. jusqu'à la Turquie ; sur le pourtour méditerranéen, présent aussi dans le Péloponnèse et en Sicile; fréquent en plusieurs variétés comme ligneux ornemental.

À savoir ! Le pacage à l'ancienne, surtout des ovins, a fortement favorisé cette espèce, car les pousses épineuses ne sont pas broutées par les ruminants. Dans les milieux ouverts, le genévrier a dès lors un avantage sur les autres ligneux. Cependant, lorsque la pâture est délaissée, il souffre de l'ombre que lui font d'autres arbres à croissance rapide, et perd du terrain. Dans les régions où le pacage est pratiqué depuis des temps historiques, où d'autres formes d'agriculture n'étaient pas possibles, le genévrier est devenu l'emblème du pacage traditionnel des moutons. Il constitue donc un témoin historique important de l'économie rurale, inscrit dans le paysage. Les landes hébergent souvent des espèces animales et végétales rares. Toutefois, ce cortège d'espèces ne peut être conservé qu'en maintenant un rythme de pâture approprié.

Les baies mûres ne sont comestibles qu'en très petites quantités ; en grande quantité, elles sont mauvaises pour la santé. Elles sont employées en médecine et comme arôme, p. ex. pour des liqueurs. Les noms Gin (angl.) et Genever (flam.) dérivent du nom du genre *Juniperus*.

Genévrier commun en bas à droite : baies

Genévrier nain

Juniperus sibirica · Cupressacées

Petit arbuste toujours vert, branches en général couchées, rameaux trapus et densément couverts d'aiguilles. ✫ mai-juin

À peine 30-50 cm de haut. **Aiguilles** de 4-8 mm de long, 1-2 mm de large, clairement recourbées vers le haut, face supérieure profondément creusée; peu ou pas piquantes. **Baies** de 7-8 mm de diamètre.

Répartition : sols siliceux, secs, pierreux, limoneux ou argileux de haute montagne. Himalaya, Proche-Orient, S. du Groënland, Montagnes Rocheuses, Caucase, Corée du N.; en Eur. dans les Alpes jusqu'à 3500 m d'altitude; occasionnellement utilisé dans les jardins comme plante couvrante.

À savoir! L'espèce porte aussi les noms de *Juniperus communis ssp. alpina* et *Juniperus nana*.

Genévrier Sabine

Juniperus sabina · Cupressacées

Arbuste toujours vert aux branches couchées, en forme de balais; les pousses frottées sentent très mauvais. ✫ mars-avril

Port de 1-2 m. **Feuilles** en forme d'aiguilles seulement chez les jeunes individus, en verticilles de 3,5 mm de long et jusqu'à 1 mm de large; les feuilles âgées sont en forme d'écailles de 2-4 mm de long. **Fleurs** discrètes sur plantes monoïques ou dioïques. **Baies** de la taille d'un petit pois, d'abord verdâtres, bleu-noir à maturité, pruineuses. Toutes les parties de la plante sont très toxiques!

Répartition : sols calcaires, falaises, prairies sèches, pinèdes et forêts de mélèzes clairsemées. Hautes montagnes d'Eur., Caucase, Sibérie; certaines variétés sont plantées également dans les parcs.

Genévrier de Chine

Juniperus chinensis · Cupressacées

Arbuste toujours vert, généralement très touffu et dense, aux branches dressées ou étendues. ✫ avril-mai

Taille : 2-3 m de haut; occasionnellement aussi arborescent, au tronc épais et à couronne conique. Jeunes **feuilles** en forme d'aiguilles, par verticilles de 3, formant un angle aigu, piquantes; feuilles âgées en forme d'écailles, par 4 en lignes serrées, non piquantes, 2 mm de long. Froissées, les feuilles dégagent une odeur très aromatique. **Fleurs** pl. monoïque; fleurs ♂ nombreuses, jaunes, aux extrémités des rameaux courts; inflorescences ♀ discrètes. **Baies** jusqu'à 8 mm de diamètre, d'abord vert-bleu, brunes à maturité, pruineuses. Toutes les parties de la plante sont toxiques!

Répartition : indigène dans les régions montagneuses boisées du Japon, de Chine, de la Mongolie et de Corée. Plusieurs variétés au port conique ou cylindrique ou même rampant sont cultivées dans des jardins et des parcs.

Genévrier de Virginie

Juniperus virginiana · Cupressacées

Arbuste toujours vert, généralement étroit et cylindrique ou arbre à la couronne mince et dense. ✫ mars-mai

Le port arbustif atteint 5 m, l'arborescent 30 m; écorce brun rougeâtre, se détache en fins lambeaux. **Feuilles** généralement en forme d'écailles, piquantes, vert bleuté, un peu dressées aux extrémités des pousses, aromatiques au froissement. **Fleurs** minuscules et discrètes sur plantes monoïques ou dioïques. **Baies** jusqu'à 7 mm de diamètre. Toxiques!

Répartition : bosquets sur sol peu profond, parfois humide. Originaire de la côte atlantique et du centre d'Amérique du N.; plusieurs variétés, généralement à la couronne étroite, désormais cultivées aussi en Eur.

À savoir! Cette espèce, appelée aussi cèdre rouge de l'est, est la plus grande de son genre.

Genévrier nain

Genévrier Sabine

Genévrier de Chine

Genévrier de Virginie

Araucaria du Chili

Araucaria araucana · Araucariacées

Conifère toujours vert, à nul autre comparable avec ses aiguilles larges, disposées en spirale autour des rameaux. Il y a des arbres mâles et femelles. ✰ juin-juil.

Jusqu'à 50 m de haut, couronne ovale légèrement arrondie, ample et conique, presque toujours bien proportionnée; branches épaisses, par verticilles de 4-5, étalées horizontalement, peu ramifiées, légèrement arquées vers le haut aux extrémités, dressées dans la partie supérieure de la couronne; tronc droit, écorce écailleuse, brun-gris. **Feuilles** larges, lancéolées à ovales, attachées aux rameaux par toute leur base, jusqu'à 4 cm de long et presque aussi larges à la base, hérissées, très piquantes, épaisses, dures et coriaces, vert foncé. **Fleurs** dioïques; fleurs ♂ jaune rougeâtre, par bouquets d'env. 10 cm de long aux extrémités des rameaux; fanées, elles restent longtemps sur l'arbre; inflorescences ♀ d'abord sphériques et env. de la taille d'une noix. **Cônes** jusqu'à 17 cm d'épaisseur, dressés, verdâtres jusqu'à la 2e année après la pollinisation, mûrs la 3e année, brunâtres; ils tombent l'arbre en se desquamant; graines de la taille d'une noix, brunes, comestibles, riches en amidon et en huile, dont la saveur rappelle celle des pignons.

Répartition : sols limoneux humides mais drainés, en situation de fortes précipitations, généralement à des altitudes de 800-1800 m. Indigène des versants occidentaux des Andes argentines et chiliennes (entre 37° et 40° de latitude sud); arbre décoratif sur le pourtour méditerranéen, en Eur. de l'O. et dans des régions aux hivers cléments d'Eur. moy.

À savoir! Il semble que les premiers exemplaires de cette espèce, appelée aussi sapin du Chili ou désespoir des singes, ont été ramenés par le médecin et explorateur anglais A. Menzies lors d'une expédition le long des côtes pacifiques américaines. Lors d'un repas, on lui servit des graines d'araucaria. Ces fruits à l'aspect de noix lui étaient encore inconnus et il en enfila quelques-uns dans sa poche. Les graines d'araucaria, appelées « piñones » sont un ingrédient apprécié de la cuisine des Indiens d'Amérique du S. Depuis peu, on les trouve également en Eur. moy. dans des magasins spécialisés.

L'araucaria, en association avec le nothofagus, un autre arbre indigène, était autrefois un élément important des forêts primaires des versants andins occidentaux. Alors que c'était un arbre sacré des populations autochtones, les colons blancs en ont fortement décimé les peuplements. Aujourd'hui, l'espèce est protégée par la Convention de Washington (CITES).

La famille des Araucariacées, très vieille sur le plan évolutif, ne comprend aujourd'hui plus que deux genres et 18 espèces, toutes confinées dans l'hémisphère austral. La majorité d'entre elles (13 espèces) croissent de façon endémique sur l'île de Nouvelle-Calédonie, l'une sur l'île Norfolk (cultivée en pots chez nous); les espèces restantes sont distribuées entre la Nouvelle-Guinée, le N.O. de l'Australie et l'Amérique du S. Au Crétacé, les araucarias étaient répandus également dans l'hémisphère nord, comme l'attestent les fossiles.

Araucaria du Chili

If

Taxus baccata · Taxacées

Ce conifère aux aiguilles flexibles se distingue tout particulièrement par ses fruits, dont les graines sont enveloppées d'un arille rouge charnu. ✲ mars-avril

Toujours vert, jusqu'à 15 m de haut, couronne d'abord conique et ample, ensuite plus ouverte et irrégulière; les arbres isolés ont souvent plusieurs troncs; écorce profondément ridée ou déchirée en lambeaux, écailleuse, brun-gris. **Aiguilles** de 2-4 cm de long et jusqu'à 3 mm de large, aplaties, coriaces, piquantes, disposées en spirale sur les rameaux dressés, sur les autres rameaux en 2 rangs, face supérieure vert foncé brillant, face inférieure vert clair uni, côte proéminente toujours bien visible. **Fleurs** dioïques; fleurs ♂ sphériques à ovales, nombreuses sur la face inférieure des rameaux de l'année précédente, jaune clair au moment de la production du pollen; fleurs ♀ individuelles, jaune brunâtre peu voyantes. **Graines** uniques, pointues, noir bleuté, entourées d'un arille rouge, fausse baie; à maturité en sept.-nov.

Répartition : sols profonds, légers, riches; jamais en peuplements monospécifiques, toujours individuellement ou par groupes dans les sous-bois de hêtre et de feuillus mixtes, de la plaine jusqu'à environ 1500 m d'altitude. Portugal, O. de la France, Îles Britanniques, S. de la Scandinavie, Baltique, moyennes montagnes d'Eur. moy., Alpes, Carpates, Corse, Sardaigne et N. des Balkans; distribué en îlots dans le N. de l'Asie Mineure et dans le Caucase.

À savoir ! Toutes les parties de cette plante, exceptée l'arille rouge, sont très toxiques : elles contiennent de nombreux alcaloïdes agissant sur les nerfs. Les pousses d'if sont particulièrement nocives pour les chevaux, tandis que les bovins et autres herbivores sont moins sensibles au poison. L'arille charnu des graines est douceâtre, mais laisse un arrière-goût fortement âpre. Cependant, elle est appréciée des grives et de plusieurs petits mammifères.

Les aiguilles des ifs ne possèdent pas de résine et ne sont donc pas aromatiques au froissement. Chaque fleur ♀ ne contient qu'un ovaire. Strictement parlant, les ifs sont des arbres à aiguilles, mais pas des conifères (porteurs de cônes) à proprement parler.

Les ifs peuvent atteindre plus de 1000 ans. Toutefois, ils sont extrêmement rares dans les forêts productives actuelles. Les exemplaires impressionnants aux troncs épais, souvent protégés en tant que monuments naturels, ont généralement été produits par la fusion de plusieurs troncs. On voit plus souvent des ifs dans les parcs et les jardins que dans la Nature. **LR**

♂

♀

Variété cultivée d'if aux fruits jaunes, 'Lutea'

If en bas à droite : fruits mûrs

Torreya porte-noix

Torreya nucifera · Taxacées

Signes distinctifs : les aiguilles piquantes, disposées en 2 rangées parallèles et la désagréable odeur de résine. ✩ mai-juil.

Toujours vert, jusqu'à 25 m de haut, couronne conique, ample et branches horizontales, hérissées. **Aiguilles** planes, piquantes, jusqu'à 3 cm de long, disposées en 2 rangées, face supérieure vert foncé, face inférieure vert clair. **Fleurs** dioïques, verdâtres et discrètes. **Graines** brun clair, enveloppées d'une enveloppe charnue, verdâtre, comestible.

Répartition : sols humides et riches de l'étage montagnard inférieur. Japon ; cultivé dans les parcs sur le pourtour méditerranéen.

Muscadier de Californie

Torreya californica · Taxacées

Très longues aiguilles, se terminant en une pointe très piquante, fruits verts à l'allure de prunes. ✩ mai-juin

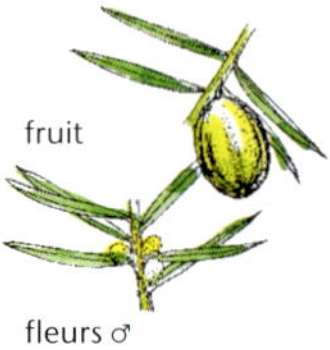

Toujours vert, atteignant env. 20 m de haut, branches disposées en verticilles hérissés. **Aiguilles** planes, jusqu'à 7 cm de long, piquantes, face supérieure vert foncé brillant, face inférieure plus claire avec 2 bandes grises, disposées en 2 rangées, odeur désagréable au froissement. **Fleurs** dioïques, discrètes. **Graines** de 3-4 cm de long, brunes, enveloppées d'une enveloppe verdâtre aux taches foncées, comestible.

Répartition : pentes ombragées et forêts de ravin sur sols humides, riches et légers. Montagnes côtières et versants occidentaux de la Sierra Nevada en Californie ; en Eur. dans les parcs.

Podocarpe

Podocarpus nivalis · Podocarpacées

Les aiguilles hérissées, rigides et les fruits rappelant des prunes vertes sont les caractéristiques de cette espèce. ✩ mai-juin

Toujours vert, jusqu'à 15 m de haut, couronne conique, mince, souvent à plusieurs troncs. **Aiguilles** rigides, 2-4 cm de long, piquantes, hérissées, vert foncé, face inférieure claire avec 2 lignes de stomates bleu-gris, disposées en 2 rangées peu ordonnées. **Fleurs** dioïques ; jaunâtres et discrètes. **Graines** dans une enveloppe charnue, pédonculée, verdâtre ; semblables à des prunes pas mûres.

Répartition : sols légers et riches, dans des forêts de montagne au climat pluvieux. Indigène du Chili et d'Argentine, ainsi que du N. de la Chine et du S. du Japon ; occasionnellement cultivé en Grande-Bretagne et dans les pays méditerranéens, dans de grands parcs.

Pin de Harrington

Cephalotaxus harringtonia · Céphalotaxacées

Vu de loin, ce conifère toujours vert ressemble à un if commun avec des aiguilles particulièrement grandes. ✩ mai

Toujours vert, jusqu'à 10 m de haut, couronne arrondie sur tronc mince. **Aiguilles** planes, 3-5 cm de long, rigides, piquantes, face supérieure vert foncé brillant, face inférieure plus claire avec lignes de stomates, disposées en « v » et quasiment opposées. Dioïque ; **fleurs** ♂ nombreuses sur la face inférieure des rameaux de l'année précédente, inflorescences ♀ très petites. **Cônes** à une seule graine, sortant des quelques rares écailles.

Répartition : sols humides, légers, riches, de l'étage montagnard inférieur. Japon, Chine et Corée.

À savoir ! Dans les parcs d'Eur. moy., cette espèce ne croît que comme grand arbuste.

Torreya porte-noix

Muscadier de Californie

Podocarpe

Pin de Harrington

Ginkgo

Ginkgo biloba · Ginkgoacées

Impossible de le confondre : cet arbre aux feuilles en forme d'éventail portées par un long pétiole et aux fruits jaune doré est unique ! ✩ avril

Arbre à feuilles caduques, atteignant 30 m de haut ; couronne d'abord étroite, ensuite de plus en plus arrondie mais toujours très ouverte, sur un tronc robuste ramifié en branches principales dès la base ; branches formant un angle aigu avec le tronc ; rameaux longs et courts, ces derniers ne mesurant qu'environ 2 cm ; écorce gris-brun, à profondes crevasses ou à structure réticulée. **Feuilles** solitaires sur les rameaux longs, par bouquets sur les rameaux courts, à pétiole long et à nervures en éventail ; limbe atteignant 10 cm de long, plat, tendre, en éventail, à 2 lobes ou en 2 parties ; les feuilles qui se trouvent sur les rameaux longs sont généralement plus profondément incisées ; vert clair, jaune or l'automne avant la perte des feuilles. **Fleurs** dioïques ; fleurs ♂ : chatons pendants, fleurs ♀ insignifiantes, groupées aux aisselles des feuilles. **Ovules** simulent les fruits à noyaux (prothalle à tégument lignifié à l'intérieur, extérieur charnu), jaune or à maturité ; la chair écrasée dégage une odeur désagréable d'acide butyrique ; à maturité en oct.-nov.

Répartition : sols légers, profonds, riches ; habituellement en association avec d'autres feuillus. Naturellement présent en Chine ; planté comme arbre décoratif dans les parcs sur toute la Planète ; dans les grandes villes, de plus en plus planté le long des avenues.

À savoir ! Le médecin et botaniste allemand Engelbert Kämpfer, ayant entrepris d'importantes recherches en Asie orientale au XVIIe s., observa pour la première fois de vieux exemplaires de ginkgo autour de temples au Japon. C'est de ceux-ci que descendent les arbres plantés aujourd'hui en Eur. Par ailleurs, l'espèce n'est pas originaire du Japon. Les peuplements naturels que l'on trouve aujourd'hui en Chine n'ont été découverts que plus tard.

Le ginkgo est le dernier survivant des Ginkgopsida, une classe se situant entre les fougères et les conifères. À l'époque secondaire, ses ancêtres étaient présents sur toute la Planète, soit aussi en Eur. et en Amérique du N. Les fossiles montrent que leurs feuilles, déjà développées en limbe et non en aiguilles, étaient souvent fortement découpées. La nervure en éventail représente un caractère original particulier, que l'on observe chez les fougères mais chez aucun autre feuillu. Ce caractère, avec d'autres signes distinctifs ancestraux, confère au ginkgo l'attribut de « fossile vivant ».

Comme chez les fougères et les cycadophytes, les cellules sexuelles mâles du ginkgo sont dotées d'un flagelle qui leur permet de se déplacer librement. La pollinisation a lieu au printemps, lors de la floraison. Cependant, la fécondation des ovules dans les fleurs ♀ n'a lieu qu'en septembre. Bizarrement, l'embryon ne se développe qu'après que l'ovule jaune doré soit tombé. En Chine et au Japon, les ovules frais ou torréfiés servent à la préparation de nombreux mets.

Le ginkgo est devenu célèbre en Eur. entre autres grâce à un poème de Goethe, écrit en 1815 après avoir été impressionné par un arbre à Heidelberg. Il a été publié dans le recueil poétique « West-östlicher Diwan ». Depuis peu, le ginkgo est cultivé dans des plantations en Allemagne, car ses feuilles contiennent une substance capable de favoriser l'irrigation sanguine du cerveau.

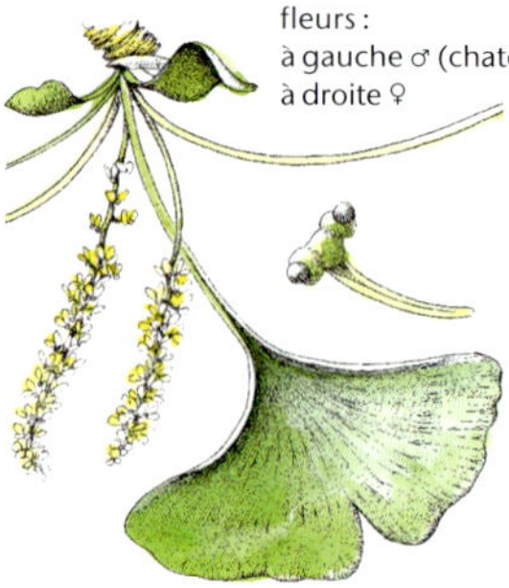

Ginkgo

Buis

Buxus sempervirens · Buxacées

Arbuste toujours vert, atteignant parfois la taille d'un petit arbre, densément ramifié, aux branches dressées, retombantes avec l'âge; les rameaux sont anguleux et verts. ✩ mars-avril

Port atteignant 7 m de haut. **Feuilles** opposées, à pétiole court, entières, ovales, arrondies, légèrement émoussées, 1-2 cm de long, face supérieure vert foncé brillant, face inférieure vert très clair, coriaces et fermes. **Fleurs** petites, peu voyantes, jaunâtres. **Fruits** capsules (fruits secs) brunâtres; peu voyants; à maturité dès août. Toutes les parties de la plante sont légèrement toxiques!

Répartition : pentes ensoleillées, pentes buissonneuses et forêts clairsemées sur sol pierreux et périodiquement secs. Eur. moy. du S.-O. et de l'O., Afrique du N. et Asie de l'O.; de nombreuses sortes cultivées. **LR**

À savoir! Le buis décoratif est une vieille variété cultivée dans les cloîtres et les jardins paysans, où elle entoure souvent des parterres. En jardinage, on peut le tailler pour lui donner des formes fantaisistes. Les fleurs sont riches en nectar et le buis se prête très bien à héberger des nids. Le bois, solide et jaunâtre, est apprécié depuis l'Antiquité. On en fabriquait des navettes de tisserand, des pipes, des jalons, des peignes, des figures de jeu et des boîtes à bijoux, mais aussi des instruments de musique comme p. ex. des clarinettes et des flûtes. Il a également été employé dans la fabrication de fûts de fusils.

Myrte

Myrtus communis · Myrtacées

Arbuste toujours vert, ramifié, avec des rameaux pubescents et glanduleux et de grandes fleurs. ✩ juin-août

Jusqu'à 5 m de haut. **Feuilles** opposées ou parfois en verticilles de 3, 1-5 cm de long, à pétiole court, ovales, pointues, entières, coriaces, avec de petits points transparents, vert foncé, aromatiques au froissement. **Fleurs** blanches, généralement solitaires, insérées aux aisselles des feuilles, jusqu'à 2 cm de large, pétales étalés, nombreuses étamines. **Fruits** baies jusqu'à 12 mm de diamètre, bleu-noir, couronnées par un calice en pointe, à maturité dès sept.

Répartition : broussailles sur falaises, maquis et bois. Sur le pourtour méditerranéen généralement près des côtes; souvent planté dans les jardins.

Épine-vinette de Thunberg

Berberis thunbergii · Berberidacées

Arbuste à feuilles caduques, rameaux anguleux à l'écorce brun-roux, fleurs en grappes pendantes. ✩ mai-juin

Port de 1-1,5 m de haut. **Feuilles** en bouquets aux aisselles de longues épines, ovales à spatulées, jusqu'à 3 cm de long, peu dentées; forme sauvage : vert clair, face inférieure bleuâtre; formes cultivées, plus fréquentes : pourpre; rouge écarlate en automne. **Fleurs** formant une petite coupe, sépales souvent rougeâtres sur la face extérieure. **Fruits** baies ovales, allongées, atteignant 1 cm, rouge écarlate, non comestibles; mûrs dès juil.

Répartition : forêts clairsemées et bosquets. Indigène en Asie de l'E. (Japon); chez nous, ornemental, planté dans des parcs et jardins.

À savoir! L'épine-vinette de Thunberg supporte la pollution atmosphérique des gaz d'échappement sans subir de dégâts.

Buis

Myrte

Épine-vinette de Thunberg

Catalpa

Catalpa bignonioides · Bignoniacées

On le reconnaît à ses inflorescences blanches, atteignant 20 cm de long, avec des fleurs en forme de clochettes qui dépassent du feuillage. ✰ juin-juil.

Arbre à feuilles caduques, atteignant 20 m de haut. **Feuilles** opposées ou par verticilles de trois, 10-20 cm de long, cordées à ovales ou faiblement lobées avec 2 pointes latérales, face inférieure pubescente, dégage une odeur désagréable au froissement, pétioles longs. **Fleurs** de 3-5 cm de large, en panicules dressées. **Fruits** capsules étroites, atteignant 30 cm de long, pendantes.

Répartition : sols légers dans les régions aux étés chauds. Originaire du sud-est de l'Amérique du N. ; en Eur. moy., planté comme arbre ornemental dans des parcs et jardins.

À savoir ! Les fleurs, jaunes, virent au rouge dès qu'elles cessent de produire du nectar. Ainsi, les papillons qui ne voient pas dans le rouge ne les visitent plus. Plusieurs espèces semblables dans les jardins.

Paulownia

Paulownia tomentosa · Scrophulariacées

Au printemps, les inflorescences dressées en panicules violet clair, jusqu'à 30 cm de long, se voient de loin. ✰ avril-mai

Arbre à feuilles caduques, atteignant 20 m de haut, à couronne ample et ouverte ; boutons floraux brun cannelle. **Feuilles** opposées, à long pétiole, 15-30 cm de long, cordées ou faiblement lobées, pubescentes sur les deux faces. **Fleurs** en forme d'entonnoir, violettes, 4-6 cm de long. **Fruits** capsules verdâtres, pointues.

Répartition : sols légers dans les régions aux étés chauds. Originaire de la Chine centrale et du N. ; planté également dans les parcs en Eur., dans les régions au climat doux, acclimaté en Amérique du N. orientale.

À savoir ! C'est l'un des rares ligneux de la famille des Scrophulariacées. Ses fleurs très parfumées, en forme d'entonnoir, apparaissent avant le feuillage et ont une durée de vie très courte. Dans ses régions d'origine, le bois sert à la fabrication de sabots et sandales.

Millepertuis à grandes fleurs

Hypericum calycinum · Hypéricacées

Petit arbuste touffu toujours vert, densément ramifié ; rameaux à quatre angles saillants. ✰ juil.-sept.

fruit, pas mûr

Environ 20-60 cm de haut. **Feuilles** opposées, à pétiole court ou sessiles, 4-9 cm de long et jusqu'à 4 cm de large, elliptiques, entières, rigides, coriaces ; face supérieure vert foncé, glabre, face inférieure légèrement bleutée, ponctuée de nombreuses glandes transparentes contenant de l'huile essentielle. **Fleurs** de 5-7 cm de large, sur un long pédoncule, solitaires aux extrémités des rameaux ; sépales irréguliers, pétales jaune vif ; très nombreuses étamines aux anthères rougeâtres. **Fruits** capsules brun-rouge, pendantes ; à maturité dès août.

Répartition : forêts clairsemées, talus pierreux. Eur. du S.-E. (Bulgarie, Turquie) ; en Eur. du S. et de l'O., acclimaté par endroits ; planté dans les parcs et jardins comme plante couvrante.

À savoir ! Cette espèce constitue une source de pollen importante pour les abeilles.

Catalpa à droite : capsules

Paulownia

Millepertuis à grandes fleurs

Grenadier

Punica granatum · Punicacées

Arbuste à feuilles caduques, au tronc noueux et parfois épineux, avec des rameaux anguleux, brun-gris, des fleurs rouges et des fruits caractéristiques. ✩ mai-sept.

Environ 2-6 m de haut. **Feuilles** opposées, parfois alternes ou par bouquets sur les rameaux longs, 2-8 cm de long; entières, ovales, coriaces, vert brillant, à pétiole court.

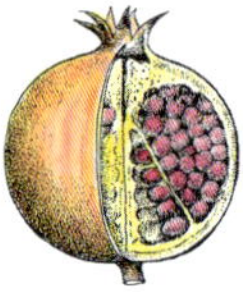
fruit ouvert

Fleurs atteignent 4 cm de large, par 1-3 sur un court pédoncule aux aisselles des feuilles supérieures; calice rouge vif, charnu, en cloche; corolle à 5-8 pétales, rouge-orange; nombreuses étamines. **Fruits** rappelant des pommes, à peau coriace, rouge-brun, atteignant 9 cm de diamètre; à maturité dès août.

Répartition : pentes sèches, rocheuses, murailles, ruines, jardins. En origine, uniquement en Méditerranée orientale et dans la région de la mer Noire, désormais sur tout le pourtour méditerranéen, au N. jusqu'au S. de la Suisse et au N. du Tyrol; souvent planté comme arbre fruitier ou ornemental.

À savoir ! La pulpe gélatineuse qui enrobe les graines a un goût agréablement acidulé, elle sert à préparer une boisson rafraîchissante, la grenadine. Autrefois, on utilisait l'écorce des fruits pour colorer les cuirs. Le bois, dur et résistant, servait à fabriquer des outils ou était sculpté.

Nerprun purgatif

Rhamnus cathartica · Rhamnacées

Arbuste sauvage de taille moyenne ou petit arbre à feuilles caduques; rameaux presque perpendiculaires au tronc, souvent terminée par une longue épine. ✩ avril-juin

Jusqu'à 3 m de haut; en forme arborescente jusqu'à 8 m; rameaux brun-gris. **Feuilles** opposées (alternes chez la bourdaine, très semblable !), à long pétiole, ovales avec une courte pointe, arrondies à la base, 2-7 cm de long, jusqu'à 5 cm de large, quelque peu ondulées, en fines dents de scie (chez la bourdaine toujours entières !) et à 3-4 paires de nervures latérales arquées, légèrement pubescentes. **Fleurs** à quatre pétales, de seulement 5 mm, insignifiantes, verdâtres à jaunâtres; par bouquets de 2-7 aux aisselles des feuilles; parfum agréable. **Fruits** à noyaux, environ de la taille d'un petit pois, noirs, faiblement brillants, toxiques; à maturité dès sept.

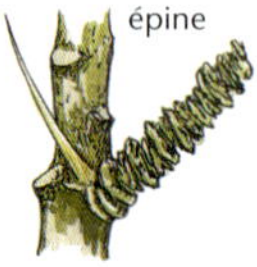
épine

Répartition : lisières, forêts alluviales, bosquets, forêts de feuillus, haies, généralement en situation ouverte et ensoleillée, de préférence sur sols calcaires, en montagne jusqu'à environ 1300 m d'altitude. Très répandu en Eur., de la Péninsule Ibérique à la Norvège, dans les Balkans et l'Eurasie jusqu'en Sibérie de l'O.; occasionnellement ornemental.

À savoir ! Se prête très bien aux plantations de haies vives et très apprécié par les oiseaux. Sert de nourriture à de nombreux insectes, mais est un hôte intermédiaire obligé de la rouille couronnée, une maladie fongique de l'avoine. Les fruits, non comestibles pour l'être humain, ont des effets laxatifs très prononcés et ne sont utilisés qu'en médecine. Par contre, ils constituent une nourriture inoffensive pour les oiseaux.

Grenadier

Nerprun purgatif en bas à droite : fruits mûrs

Gui, gui blanc

Viscum album · Loranthacées

Arbuste toujours vert formant des touffes sphériques, parasite les feuillus; rameaux vert jaunâtre, flexibles, glabres, de section arrondie, se divisant régulièrement en deux. ✩ mars-mai

Atteint 1 m de diamètre. **Feuilles** opposées, sessiles, env. 5 cm de long et jusqu'à 1 cm de large; épaisses et coriaces, allongées en forme de langue, arrondies à l'extrémité; même couleur vert jaunâtre sur les deux faces, tombant après environ 15 mois sans changer de coloration. **Fleurs** dioïques, petites, jaunâtres, solitaires ou par 3-5 aux aisselles des petites feuilles terminales. **Fruits** fausses baies blanchâtres, sphériques, à chair très gluante enrobant plusieurs graines; à maturité dès nov. Toxique!

Répartition : sur les branches de peupliers, saules, bouleaux, charmes, robiniers, châtaigniers et fruitiers (surtout les pommiers); par contre, ne se trouve pas sur les hêtres et les chênes. Eur. moy. et du S., au nord jusqu'en Scandinavie, à l'est jusqu'au Proche-Orient; de la plaine à la montagne, jusqu'à environ 1300 m d'altitude.

À savoir ! Le gui est un semi-parasite typique; à l'aide d'organes appropriés, il prélève de son support uniquement l'eau et les sels minéraux qui y sont dilués, par contre, il produit lui-même sa matière organique. Le dégât subi par l'arbre-hôte est donc très limité. Seule une attaque massive pourrait s'avérer problématique. Ce sont généralement les oiseaux qui s'occupent de la propagation des graines.

Gui des conifères

Viscum laxum · Loranthacées

Arbuste toujours vert de forme sphérique, aux branches régulièrement fourchues, atteignant 1 m de diamètre. ✩ mars-mai

Très semblable au gui des feuillus sous tous les points de vue. Toutes les parties sont toxiques!

Répartition : branchages des conifères indigènes, notamment le sapin et le pin sylvestre. Très répandu dans les zones de moyenne et haute montagne d'Eur.

À savoir ! Contrairement au gui des feuillus, le gui des conifères se divise en 2 sous-espèces à la spécialisation marquée : le gui du sapin ne parasite presque exclusivement que les sapins blancs; ses fruits blancs sont ovales et allongés. Par contre, le gui du pin produit des fruits plus petits, jaunâtres, et s'attaque généralement aux pins sylvestres, plus rarement aux pins noirs.

Gui d'Europe, gui doré

Loranthus europaeus · Loranthacées

Arbuste insolite, toujours vert, aux branches brunes, fourchues, un peu fragiles, présent sur certains feuillus. ✩ mai-juin

longueur des feuilles 2-4 cm

Environ 20-50 cm de haut. **Feuilles** opposées, à pétiole court, obovales, taillées en biseau à la base, entières, minces, vert foncé. **Fleurs** hermaphrodites ou unsexuées sur plante monoïque, en épis terminaux. **Fruits** ronds à l'allure de baies, jaunes, 1 cm de diamètre; à maturité dès sept.

Répartition : presque exclusivement sur diverses espèces de chênes, notamment pubescent et chevelu, moins sur les chênes pédonculés et les rouvres, plus rarement sur le châtaignier et l'olivier. S.-E. de l'Eur., à l'O. jusqu'en Italie, au N. jusqu'en Saxe (Allemagne de l'E.).

À savoir ! En tant que semi-parasite, il soutire l'eau et les sels minéraux à son arbre-hôte.

Gui en bas à droite : fruits

Gui des conifères

Gui d'Europe, gui doré

Busserole, raisin d'ours des Alpes

Arctostaphylos alpina · Ericacées

Arbuste nain à feuilles caduques, rampant, formant des tapis étendus, à rameaux dressés. ✿ mai-juin

Atteint 25 cm de haut. **Feuilles** presque opposées, 2-5 cm de long, ovales, taillées en coin à la base, dentées, ciliées, non coriaces, à nervures réticulées sur les deux faces; face supérieure vert clair, face inférieure vert herbe. **Fleurs** verdâtres ou rougeâtres, par 2-5 en épis terminaux. **Fruits** baies presque rougeâtres, bleu-noir à maturité, non comestibles; à maturité dès sept.

Répartition : bosquets d'arbustes nains, couchés, clairsemés, forêts de mélèzes. Toundra arctique, Pyrénées, Alpes, Écosse, en partie dans les Balkans.

À savoir ! Contrairement au raisin d'ours toujours vert, les feuilles du raisin d'ours des Alpes se colorent de rouge carmin intense en automne.

Rhodothamne ciste nain

Rhodothamnus chamaecistus · Éricacées

Arbuste nain, toujours vert, très ramifié, légèrement touffu, à croissance lente et aux fleurs relativement grandes. ✿ mai-juil.

Atteint 40 cm de haut. **Feuilles** à pétiole court ou sessiles, environ 10 mm de long et jusqu'à 3 mm de large, accumulées aux extrémités des rameaux, coriaces, ovales, pointues, vert foncé brillant sur les deux faces, hérissées de cils sur les bords. **Fleurs** à long pédoncule, jusqu'à 3 cm de large, généralement par 1-3 sur les rameaux de l'année précédente, corolle rose clair, voyante, avec des raies et des taches foncées, étalée en forme de roue. **Fruits** capsules sphériques et dures, dès août.

Répartition : pentes pierreuses, éboulis et fissures rocheuses sur calcaire.

Azalée des Alpes

Loiseleuria procumbens · Ericacées

Arbuste nain rampant, toujours vert, très ramifié, aux rameaux noueux; tapis minces et denses. ✿ juin-juil.

Atteint 20 cm de haut. **Feuilles** généralement opposées, à pétiole court, entières, seulement 4-7 mm de long et jusqu'à 2 mm de large, glabres, vert foncé brillant. **Fleurs** d'à peine 1 cm de large, corolle rose, à 5 larges pointes triangulaires, groupées par 2-5 sur des épis terminaux. **Fruits** capsules sphériques, dès août.

Répartition : principalement sur roche cristalline ou sur des sols acidifiés en surface; arêtes peu enneigées, crêtes, rochers nus. Espèce arctique-alpine : Pyrénées, Alpes, Carpates, Eur. du N., Amérique du N., Asie du N., Islande, Groënland et Spitzberg.

À savoir ! Dans ses stations isolées de haute montagne, elle constitue une relique de l'âge glaciaire.

Busserole, raisin d'ours des Alpes à droite : fleurs

Rhodothamne ciste nain

Azalée des Alpes (azalée couchée)

Bruyère commune, callune

Calluna vulgaris · Éricacées

Arbuste nain toujours vert, à tige ramifiée, aux rameaux minces, couchés, courbés vers le haut ou dressés; les jeunes rameaux sont clairement quadrangulaires. ✿ juil.-sept.

Environ 20-50 cm de haut. **Feuilles** en 4 rangs droits surtout sur les rameaux latéraux courts, 1-3 mm de long et environ 1 mm de large, en forme d'écailles, embrassant la base du rameau par 2 oreillettes pointues; bords foliaires enroulés vers la face inférieure; l'été, vert foncé; l'hiver, brun rougeâtre. **Fleurs** à 4 pétales roses ou violet clair (rarement blancs), retombantes, env. 4 mm de long; sépales plus longs, à l'aspect légèrement sec; en grappes terminales, légèrement unilatérales, de 5-15 cm de long.

Répartition : pinèdes et chênaies clairsemées, landes, tourbières, prairies maigres, dunes, préfère les sols pauvres, acides, généralement un peu sablonneux; indicateur de sol maigre et d'acidité. En Eur. du N. de la Norvège à l'Asie Mineure, dans les Alpes jusqu'à 2600 m d'altitude; manque sur des territoires étendus du pourtour méditerranéen.

À savoir ! Les feuilles sont une source de nourriture pour des chenilles de nombreuses espèces de papillons; les fleurs offrent une source de nectar très rentable pour les abeilles (rendement en miel : jusqu'à 30 kg/ha). Anciennement, le pacage ovin a transformé des sols pauvres en grandes étendues de landes.

Bruyère des neiges

Erica carnea · Éricacées

Arbuste nain rampant, toujours vert, très ramifié; feuilles en aiguilles, vert foncé l'été, vert « sale » à rouge-brun l'hiver. ✿ mars-mai (év. déjà en déc.)

Environ 25 cm de haut; les rameaux jeunes sont minces et flexibles, glabres, quadrangulaires, fourchus. **Feuilles** par 3-4 en verticilles, linéaires, jusqu'à 1 cm de long et 1 mm de large, pointues mais non piquantes, enroulées, face inférieure à ligne médiane tomenteuse blanche. **Fleurs** rose chair, plus rarement blanches, courbées vers le bas, en grappes terminales unilatérales; calice court et tubulaire; corolle se rétrécissant vers l'avant avec de courtes pointes; 8 étamines, pourpre foncé, dépassant presque entièrement la corolle et s'ouvrant sur une fissure latérale vers l'extrémité pour libérer le pollen; dans les endroits favorables et dans le S., floraison dès déc.

Répartition : bosquets couchés, ourlets de forêts de conifères clairsemées, pentes rocheuses, zones alluviales; généralement sur sol calcaire. S. de l'Eur. moy., et de l'Eur., de la Macédoine à l'Espagne, zone préalpine, rare dans le Fichtelgebirge et en Bohême, dans les Alpes jusqu'à 2400 m d'altitude; comme plante d'ornement, en diverses sortes.

À savoir ! Les ancêtres de la bruyère des neiges ont colonisé les montagnes européennes dès le Tertiaire. Les espèces d'*Erica* sont dès lors des reliques au sein de la flore indigène. La floraison précoce en fait une importante source de nourriture pour les abeilles et autres butineurs.

Bruyère commune, callune

Bruyère des neiges

Bruyère à quatre angles

Erica tetralix · Éricacées

Arbuste nain, toujours vert, menu, couché ou dressé; rameaux minces, les jeunes densément tomenteux. ✰ juil.-août

Environ 20-60 cm de haut. **Feuilles** verticillées par 4, jusqu'à 6 mm de long, en aiguilles linéaires, généralement grises et tomenteuses, bords enroulés vers la face inférieure, pétioles courts. **Fleurs** à 4 pétales, rose clair; corolle enflée et brèves pointes retournées vers l'arrière; groupées en position terminale, en grappes ou en ombelles; se décolorent lorsqu'elles se fanent pour devenir brun rouille, mais restent longtemps sur les rameaux.

Répartition : landes humides, tourbières et pinèdes sur sol acide et humide. Sur les îles de la mer du Nord, indicatrice des vallons humides entre les dunes; forme des peuplements. Côte atlantique de l'Eur., du Portugal jusqu'à la Baltique.

Bruyère cendrée

Erica cinerea · Éricacées

Arbuste nain, toujours vert, très ramifié et dense, fleurs en grappes serrées ou en ombelles. ✰ juin-sept.

Environ 30-70 cm de haut; jeunes rameaux anguleux, tomenteux. **Feuilles** de 4-7 mm de long, en aiguilles, par verticilles de 3, face supérieure vert foncé brillant, pointues mais non piquantes, bords enroulés vers la face inférieure, pétioles courts. **Fleurs** à 4 pétales, corolle enflée, jusqu'à 7 mm de long, violet-pourpre intense à rouge chair.

Répartition : sols peu calcaires, secs, sablonneux ou rocheux, bosquets clairsemés. landes côtières atlantiques (photo : Highlands d'Écosse), du Portugal (y c. Madère) au S. de la Norvège; souvent plantée dans les jardins, nombreuses sortes.

Bruyère ciliée

Erica ciliaris · Éricacées

Arbuste nain, toujours vert, rameaux souples, branches couchées et courbées vers le haut, fleurs très décoratives. ✰ juil.-sept.

Environ 30-60 cm de haut; pousses tomenteuses et glanduleuses. **Feuilles** par 3 en verticilles, 3-4 mm de long, ovales allongées, pointues, face supérieure gris-vert foncé, enroulées vers la face inférieure, laquelle est ciliée et avec des glandes. **Fleurs** de 8-10 mm de long, en grappes terminales, atteignant 12 cm de long, dressées; calice et parties de la corolle ciliées dans la longueur; rose intense.

Répartition : sols modérément secs, souvent sablonneux, pierreux ou rocheux, ourlets clairsemés, landes, falaises côtières. Eur. de l'O.; une des espèces principales des landes à bruyères côtières atlantiques, du Portugal jusqu'aux Îles Britanniques.

Bruyère vagabonde

Erica vagans · Éricacées

Arbuste nain, toujours vert, densément touffu, aux rameaux couchés, courbés vers le haut et dressés. ✰ juil.-sept.

Environ 30-80 cm de haut; pousses glabres, brun jaunâtre. **Feuilles** verticillées par 4-5, en aiguilles linéaires, 5-10 mm de long, vert foncé, pointues mais non piquantes, glabres, enroulées sur les bords. **Fleurs** sur pédoncule d'environ 8 mm de long, par 2 aux aisselles des feuilles supérieures, formant une grappe étroite d'env. 8-12 cm de long; corolle large, en forme de clochette, rose blanchâtre ou lilas pâle; anthères pourpre foncé, saillantes.

Répartition : landes rocheuses côtières, ourlets, sols sablonneux-pierreux, généralement peu calcaires. Landes à bruyère atlantiques des Îles Britanniques; en îlots jusqu'au Portugal; quelques sortes aussi cultivées.

Bruyère à quatre angles

Bruyère cendrée

Bruyère ciliée

Bruyère vagabonde

Chamaedaphné

Chamaedaphne calyculata · Éricacées

Petit arbuste toujours vert ou à feuilles caduques, menu, densément ramifié; branches et rameaux dressés ou pendants; pousses à écailles brun rouille, denses. ✩ mars-juin

Atteint 50 cm de haut. **Feuilles** alternes, 4-5 cm de long et env. 1 cm de large, à pétiole court; elliptiques, arrondies à la base, émoussées à l'extrémité; coriaces, rigides, entières ou irrégulièrement crénelées, généralement légèrement enroulées vers la face inférieure; face supérieure vert mat, face inférieure vert jaunâtre et densément couverte d'écailles brun rouille. **Fleurs** à 5 pétales, 6-8 mm de long et autant de diamètre, retombantes, réunies en grappes terminales de 4-10 cm de long, feuillues et unilatérales; corolle blanche, ressemblant à celle du muguet, à courtes pointes, à 10 étamines ne dépassant pas la corolle; calice jusqu'à 3 mm de long, avec des écailles brunâtres; deuxième floraison possible en sept.-oct. **Fruits** capsules pendantes, sphériques et aplaties; à maturité dès août.

Fruits

Répartition : sols humides, tourbeux, pauvres en minéraux, dans les forêts marécageuses et sur les tourbières. Eur. du N.-E., Pologne, Pays Baltiques, Scandinavie, Finlande, N. de la Russie; occasionnellement, une forme naine est cultivée dans les cimetières et les jardins.

À savoir ! Le chamaedaphne, rare dans la Nature, est monotype, c.-à-d. qu'elle représente un genre connu pour cette seule espèce. Carl von Linné, qui l'a découverte et décrite lors de son long voyage en Laponie, l'avait placée dans le genre *Andromeda* (⇨ p. 216 andromède). Le chamaedaphne se distingue cependant de cette dernière par les écailles sur la face inférieure des feuilles et par la forme des inflorescences.

Cornouiller mâle

Cornus mas · Cornacées

Arbuste ou petit arbre à feuilles caduques, ramifications perpendiculaires, couronne ample; rameaux verts, d'abord pubescents, puis glabres; fleurit longtemps avant les feuilles. ✩ fév.-avril

Arbuste de 3-6 m, arbre jusqu'à 8 m de haut; écorce écailleuse. **Feuilles** opposées, 8-10 cm de long et jusqu'à 5 cm de large; ovales à elliptiques, taillées en biseau à la base ou arrondies, finement pointues, entières; glabres, même couleur sur les deux faces, face supérieure brillante, face inférieure pubescente aux embranchements des nervures; au maximum 3-4 nervures arquées des deux côtés de la nervure centrale, pétioles jusqu'à 1 cm de long. **Fleurs** apparaissant dès la fin de l'hiver, petites, à pédoncule d'env. 5 mm de long, groupées en ombelles serrées; 4 bractées vert jaunâtre; sépales courts, pointus; corolle de 2-3 mm de long, lancéolée, jaune clair à jaune doré. **Fruits** à noyau ressemblant à des cerises, pendants, rouge écarlate brillant à maturité (dès juil.), comestibles.

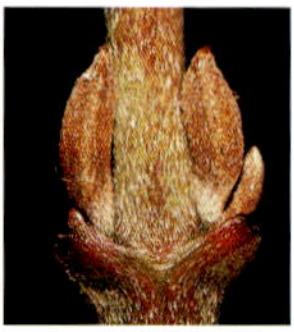

Répartition : forêts de feuillus sèches, clairsemées, lisières, ourlets, haies, bosquets. Eur. moy. et du S., Asie Mineure jusqu'au Caucase; souvent planté le long d'avenues et comme fruitier.

À savoir ! Ce sont les bractées jaunâtres, atteignant 1 cm de long, qui rendent les inflorescences attractives. Anciennement, on en a utilisé le bois, extraordinairement solide, pour la fabrication de poignées, javelots et manches d'outils. Les fruits, mûrs, sont comestibles.

Chamaedaphné

Cornouiller mâle en bas à droite : fruits

Cornouiller sanguin

Cornus sanguinea · Cornacées

Arbuste de taille moyenne ou petit arbre à feuilles caduques, très ramifié, au feuillage automnal somptueux. ✿ mai-juin

Atteint 5 m de haut; pousses densément pubescentes. **Feuilles** de 4-8 cm de long, elliptiques, pointues, généralement à 3 paires de nervures arquées parallèles, entières, à pétiole court. Les **fleurs** apparaissent après les feuilles, sentent légèrement le poisson; corolle blanche, inflorescence en corymbe ombelliforme. **Fruits** à noyau, sphériques, bleu-noir mat, ponctués de blanc, non comestibles; mûrs dès sept.

Répartition : haies, bosquets, forêts de feuillus, le long de routes, sols pierreux. Très répandu en Eur., du N. au S.; fréquent comme arbuste d'ornement.

À savoir! L'écorce des rameaux exposée à la lumière se colore de rouge intense, surtout l'hiver.

Cornouiller blanc

Cornus alba · Cornacées

Arbuste à feuilles caduques, densément feuillu; rameaux dressés, à l'écorce rouge sang, lisse. ✿ mai-juin

Atteint 3 m de haut; branches très résistantes. **Feuilles** opposées, à 5-6 paires de nervures arquées, elliptiques à ovales, entières; face supérieure verte, face inférieure un peu bleuâtre. **Fleurs** petites, blanc jaunâtre, en corymbe ombelliforme de 3-5 cm de diamètre. **Fruits** bleu clair ou blanchâtres, non comestibles; à maturité dès juil.

Répartition : forêts mixtes riches en espèces. Originaire de l'Asie de l'E. (de la Sibérie à la Corée du N.), acclimaté dans l'Eur. du N.; cultivé en nombreuses formes à feuilles marquées de taches claires ou à l'écorce de diverses couleurs.

À savoir! Les oiseaux se nourrissent de ses fruits.

Fusain, bonnet de prêtre

Euonymus europaea · Celastracées

Arbuste ou petit arbre à feuilles caduques, assez ramifié; pousses et jeunes rameaux verts, de section arrondie ou anguleuse, puis marquée de 4 côtes liégeuses. ✿ mai-juin

Environ 2-6 m de haut. **Feuilles** opposées, pétiolées, 5-8 cm de long, ovales-lancéolées, pointues, glabres, entières ou légèrement crénelées, devenant rouge cuivré intense en automne. **Fleurs** insignifiantes, à 4 pétales, verdâtres, env. 1 cm de large, longs pédoncules, par épis de 3-9 aux aisselles des feuilles, peu odorantes. **Fruits** capsules à 4 valves, rouge carmin à maturité, renfermant de grosses graines orange; à maturité dès sept. Toutes les parties de la plante sont très toxiques!

Répartition : bosquets champêtres, lisières forestières et bords de chemins. Très répandu en Eur. Aussi planté comme arbuste ornemental.

À savoir! Le bois jaunâtre était autrefois employé pour produire du fusain (d'où son nom!) et des objets de tournage, entre autres des fuseaux et des parties d'instruments de musique (mécanique des pianos). Les fruits sont appréciés des étourneaux (photo en bas) et autres oiseaux chanteurs – les alcaloïdes cardioactifs qu'ils contiennent ne sont toxiques que pour les mammifères.

Cornouiller sanguin

Cornouiller blanc

Fusain, bonnet de prêtre

Camerisier bleu

Lonicera caerulea · Caprifoliacées

Arbuste à feuilles caduques, très ramifié ; pousses brun-rouge caractéristiques et fruits bleuâtres, pruineux. ✰ avril-juin

1-2 m de haut environ. **Feuilles** opposées, 2-8 cm de long, ovales, pointues ou émoussées, d'abord pubescentes, ensuite glabres, pétioles courts. **Fleurs** à pédoncule court, par paires aux aisselles des feuilles ; corolle jusqu'à 2 cm de long, blanc jaunâtre, en entonnoir. **Fruits** baies soudées par deux, elliptiques, noires, couvertes d'une couche pruineuse bleuâtre, toxiques ; à maturité dès juil.

Répartition : forêts de montagne, aulnaies vertes et pinèdes à pin mugo couché ; sur sol humique acide et sablonneux, évite le calcaire. Montagnes de l'Eur. du N.-E. jusqu'au Caucase et aux Pyrénées, manque dans les Vosges ; occasionnellement cultivé.

Camerisier noir

Lonicera nigra · Caprifoliacées

Petit arbuste à feuilles caduques, dressé, aux rameaux minces, recourbés, toujours avec moelle. ✰ avril-mai

Environ 1-2 m de haut. **Feuilles** opposées, 4-6 cm de long, lancéolées à elliptiques, pointues, entières ; face supérieure brillante, face inférieure bleuâtre, nervures principales pubescentes ; pétioles de 2-5 mm de long. **Fleurs** toujours par paires sur un pédoncule d'environ 4 cm de long, aux aisselles des feuilles supérieures, étroitement fusionnées sur environ 1 cm dans la partie inférieure ; corolle rose clair à 5 pétales, clairement bilabiée. **Fruits** baies soudées à la base, sphériques, souvent de taille irrégulière ; noires, couvertes d'une couche pruineuse bleuâtre ; toxiques ; à maturité dès juil.

Répartition : lisières ombragées, forêts mixtes de montagne aux sous-bois herbeux, pentes, bords de chemins et bosquets. Montagnes de l'Eur. moy, du S. et de l'E. ; rarement planté comme arbuste ornemental.

Camerisier des haies

Lonicera xylosteum · Caprifoliacées

Arbuste à feuilles caduques, très ramifié ; pousses pubescentes ; rameaux étrangement creux et sans moelle. ✰ mai-juin

Environ 1-3 m de haut. **Feuilles** opposées, 3-6 cm de long, ovales, légèrement pubescentes, pétioles courts. **Fleurs** par paires aux aisselles des feuilles, corolle bilabiée, blanchâtre, rougeâtre à l'extérieur. **Fruits** baies soudées à la base, de la taille d'un petit pois, rouge foncé brillant, juteuses, légèrement toxiques ; à maturité dès juil.

Répartition : forêts mixtes de feuillus et conifères aux sous-bois herbeux, campagnes, bosquets. Eur. moy. jusqu'en Asie moy. ; souvent utilisé comme plante ornementale ou pour consolider des talus.

À savoir ! Le bois, solide, était utilisé autrefois pour le tournage.

Camerisier des Alpes

Lonicera alpigena · Caprifoliacées

Arbuste à feuilles caduques, peu ramifié ; fleurs pédonculées toujours par paires aux aisselles des feuilles. ✰ mai-juil.

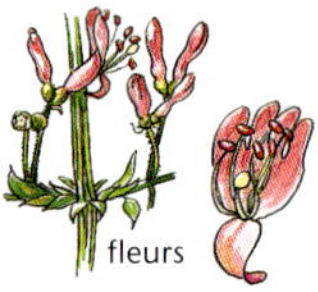

Environ 1-3 m de haut ; pousses à 2 côtes, faiblement pubescentes ; rameaux creux, anguleux. **Feuilles** opposées, pétiolées, jusqu'à 10 cm de long et 5 cm de large, pointues, elliptiques-oblongues, entières. **Fleurs** sur un pédoncule de 2-5 cm de long, aux aisselles des feuilles ; corolle bilabiée, en entonnoir, rougeâtre. **Fruits** baies soudées par deux, rouge intense brillant, toxiques ; à maturité dès août.

Répartition : stations à plantes vivaces, forêts mixtes de montagne et de pente aux sous-bois herbeux, ourlets et chemins, généralement sur sol calcaire. Montagnes de l'Eur. moy. et du S., dans les Alpes jusqu'à environ 2300 m d'altitude.

Camerisier bleu

Camerisier noir

Camerisier des haies

Camerisier des Alpes

Chèvrefeuille des bois

Lonicera periclymenum · Caprifoliacées

Arbuste grimpant à feuilles caduques, se vissant sur la droite, très ramifié et plutôt densément feuillu, à feuilles non soudées à la base. ✩ mai-août

Environ 4-5 m de haut. **Feuilles** de 4-6 cm de long, pointues ou légèrement arrondies, elliptiques à lancéolées, non soudées à la base, face supérieure vert foncé, face inférieure bleuâtre. **Fleurs** en ombelles terminales; corolle bilabiée, jusqu'à 6 cm de long; rougeâtres avant l'éclosion, jaunes après la floraison, deviennent nettement plus foncées après la pollinisation; étamines et style aussi longs que la corolle. **Fruits** baies densément groupées, sphériques, souvent de tailles inégales, rouge intense brillant, légèrement toxiques; à maturité dès août.

feuilles opposées

Répartition : haies, ourlets, lisières, campagnes, landes. Très répandu en Eur., du S. de la Scandinavie au pourtour méditerranéen (Afrique du N.); souvent planté comme arbuste d'ornement.

À savoir ! Les fleurs sont pollinisées par des papillons nocturnes à longue trompe.

Proche **Chèvrefeuille de Tartarie** *Lonicera tataricum*, feuilles caduques, très ramifié, 2-4 m de haut; feuilles ovales émoussées, cordées à la base; fleurs par paires, corolle rouge clair ou blanche, souvent rayée, bilabiée; floraison en mai-juin; baies doubles, rouge brillant, toxiques; originaire d'Eur. de l'E. et d'Asie de l'O., souvent planté le long d'avenues.

Chèvrefeuille des jardins

Lonicera caprifolium · Caprifoliacées

Arbuste grimpant à feuilles caduques, se vissant exceptionnellement sur la droite, aux paires de feuilles terminales fusionnées. ✩ mai-juil.

Dépasse souvent les 5 m de haut. **Feuilles** à pétiole court ou sessiles, ovales allongées, jusqu'à 10 cm de long, émoussées; face supérieure vert foncé mat, face inférieure plus claire et bleuâtre; les feuilles terminales se fusionnent pour former des plateaux elliptiques. **Fleurs** : corolle soudée sur 3 cm, extrémité bilabiée, retroussée; blanc crème, parfois aussi rougeâtre. **Fruits** baies (petite figure en bas) arrondies, rouge vif, toxiques; à maturité en août-sept.

Répartition : forêts clairsemées, bosquets ensoleillés. Originaire de l'Eur. du S.-E., indigène des Balkans à la mer Noire; en Eur. moy. et de l'O. souvent acclimaté et redevenu sauvage.

À savoir ! C'est surtout le soir que le parfum des fleurs du chèvrefeuille devient plus intense. Leur nectar constitue la nourriture de papillons nocturnes à longue trompe (en particulier les nombreuses espèces de sphinx).

Le changement de couleur des fleurs de cette espèce très décorative est remarquable : d'abord rouge cuivré à rose clair, elles deviennent presque blanches en pleine floraison et virent au jaunâtre lorsqu'elles se fanent. Les insectes nectarivores ne visitent que les fleurs blanches, car elles contrastent avec l'obscurité environnante et sont particulièrement odorantes.

Chèvrefeuille des bois

Chèvrefeuille des jardins

Troène

Ligustrum vulgare · Oléacées

Arbuste à feuilles caduques, parfois toujours vert; pousses d'abord pubescentes, ensuite glabres; rameaux en baguettes minces, flexibles; fleurs blanc crème ou blanc pur, en panicules étroites. ✿ juin-juil.

Atteint 3 m de haut, parfois 5-7 m. **Feuilles** opposées, un peu coriaces, entières; face supérieure vert foncé, face inférieure plus claire, à nervure principale marquée; pétioles courts. **Fleurs** à 4 pétales, nombreuses, en panicules terminales dressées, longues jusqu'à 8 cm, agréablement odorantes. **Fruits** à noyau, à l'aspect de baies, noir brillant, toxiques; à maturité dès août.

Répartition : haies de campagne, bosquets champêtres, lisières forestières, berges, bosquets alluviaux, murailles. Très répandu en Eur., en Afrique du N. et en Asie de l'O.

À savoir ! Il s'agit d'un arbuste de grande valeur pour les oiseaux chanteurs, qui y trouvent un endroit pour nicher, un abri et de la nourriture.

Proche **Troène de Californie** *Ligustrum ovalifolium*, toujours vert, devient très dense si taillé; souvent planté dans les haies; 1-3 m; feuilles ovales-elliptiques, 3-8 cm de long, face supérieure vert foncé brillant, glabre; fleurs blanc crème, en grappes denses, jusqu'à 10 cm de long, juin-juil.; indigène en Asie de l'E. (Japon, Corée).

Lilas commun

Syringa vulgaris · Oléacées

Grand arbuste ou petit arbre à feuilles caduques, aux fleurs en nombreuses panicules caractéristiques, de plusieurs couleurs. ✿ avril-mai

Environ 2-6 m de haut; rameaux de section arrondie, écorce grise ou vert-brun; lisse, crevassée dans la longueur sur les branches et le tronc. **Feuilles** opposées, 5-12 cm de long, cordées, pointues, allongées, entières; pétioles de 1-3 cm de long. **Fleurs** à 4 pétales, en panicules terminales denses; corolle en entonnoir, bleue, violette, rougeâtre ou blanche, très odorante. **Fruits** capsule bivalve, brunâtre, ligneuse; à maturité dès sept.

Répartition : forêts clairsemées et bosquets. Indigène en Eur. du S.-E. et dans le Proche Orient; souvent planté dans les jardins, nombreuses variétés, très souvent redevenu sauvage sur des pentes rocheuses ou des remblais, acclimaté par endroits.

À savoir ! Le lilas est connu en Eur. moy. depuis 1560, lorsque les premiers exemplaires sont apparus à Vienne. De là, ce ligneux apprécié des jardiniers a entamé sa colonisation de l'Ouest. Les nombreuses sortes cultivées se distinguent par la variété de couleurs et de formes des inflorescences, simples ou doubles. Seuls les insectes à longue trompe peuvent profiter de leurs fleurs très odorantes.

Les bourgeons d'hiver, prêts dès la fin de l'été, méritent une observation attentive à la loupe : une coupe nette le long d'un bourgeon particulièrement épais révélera une inflorescence entièrement formée, quoique encore très compacte.

Troène

Lilas commun

Symphorine blanche

Symphoricarpos albus · Caprifoliacées

Petit arbuste à feuilles caduques, avec rejets; fleurs rougeâtres, en épis insérés aux aisselles ou terminaux; baies blanches. ✿ juin-juil.

Environ 1-2 m de haut; pousses d'abord finement pubescentes, rameaux minces, légèrement anguleux, creux ou avec moelle, retombants. **Feuilles** opposées, 4-6 cm de long, jusqu'à 4 cm de large, ovales à elliptiques; face supérieure vert foncé, face inférieure vert bleuâtre, pétioles courts. Fleurs insignifiantes. **Fruits** à noyau, à l'allure de baies et à la chair spongieuse, 1-1,5 cm de diamètre, blancs, non comestibles voire toxiques; à maturité dès sept.

Répartition : lisières de forêts de conifères, forêts alluviales. Indigène d'Amérique du N.; fréquent dans les parcs et les cimetières, par endroits acclimaté.

À savoir ! Introduite en Eur. au début du XXe s. La variété cultivée, aux gros fruits, est souvent décrite comme espèce à part : *S. rivularis*.

Filaire à feuilles étroites

Phillyrea angustifolia · Oléacées

Petit arbuste toujours vert, très ramifié et densément feuillu; rameaux et branches en baguettes, lisses. ✿ mai-juin

Environ 1-3 m de haut; pousses gris clair, glabres. **Feuilles** opposées, simples, 2-6 cm de long, env. 1 cm de large, linéaires-lancéolées, pointues aux deux extrémités, coriaces; nervures latérales indistinctes, glabres, vert brillant sur les deux faces, pétioles courts. **Fleurs** insignifiantes, à 4 pétales, en courtes grappes clairsemées, aux aisselles des feuilles; corolle blanc verdâtre jaunâtre, à extrémité étalée; agréablement odorantes. **Fruits** à noyau, de la taille d'un petit pois, bleu-noir mat, non comestibles; à maturité dès août.

Répartition : bosquets arides, maquis, forêts clairsemées, sur sol calcaire. Pourtour méditerranéen; rarement cultivée comme

Buddléia, arbre aux papillons

Buddleja davidii · Scrophulariacées

Arbuste à feuilles caduques, large, touffu, aux branches et rameaux dressés; floraison abondante en plein été. ✿ juil.-sept.

Atteint 4 m de haut; jeunes pousses pubescentes, en baguette, ensuite légèrement arquées et retombantes. **Feuilles** opposées, pétiolées, 6-25 cm de long et 2-7 cm de large, elliptiques à lancéolées, pointues, faiblement dentées, nervures pennées; face supérieure vert foncé mat, face inférieure tomenteuse, grise ou blanche. **Fleurs** à 4 pétales, corolle soudée sur 1 cm, étroite, extrémité étalée; jaune soutenu à la base, autrement bleu lilas chez la forme sauvage, bleu-violet ou rougeâtre chez certaines formes cultivées, rarement blanc; nombreuses panicules terminales, dressées, de 10-30 cm de long. **Fruits** capsules brunâtres; à maturité dès sept.

Répartition : forêts alluviales clairsemées et bosquets sur rocher, ouverts, sur sol sec. Indigène seulement en Asie de l'E. (Chine et Japon), planté partout en Eur., presque seulement dans ses formes cultivées; redevenu sauvage et même envahissant sur éboulis, ruines, jachères, le long de chemins de fer et berges de cours d'eau; acclimaté en partie aussi aux États-Unis.

À savoir ! Les papillons diurnes butinent les fleurs odorantes et riches en nectar. Il peut subir des dégâts dus au gel, lors d'hivers rudes, mais redémarre après avoir été taillé.

Auparavant classé dans la grande famille tropicale des Buddlejacées, il a été reclassé récemment.

Symphorine blanche

Filaire à feuilles étroites

Buddléia, arbre aux papillons

Grande pervenche

Vinca major · Apocynacées

Semi-arbuste toujours vert aux tiges rampantes et aux rameaux montants. ✩ mars-mai

Rameaux atteignant 1 m de long; seules les parties portant des fleurs sont dressées et atteignent 30 cm de haut. **Feuilles** opposées, coriaces, lancéolées, atteignant 9 cm de long; un peu plus longues aux extrémités des rameaux; faiblement cordées à la base, ciliées au bord. **Fleurs** en roue de moulin, jusqu'à 5 cm de large, bleu clair à violet clair, brièvement soudées à la base, extrémités larges; parfois 2e floraison en sept.-nov.

Répartition : forêts ombragées et alluviales. Pourtour méditerranéen occidental.

Proche Petite pervenche *V. minor*, jusqu'à 20 cm de haut, feuilles glabres, fleurs bleues; forêts, haies; Eur. moy. de l'O et du S.

Laurier rose, oléandre

Nerium oleander · Apocynacées

Arbuste toujours vert à feuilles coriaces, étroites; branches et rameaux peu nombreux, droits. ✩ juin-sept.

Environ 2-4 m de haut. **Feuilles** à pétiole court ou sessiles, par 2-4, 5-15 cm de long et jusqu'à 3 cm de large, lancéolées; épaisses et coriaces, nervure centrale robuste, un peu enroulées sur les bords. **Fleurs** à 5 pétales, voyantes, environ 3 cm de diamètre, sans odeur particulière, blanches, roses ou rouges. Très toxique!

Répartition : pentes rocheuses, gravier. Originaire des Alpes du S.; désormais très répandu sur le pourtour méditerranéen, cultivé partout dans le monde, dans les régions chaudes; en Eur. moy. ne résiste pas à l'hiver.

À savoir ! Les fleurs sont visitées par les papillons nocturnes. Nourriture de la chenille du sphinx du laurier rose (petite photo à droite).

Globulaire à feuilles en cœur

Globularia cordifolia · Plantaginacées

Arbuste en espaliers, toujours vert, formant des gazons denses avec ses rameaux rampants. ✩ juin-juil.

Atteint 10 cm de haut, seuls les rameaux portant des fleurs sont dressés; ligneux uniquement dans la partie inférieure. **Feuilles** en rosettes, en touffes serrées, 4-7 mm de long, spatulées, atténuées en coin à la base, coriaces. **Fleurs** en capitules semi-sphériques de 1-1,5 cm de diamètre; fleurs individuelles à 5 pétales; corolle bilabiée, env. 7 mm de long, bleu lilas.

Répartition : gazons sur affleurements rocheux, fissures rocheuses, sol calcaire. Haute montagne de l'Eur. moy. et du S., des Pyrénées jusqu'aux Balkans; éparpillé dans le Jura Suisse et les Alpes calcaires jusqu'à environ 2000 m.

À savoir ! Les capitules sont entourés de nombreuses bractées vertes.

Lavande vraie

Lavandula angustifolia · Lamiacées

Arbuste toujours vert, très ramifié, aux branches montantes, rigides, portant de courts rameaux ailés. ✩ juin-août

Peut atteindre 1 m de haut; toutes les parties de la plante dégagent un parfum très aromatique; rameaux lignifiés seulement à la base. **Feuilles** opposées, étroitement lancéolées à linéaires, atteignant 5 cm de long. **Fleurs** nombreuses, en verticilles sur des épis dressés, portés par un long pédoncule; calice tomenteux, gris à bleuâtre; corolle labiée, bleu lavande, soudée à la base, ne dépassant que peu le calice.

Répartition : pentes arides, ensoleillées sur sols pierreux, peu profonds, plutôt sur calcaire. Pourtour méditerranéen occidental, de la plaine à 1700 m d'altitude; souvent ornemental, en plusieurs variétés.

À savoir ! L'hybride aux feuilles larges, **L.** *latifolia*, appelée lavande aspic, est cultivée dans le S. de la France pour produire l'huile essentielle de lavande.

Grande pervenche

Laurier rose

Globulaire à feuilles en cœur

Lavande vraie

Romarin

Rosmarinus officinalis · Lamiacées

Arbuste toujours vert, densément ramifié, à petites feuilles en aiguilles. ✰ janv.-avril

Peut atteindre 1-2 m de haut. **Feuilles** opposées-décussées, rigides, coriaces, sessiles, jusqu'à 4 cm de long, enroulées au bord, non piquantes; face supérieure vert foncé, face inférieure blanche très tomenteuse; dégage un parfum très aromatique au froissement. **Fleurs** aux aisselles des feuilles; calice en clochette; corolle bilabiée, blanchâtre à bleu clair, parfois plus foncée et violette, lèvre supérieure très retroussée.

Répartition : pentes sèches, ensoleillées, sur calcaire, bosquets clairsemés, lisières forestières. Pourtour méditerranéen (maquis); cultivé dans les jardins. Plante officinale.

Sauge officinale

Salvia officinalis · Lamiacées

Semi-arbuste toujours vert aux branches couchées ou retombantes, tomenteuses dans la partie supérieure. ✰ juin-juil.

Peut atteindre 50 cm de haut; les rameaux, herbacés et densément feuillus, montent depuis les branches ligneuses. **Feuilles** opposées-décussées, généralement toujours vertes, rugueuses, pétiolées; face supérieure vert-gris, d'abord densément tomenteuse, face inférieure blanche tomenteuse; selon les variétés, peuvent virer au rougeâtre ou au violet, surtout l'hiver. **Fleurs** par 1-5, calice rouge-brun; corolle violette, voyante, bilabiée, jusqu'à 3,5 cm de long; au froissement, toutes les parties de la plante sentent un parfum agréable et aromatique. Traditionnellement officinale.

Répartition : pentes pierreuses, jachères, ourlets. Pourtour méditerranéen occidental; cultivée comme plante officinale.

Thym commun

Thymus vulgaris · Lamiacées

Semi-arbuste toujours vert, très ramifié, vert-gris, aux branches et rameaux quadrangulaires, dressés ou montants. ✰ mai-oct.

Jusqu'à 40 cm; rameaux tomenteux dans la partie supérieure, branches lignifiées seulement à la base. **Feuilles** opposées-décussées, jusqu'à 1 cm, bords rabattus; face supérieure vert-gris, face inférieure blanchâtre et densément tomenteuse. **Fleurs** en bouquets aux aisselles des feuilles sur les nouvelles pousses, en apparence entassées aux extrémités des rameaux; calice bilabié; corolle rougeâtre à violet clair; toutes les parties de la plante dégagent un parfum agréable et aromatique.

Répartition : versants très ensoleillés, pierreux et landes rocheuses sèches. Pourtour méditerranéen occidental, souvent cultivé, occasionnellement redevenu sauvage.

Thym pouliot

Thymus pulegioides · Lamiacées

Arbuste nain à feuilles caduques, à l'apparence herbacée, aux pousses rampantes ou montantes. ✰ juin-sept.

Formes variées, environ 5-15 cm de haut; rameaux s'enracinant souvent au niveau des nœuds et souvent lignifiés seulement à la base; tiges florifères dressées, quadrangulaires, à angles légèrement tomenteux. **Feuilles** opposées, à pétiole court, ovales à spatulées, 0,6-2 cm de long, glabres sur les deux faces. **Fleurs** aux extrémités des rameaux, serrées, corolles d'environ 6 mm de long, pourpre à rose clair.

Répartition : gazons sur sable et semi-arides, pâturages maigres, landes, affleurements rocheux, prairies sèches, sols sablonneux-pierreux. Très répandu en Eur., dans les Alpes jusqu'à environ 1800 m d'altitude.

Romarin

Sauge officinale

Thym commun

Thym pouliot

Fusain à larges feuilles

Euonymus latifolia · Celastracées

Arbuste à feuilles caduques; branches dressées, à l'écorce gris cendre; rameaux lisses, en forme de baguettes. ✿ mai-juin

Atteint 5 m de haut. **Feuilles** opposées, à pétiole court, ovales-lanclolées, à pointe fine, 6-12 cm, très finement dentées en scie, vert foncé. **Fleurs** à 5 pétales, jusqu'à 1 cm de diamètre, pétales verdâtres, rouges sur les bords. **Fruits** capsules à 5 valves, anguleuses; graines blanches mais à l'enveloppe orange, voyante; maturité des fruits dès sept. Toutes les parties de la plante sont toxiques!

inflorescence

Répartition : forêt mixtes aux sous-bois herbeux, ourlets, bosquets ombragés. Montagnes de l'Eur. moy., Pyrénées, Alpes, Apennins, Cévennes, Balkans; aussi cultivé.

À savoir! Le bois, très dur et résistant, était employé de la même façon que celui du fusain commun.

Fusain verruqueux

Euonymus verrucosa · Celastracées

Arbuste à feuilles caduques aux branches hérissées; verrues brun foncé sur les pousses. ✿ mai-juin

Peut atteindre 2 m de haut. **Feuilles** jusqu'à 6 cm de long, ovales-lancéolées, pointues. **Fleurs** verdâtres, à 4 pétales, 6-10 mm de diamètre, ponctuées de rouge; par 2-3 en épi à long pédoncule. **Fruits** (capsules) jaune-rouge; graines noires, partiellement enveloppées d'une housse rouge; fruits à maturité dès sept. Toute la plante est toxique!

Répartition : bosquets sur rocher, forêts, ourlets. Eur. de l'E. et Eur. moy. sud-orientale.

Proche **Fusain ailé** *Euonymus alata*, arbuste atteignant 4 m de haut, aux rameaux à quatre angles ailés, feuilles ovales; originaire d'Asie de l'E., fréquemment planté.

Hortensia grimpant

Hydrangea petiolaris · Hydrangeacées

Arbuste grimpant à feuilles caduques, entremêlées, à floraison opulente; se fixant sur son support par des racines (crampons), comme le lierre. ✿ juin-juil.

Atteint 10 m de haut; irrégulièrement ramifié. **Feuilles** aux pétioles de 2-8 cm de long, largement ovales, 5-10 cm de long et presque autant de large, cordées ou arrondies à la base, légèrement pointues, dentées en scie; face supérieure brillante, vert foncé, glabre, face inférieure à nervures pubescentes. **Fleurs** blanches, nombreuses, en corymbes aplatis, jusqu'à 25 cm de diamètre; agréablement odorantes, celles des bords, stériles, nettement plus grandes, jusqu'à 3 cm de diamètre.

Répartition : forêts riches en espèces, forêts alluviales. Indigène en Asie de l'E. (du Japon à la Corée); souvent cultivé comme plante d'ornement, s'accommode des endroits très ombragés.

Hortensia

Hydrangea macrophylla · Hydrangeacées

Arbuste à feuilles caduques, très buissonnant, aux rameaux dressés, assez épais et aux inflorescences sphériques. ✿ juin-juil.

Généralement environ 1 m de haut. **Feuilles** opposées, 10-20 cm de long et jusqu'à 8 cm de large, ovales à lancéolées, dentées, face supérieure légèrement brillante, pétioles courts. **Fleurs** en ombelles semi-sphériques, corolles à quatre pétales, jusqu'à 5 cm de diamètre, blanches, rosées ou bleutées.

Répartition : bosquets clairsemés et forêts alluviales. Originaire de l'Asie de l'E.; plusieurs sortes cultivées, surtout en Eur. de l'O.

Proche **Hortensia paniculé** *Hydrangea paniculata*, à feuilles caduques, 1-4 m de haut, fleurs blanc jaunâtre en panicules terminales.

Fusain à larges feuilles

Fusain verruqueux

Hortensia grimpant

Hortensia

Viorne lantane, viorne mancienne

Viburnum lantana · Caprifoliacées

Arbuste robuste, à feuilles caduques, aux branches dressées; pousses brunes, densément tomenteuses. ✩ avril-juin
Environ 1-4 m de haut. **Feuilles** opposées, 5-12 cm de long et jusqu'à 6 cm de large, épaisses mais tendres, fortement dentées en scie, vert mat; face inférieure tomenteuse, grise; pédoncules de 1-3 cm de long. **Fleurs** groupées en corymbes tomenteux de 5-10 cm de diamètre, généralement à 7 pétales, à l'odeur quelque peu désagréable; corolles couleur crème, sans fleurs plus grandes aux bords. **Fruits** à noyau d'abord rouge intense, à maturité noir brillant, toxiques; fruits à maturité dès sept.
Répartition : forêts de feuillus clairsemées, bosquets, bords de chemins; préfère les sols modérément calcaires.
Eur. moy. et du S., des Îles Britanniques au pourtour méditerranéen; souvent planté le long de routes.

À savoir! Contrairement à la viorne obier et à ses variétés cultivées, les fleurs de la viorne lantane dégagent une légère odeur de poisson et sont toutes identiques : on n'observe pas de grandes fleurs très voyantes sur les bords de l'inflorescence, qui en feraient une super-fleur particulièrement exubérante. Les fruits d'une même infrutescence ne mûrissent pas en même temps. On trouve donc pendant longtemps des fruits rouge brillant à côté d'autres, noir intense (ils passent l'hiver!).

Proche **Viorne à feuilles ridées** *Viburnum rhytidophyllum*, feuilles toujours vertes, jusqu'à 20 cm de long, très tomenteuses; fruits à noyau noir, toxiques, floraison en mai-juin; Asie de l'E.

Weigelia

Weigela floribunda · Caprifoliacées

Petit arbuste à feuilles caduques; branches dressées et peu ramifiées; grandes fleurs, très décoratives. ✩ mai-juin
Environ 1-2 m de haut; pousses pubescentes ou glabres. **Feuilles** opposées, jusqu'à 9 cm de long, lancéolées, pointues, finement dentées en scie, face supérieure (presque) glabre, face inférieure pubescente le long des nervures, pétioles courts. **Fleurs** à 5 pétales, corolle en forme d'entonnoir, jusqu'à 5 cm de long, blanchâtre, rose ou rouge soutenu à rouge carmin intense, peut fleurir abondamment une deuxième fois à la fin de l'été.
Répartition : forêts clairsemées et bosquets. Indigène en Asie de l'E.; en Eur. moy., plusieurs variétés ornementales. Jusqu'à présent, on en connaît environ 200 variétés.
À savoir! La variété que l'on observe généralement en Eur. moy. n'est pas l'espèce pure, mais l'un des nombreux hybrides cultivés (photo à droite). Cette espèce a la tendance à redevenir sauvage.

Seringat

Philadelphus coronarius · Hydrangeacées

Arbuste à feuilles caduques, au port évasé; rameaux en forme de baguettes et grandes fleurs blanches. ✩ mai-juin

Environ 1-4 m de haut; bourgeons d'hiver à peine visibles. **Feuilles** opposées, 4-8 cm de long, ovales, pointues, irrégulièrement dentées, face supérieure vert foncé et glabre, face inférieure claire, légèrement pubescente le long des nervures, pétioles courts. **Fleurs** à 4 pétales, pédonculées, par 5-7 dans des épis dressés aux aisselles des feuilles; corolles blanches ou crème, 3-4 cm de diamètre; beaucoup d'étamines.
Répartition : lisières forestières, bosquets clairsemés, versants ensoleillés; thermophile. Eur. du S. jusqu'en Asie de l'O.; très répandue comme plante d'ornement, de nombreux hybrides; redevient rarement sauvage.
À savoir! À cause de ses fleurs odorantes le soir, on l'appelle aussi faux jasmin.

Viorne lantane

Weigelia

Seringat

Forsythia

Forsythia × *intermedia* · Oléacées

Arbuste de taille moyenne, à feuilles caduques, facile à reconnaître; branches creuses et moelle articulée. ✩ mars-avril

2-5 m de haut environ; rameaux dressés ou retombants. **Feuilles** opposées, simples, ovales à lancéolées, 8-10 cm de long, à marge entière ou finement dentées en scie, plutôt dans la partie supérieure de la plante. **Fleurs** à 4 pétales, corolles jaune soutenu, jusqu'à 4 cm de large. **Fruits** à 2 valves, se développent rarement.

Répartition : forêts de feuillus riches en espèces; provient du croisement entre les espèces de l'Est asiatique à fleurs pendantes, F. *suspensa*, et à tige verte, F. *viridissima*; en Eur., fréquemment cultivé dans des jardins, parcs et lieux publics; difficile à distinguer des autres espèces ou hybrides cultivés de Forsythia.

À savoir ! Les formes sauvages de Forsythia développent 2 types de fleurs sur un même plant, aux styles de longueurs différentes (stigmate saillant ou non). Par contre, les variétés cultivées ne portent que l'une ou l'autre forme sur un même plant. Le printemps, ces arbustes ornementaux égayent le paysage par leur exubérance de fleurs jaunes, apparaissant avant les feuilles. Les fleurs contiennent un nectar sucré et un pollen très protéique. Cependant, ils ne sont pas particulièrement appréciés des abeilles, des bourdons et des autres insectes pollinisateurs. Les raisons de cela ne sont pas claires. Cet arbuste ornemental a été introduit en Europe il y a plus de 100 ans. Depuis lors, on en a élevé plusieurs variétés, même à fleurs plus claires ou plus foncées. Le Forsythia se multiplie facilement par bouturage.

Deutzia grêle

Deutzia gracilis · Hydrangeacées

Arbuste à feuilles caduques, touffu, à croissance rapide, avec de nombreuses fleurs en panicules dressées. ✩ mai-juin

Environ 1 m de haut; port dressé; rameaux arqués, retombants, un peu anguleux, creux. **Feuilles** pétiolées, opposées, 3-7 cm de long, ovales, allongées, en biseau à la base, longue pointe, marges irrégulièrement dentées en scie, face supérieure clairement pubescente, la face inférieure ne l'est que légèrement. **Fleurs** à 5 pétales, nombreuses, en panicules dressées; corolle blanche, pétales étroitement ovales, étalés en étoile.

Répartition : forêts de feuillus riches en espèces. Indigène en Asie de l'E. (Japon); fréquemment planté dans les parcs et jardins comme ligneux ornemental. Plusieurs espèces et hybrides, généralement difficiles ou impossibles à distinguer; fréquemment cultivés en diverses variétés, parmi lesquelles certaines à fleurs roses ou doubles ou à feuilles tachetées de clair.

À savoir ! Le Deutzia grêle, comme tous les *Deutzia*, fait partie des ligneux de jardin peu exigeants, il est dès lors souvent planté dans des lieux publics. Il est apprécié pour ses fleurs exubérantes et voyantes, aux formes d'étoiles ou de clochettes et à l'agréable parfum de miel. Cette plante ornementale se multiplie facilement par bouturage.

Le genre *Deutzia*, très vaste, a été nommé en honneur du notable néerlandais Johan van der Deutz (1743-1788), lequel a beaucoup soutenu le botaniste Carl Peter Thunberg (1743-1828). Pour sa part, Thunberg, le premier à avoir décrit de nombreuses plantes, est honoré dans de nombreux noms d'espèces.

Forsythia

Deutzia grêle en bas à droite : fleurs

Épine-vinette

Berberis vulgaris · Berberidacées

Arbuste à feuilles caduques, robuste, à longues épines; branches arquées retombantes; fleurs jaune clair en grappes pendantes, très fournies. ✿ avril-juin

Port d'environ 1-3 m; pousses anguleuses et rayées dans la longueur; écorce des vieilles branches gris-vert clair. **Feuilles** pétiolées, par bouquets, ovales-lancéolées, taillées en biseau à la base, extrémité arrondie ou pointue, bord à dents épineuses, face supérieure vert foncé, face inférieure claire, glabre, jusqu'à 4 cm de long, côte médiane robuste. **Fleurs** aux pétales et sépales jaune clair, en forme de petite coupe, en grappes fournies; très odorantes. **Fruits** baies allongées, atteignant 1 cm de long, rouge brillant, très acides; à maturité dès sept.

Répartition : bosquets, haies de campagne, lisières forestières, clairières et pentes arides; sol calcaire, maigre, situation ensoleillée. Absent en Eur. du N., très répandu dans le reste de l'Eur., de la plaine jusqu'à env. 2000 m d'altitude.

À savoir ! Les feuilles des rameaux longs sont entourées d'aiguillons atteignant 2 cm de long. Les 6 étamines jaunes se replient rapidement vers l'intérieur de la fleur lorsqu'on touche leur base. Hôte intermédiaire de la rouille des céréales, cette espèce a été éradiquée de plusieurs régions. Importance écologique particulière pour la microfaune.

Proche **Épine-vinette à feuilles persistantes** *Berberis julianae*, originaire de Chine, toujours verte et aux aiguillons foliaires en 3 parties; ligneux d'ornement répandu.

Linnée boréale

Linnea borealis · Caprifoliacées

Arbuste nain toujours vert, menu, à l'aspect herbacé et aux rameaux en forme de filaments, mais ligneux. ✿ juil.-sept.

N'atteint que 15 cm de haut, forme de petits tapis avec ses rameaux rampants, qui s'enracinent aux nœuds. **Feuilles** opposées, 0,25-1 cm de long, pointues ou arrondies, peu crénelées, dures et coriaces, légèrement pubescentes, face inférieure vert clair, pétioles courts. **Fleurs** par paires, terminales, sur un pédoncule de 3-8 cm de long, recourbées, corolle de 6-9 mm de long, en forme de clochette ou d'entonnoir, rose tendre aux raies plus foncées. Petits akènes à une seule graine.

Répartition : forêts de conifères sur tourbe et landes à arbustes nains sur sol humique et acide. Régions au climat tempéré frais et subarctiques et hautes montagnes d'Eur.; des Pyrénées à l'Oural, Asie du N., Amérique du N.; dans les Alpes jusqu'à 2000 m d'altitude.

À savoir ! Le nom scientifique de ce genre est a été donnée en l'honneur du célèbre botaniste suédois Carl von Linné (1707-1778), lequel a jeté les bases de la systématique botanique actuelle par ses importantes recherches. Il est représenté dans de nombreux portraits avec cette plante. D'après ses rapports, la Linnée devait effectivement être sa plante préférée.

Le néerlandais Jan Frederik Gronovius (1686-1762) a décrit cette espèce et l'a nommée *Linnaea* en l'honneur de Linné. Le nom spécifique *borealis* indique son aire de distribution septentrionale. Sa description n'a été publiée qu'en 1753, dans l'œuvre essentielle de Linné.

Épine-vinette

Linnée boréale

Érable sycomore

Acer pseudoplatanus · Acéracées

Les fleurs verdâtres, en grappes pendantes, apparaissent peu après les grandes feuilles à 5 lobes; elles se développeront en fruits ligneux, ailés. ✲ mai

feuille atteignant 20 cm de long et autant de large

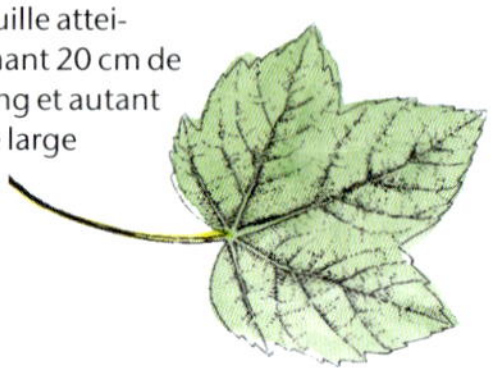

inflorescence

Arbre généralement imposant, à la couronne ample et voûtée, au tronc robuste, pouvant atteindre 40 m de haut. **Feuilles** opposées, à long pétiole rougeâtre; généralement à 5 lobes, les trois supérieurs de taille presque équivalente, les deux inférieurs parfois juste esquissés; face supérieure vert foncé, face inférieure vert-gris, glabre. **Fleurs** habituellement hermaphrodites, petites, insignifiantes, en grappes d'environ 10 cm de long, riches en nectar. **Fruits** secs de 3-5 cm de long, ailés (samares), disposés par paires à angle à peu près droit; en bouquets pendants.

Répartition: généralement dans des hêtraies mixtes et dans des forêts de pentes ombragées, en montagne jusqu'à la limite supérieure de la forêt; arbre forestier important, mais rarement en peuplements monospécifiques. Se trouve partout en Eur.; cultivé également en plaine, en plusieurs formes, le long d'avenues ou dans les parcs.

À savoir! L'automne venu, les grandes feuilles symétriques se colorent de jaune doré à rouge carmin, notamment après quelques nuits froides d'octobre.

Les fruits ailés, doubles, appelés samares, se détachent individuellement de l'infrutescence, tombent et entament un mouvement rotatoire caractéristique qui freine la chute libre. On les appelle aussi, à juste titre, hélicoptères. Ainsi, ils peuvent être facilement emportés par le vent. Ils germent le printemps et couvrent densément les bords des chemins ou des parcs. Les deux cotylédons, simples et à marge entière, et la paire de feuilles suivante ont un aspect totalement différent des feuilles définitives, palmées (petite photo en haut).

Le nectar des fleurs et le miellat produit par les sécrétions sucrées des pucerons sont récoltés par les abeilles et les bourdons. Le bois d'érable, dur et de couleur claire qui perdure longtemps, est utilisé entre autres pour la sculpture, pour des parquets et des instruments de musique (surtout guitares et violons).

Proche **Érable de Virginie** *Acer rubrum*, les deux lobes foliaires inférieurs ne sont qu'esquissés; originaire de la côte atlantique d'Amérique du N.; cultivé en Eur. surtout pour la couleur automnale rouge carmin des feuilles (l'été indien).

Érable des Balkans *Acer heldreichii*, feuilles plus profondément incisées que celles de l'érable sycomore, face inférieure vert-bleuâtre avec des touffes de poils denses, brunâtres, aux ramifications des nervures; forêts de montagne des Balkans.

samares minces, à angle aigu

grosses samares, à angle aigu

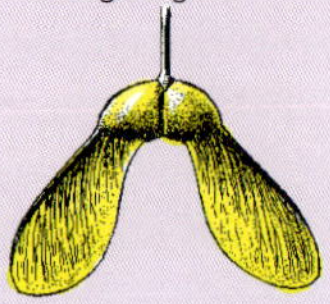

Érable sycomore en bas à gauche : couleurs d'automne

Érable champêtre

Acer campestre · Acéracées

L'écorce des rameaux liégeuse, les feuilles à 5 lobes et les samares formant un angle de 180° caractérisent cette espèce. ✩ mai-juin

Petit arbre ou grand arbuste à feuilles caduques, peut atteindre 10 m de haut (rarement plus haut), couronne ample et arrondie, tronc bas, généralement courbé; il peut avoir plusieurs troncs; écorce brun-gris foncé, d'abord lisse, puis de plus en plus crevassée. **Feuilles** opposées, pétiole long contenant du latex, limbe de 5-9 cm de long et généralement un peu plus large, à 5 lobes arrondis aux extrémités, peu crénelés ou irrégulièrement dentés; face supérieure vert foncé mat, face inférieure claire, glabre. Les **fleurs** apparaissent en même temps que les feuilles, par 10-25 en grappes courtes, riches en nectar, verdâtres. **Fruit** samare dont les ailes forment un angle de 180 degrés.

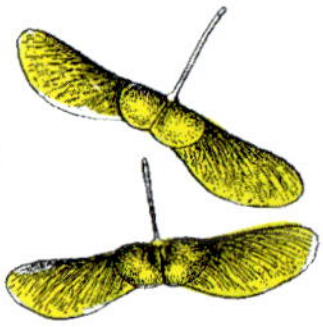

Répartition : préfère les sols calcaires frais à humides, riches, moyennement profonds, généralement dans des forêts mixtes, des bosquets de campagne ou des lisières étagées, aux bords des chemins et dans les haies. De l'Afrique du N. à l'Asie de l'O.; présent partout en Eur. moy. sauf au N. des Îles Britanniques et en Scandinavie; dans les Alpes jusqu'à environ 1000 m d'altitude.

À savoir ! L'érable champêtre a tendance à former des rejets après la coupe, il est donc fréquent dans les champs et les haies. Les sculpteurs du Moyen Âge utilisaient la forme de ses feuilles pour décorer les chapiteaux des colonnes.

Érable de Montpellier

Acer monspessulanum · Acéracées

Les fleurs, apparaissant en même temps que les feuilles, sont regroupées en bouquets pendants; les samares sont rougeâtres. ✩ avril-mai

Arbre ou grand arbuste à feuilles caduques, atteignant 10 m de haut, à couronne ample sur un tronc mince et courbé; écorce gris foncé, d'abord lisse, ensuite finement crevassée. **Feuilles** opposées, à long pétiole; limbe atteignant 6 cm de long, à trois lobes, légèrement en cœur; faiblement pubescentes à l'éclosion, ensuite glabres; en automne, couleur jaune soutenu à rouge foncé. **Fleurs** insignifiantes, verdâtres, riches en nectar. **Fruits** ailés par paires (samares) à ailes se recouvrant partiellement.

samares de
2,5 cm de long

Répartition : sols arides, modérément acides ou calcaires, pauvres, peu profonds et pierreux, généralement dans des bosquets sur rochers et sur pentes arides; bois clair. Surtout en Eur. du S. et sur le pourtour méditerranéen.

À savoir ! Dans ses îlots de répartition en Eur. moy., cet arbre reste plus petit que dans sa région native méditerranéenne. Sa résistance à la sécheresse estivale est remarquable.

Érable champêtre à droite : inflorescences

Érable de Montpellier à droite : inflorescences

Érable plane

Acer platanoides · Acéracées

Arbre à feuilles caduques, aux limbes palmés et profondément dentés. Au printemps, les fleurs apparaissent avant les feuilles, lui donnant une apparence vert-jaune luisant. ✪ avril-mai

Peut atteindre 30 m de haut, couronne arrondie et dense, souvent à plusieurs troncs ; écorce brun-gris foncé, d'abord lisse, ensuite crevassée. **Feuilles** opposées ; pétiole long contenant du latex ; limbe de 10-15 cm de long, 5 ou 7 lobes de tailles inégales, souvent terminés en pointe mince, à sinus arrondis et ouverts ; face supérieure vert foncé brillant, face inférieure légèrement bleutée, glabre, jaune doré soutenu à rougeâtre en automne. **Fleurs** en grappes, vert-jaune, riches en nectar. **Fruits** ailés, par paires (samares), formant un angle obtus.

Répartition : sols frais à modérément humides, riches et profonds dans des forêts de pente ou dans des gorges ; supporte la pénombre. Du S. de la France (Pyrénées) à l'Oural : absent en Grande-Bretagne et sur les îles de la Méditerranée ; souvent planté dans des parcs et des allées, en dehors de son aire de répartition où il redevient sauvage.

À savoir ! Le bois de l'érable plane n'est pas très recherché, mais l'arbre est apprécié en tant que producteur précoce et abondant de nectar. On a essayé d'en extraire la sève sucrée, le printemps, comme chez les espèces nord-américaines. Les taches noires de « goudron » sur les feuilles sont dues à l'attaque d'un champignon.

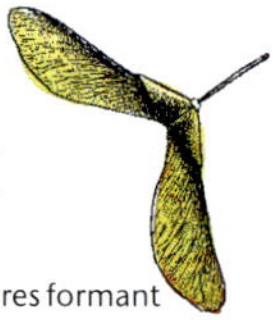

samares formant un angle obtus

Érable argenté

Acer saccharinum · Acéracées

Les fleurs insignifiantes groupées en bouquets épais se développent en samares avant l'apparition des feuilles. ✪ mars

Arbre à feuilles caduques, peut atteindre 30 m de haut, couronne arrondie, ample ; écorce brun-gris. **Feuilles** opposées, 7-15 cm de long, à 5 lobes profonds, face supérieure vert clair, face inférieure argentée et pubescente ; jaune soutenu l'automne. **Fleurs** ♂ aux pédoncules courts, ♀ aux pédoncules longs ; pollinisées par le vent.

Répartition : Forêts alluviales sur sol inondable dans des dépressions fluviales et sur les berges de lacs. Amérique du N. orientale et centrale, de la Région des Grands Lacs au Texas ; en Eur., souvent planté dans des parcs et le long d'avenues.

À savoir ! Bien que son milieu soit typiquement alluvial, l'érable argenté supporte très bien la sécheresse estivale de l'environnement urbain. Les stigmates rouge carmin des fleurs ♀ sont très voyants. Dans ses terres d'origine, la sève est utilisée pour produire le sirop d'érable.

samares courbées en faux

Proche **Érable à sucre** *Acer saccharum*, feuilles à 5-11 lobes quasiment triangulaires (silhouette sur le drapeau canadien), coloration automnale rouge carmin soutenu ; Amérique du N. orientale ; en Eur., occasionnellement planté comme arbre décoratif. La récolte de la sève sucrée se fait par forage des troncs.

Érable plane à droite : inflorescences

Érable argenté

Érable du Japon

Acer palmatum · Acéracées

Arbre ornemental décoratif, apprécié pour ses feuilles finement découpées, rouges chez certaines variétés, et la couronne dense en forme de parasol. ✰ mai

Petit arbre à feuilles caduques, jusqu'à 8 m de haut, parfois à troncs ramifiés; écorce brun rougeâtre à brun-gris. **Feuilles** opposées, 5-10 cm de long, généralement 5 à 7 lobes, profondément incisées. **Fleurs** apparaissant après les feuilles; vert rougeâtre, en panicules. **Fruits** par paires, ailés; les ailes forment un angle obtus.

Répartition : sols frais, riches, des forêts de montagne. Originaire d'Asie de l'E. (Japon et Corée); désormais diffusé sur toute la Planète en plusieurs formes.

À savoir ! En tant qu'espèce au port relativement petit, l'érable du Japon est très apprécié des jardiniers, pour ses feuilles découpées et la coloration automnale rouge, très exubérante. Les nombreuses variétés se distinguent surtout par le découpage des feuilles et leur coloration. Elles ont en commun la forme à 5 à 7 lobes, où les lobes atteignent le pétiole en formant une structure palmée qui rappelle parfois les feuilles des renoncules. Il n'est pas toujours facile de distinguer avec certitude l'érable du Japon d'autres espèces provenant d'Asie de l'E. Isolés, ces arbres développent leur port étrange et leur couronne en parasol, créant un attrait dans les parcs et les jardins. On les voit parfois aussi taillés en bonsaï.

Érable à feuilles d'obier

Acer opalus · Acéracées

Les fleurs jaune clair à long pédoncule apparaissent en même temps que les feuilles à 5 lobes obtus, à sinus ouverts. ✰ mars-avril

Arbre à feuilles caduques, 15-20 m de haut, couronne ample et ouverte, sur un tronc court et trapu; écorce d'abord gris rougeâtre, ensuite de plus en plus écailleuse; les écailles sont retroussées aux bords et laissent des taches brun orange lorsqu'elles tombent. **Feuilles** opposées à 5 lobes, atteignant 12 cm de long; longs pétioles; face supérieure vert foncé, face inférieure légèrement pubescente. **Fleurs** en panicules pendantes. **Fruits** samares sur pédoncule épais, aux ailes rose verdâtre à brun-rouge.

Répartition : sols moyennement profonds, riches dans les forêts de montagne. Montagnes du pourtour méditerranéen occidental (Italie, Espagne); au nord des Alpes, seulement dans le Jura suisse.

À savoir ! L'érable à feuilles d'obier ou érable d'Italie, dénommé d'après la forme de ses feuilles qui rappellent celles de la viorne obier, ou par sa distribution géographique principale, est une espèce aux formes diverses. Il est très fréquent dans les parcs sur le pourtour méditerranéen. Dans son aire naturelle de répartition se trouvent deux autres espèces très semblables.

L'érable à feuilles d'obier fait partie des espèces d'érables qui se sont spécialisées dans la pollinisation par les insectes. Les abeilles et autres insectes pollinisateurs visitent avec acharnement ses petites fleurs insignifiantes, parfois unisexuées, parfois hermaphrodites, car elles sont riches en nectar.

Érable du Japon en bas à droite : coloration automnale

Érable à feuilles d'obier

Érable de Tartarie

Acer tataricum · Acéracées

Les petites fleurs blanchâtres sont groupées en panicules dressées ou étalées; elles diffusent une odeur agréable. ✿ avril-mai
Arbre ou arbuste à feuilles caduques, atteignant 7 m de haut, à la couronne ample sur un tronc bas; écorce brunâtre, lisse, ensuite striée de clair. **Feuilles** opposées, longs pétioles; limbe ovale, 6-10 cm de long, généralement non lobé, parfois à 1-2 lobes aux contours pas très clairs; face supérieure vert mat, face inférieure pubescente, du moins le long des nervures principales; l'automne, rouge-orangé éclatant. **Fleurs** nombreuses, groupées en panicules, n'apparaissant qu'après les feuilles; fleur individuelle particulièrement petite, blanchâtre, généralement hermaphrodite, à l'odeur agréable. **Fruits** (samares) à ailes rouge intense, par paires. Les ailes forment un angle très aigu, à tel point que leurs bords extérieurs paraissent presque parallèles.

Répartition : sols calcaires, arides ou humides, riches, berges de cours d'eau et pentes rocheuses; de la plaine à la zone de montagne. De l'Eur. sud-orientale à l'Oural; au nord des Alpes, souvent planté dans les parcs, occasionnellement le long d'avenues.

À savoir! Cet érable est très décoratif dès l'été, mais l'est particulièrement dans sa robe automnale. Du point de vue de la forme des feuilles, il constitue une exception par ses limbes non lobés. Cependant, sur les longues pousses, les feuilles peuvent être clairement divisées en 3 lobes, comme chez les autres espèces d'érables.

Viorne obier

Viburnum opulus · Caprifoliacées

Petit arbuste à feuilles caduques, aux branches étalées, un peu retombantes; pousses brun-gris, aux angles émoussés ou saillants, glabres; fleurs et fruits très voyants. ✿ mai-juin

Généralement 1-4 m de haut. **Feuilles** opposées, pétioles de 2-3 cm de long, largement ovales, 3 à 5 lobes, jusqu'à 10 cm de long et 8 cm de large, irrégulièrement dentées, face supérieure vert foncé et glabre, face inférieure vert-gris et légèrement pubescente, se colore en rouge lie-de-vin l'automne. **Fleurs** nombreuses en corymbes ombelliformes terminaux atteignant 10 cm de diamètre; fleurs extérieures stériles, à grande corolle en forme d'étoile, atteignant 2,5 cm de diamètre, fleurs fertiles à l'intérieur, plus petites, à corolle en forme de clochette, mesurant seulement 3-4 mm de diamètre. **Fruits** à noyau, rouge vif, légèrement toxiques; à maturité dès août.

Répartition : sols frais à humides, de préférence riches et alcalins, calcaires ou argileux (indicateur d'humidité); bosquets de pénombre et bords de chemins, lisières forestières, bosquets alluviaux, berges de torrents. Très répandu en Eur., de la plaine à l'étage montagnard, dans les Alpes jusqu'à 1700 m d'altitude; Afrique du N., Asie du N. et de l'O.; fréquent dans les jardins et le long de routes, s'adapte aux zones urbaines et industrielles, car plutôt résistant à la pollution.

À savoir! Les grandes fleurs stériles de la forme sauvage font apparaître l'inflorescence comme une super-fleur, très attractive pour les insectes. Les inflorescences des variétés cultivées ne développent que des fleurs stériles : l'appellation de « boule de neige » ne vaut que pour elles. On observera de grandes glandes à nectar, vertes, un peu boursouflées, sur les pétioles. Les larves du scarabée Pyrrhalta de la viorne en mangent souvent les feuilles. Les fruits restent sur les branches jusqu'au printemps.

Érable de Tartarie

Viorne obier à gauche : coloration automnale

Peuplier blanc

Populus alba · Salicacées

Le nom de cet arbre à feuilles caduques est dû au duvet blanchâtre de la face inférieure de ses feuilles. Il produit souvent des rejets de souche. ✿ mars-avril

Arbre atteignant 30 m de haut, à couronne haute et généralement aux rameaux retombants, sur un tronc droit; écorce d'abord lisse et gris clair, striée de verrues liégeuses en forme de losange, puis gris foncé sillonnée de crevasses. **Feuilles** alternes, à long pétiole, 6-10 cm de long et environ 5 cm de large, en forme d'ample triangle divisé en 3-5 grands lobes; à l'éclosion velues sur les deux faces, tout comme les jeunes pousses, ensuite vert foncé brillant sur la face supérieure et velues sur la face inférieure. **Fleurs** dioïques; apparaissent avant les feuilles; chaque fleur est munie d'une bractée couverte de longs poils; chatons ♂ de 3-7 cm de long, pendants, d'abord rouge carmin, progressivement plus pâles lors de la production du pollen; fleurs ♀ de 3-5 cm de long, jaune verdâtre striées de rouge. **Fruits** aux graines dotées de poils blancs pour l'envol, dès mai.

Répartition : sols humides, argileux et riches, légers et inondables, de plaines alluviales et berges lacustres. De l'Eur. de l'O. (Portugal) à l'Himalaya, sporadique dans certaines régions; par endroits, aussi en Afrique du N., le long des côtes méditerranéennes; en montagne jusqu'à 1500 m d'altitude; n'est pas naturellement présent dans l'Eur. du N.-O. mais y est souvent planté.

À savoir ! Le peuplier blanc est souvent planté le long d'allées et dans des parcs, pour ses feuilles aux faces de couleurs différentes. Sur les côtes, il est planté dans des haies pour sa résistance au vent. Cette espèce, à la croissance particulièrement rapide, peut dépasser 400 ans et développer des troncs puissants de plus de 2 m de diamètre. Le bois tendre, au cœur jaunâtre, est employé pour la sculpture et pour fabriquer des sabots; autrefois, on en faisait aussi des cuillères ou des planches à dessin.

Bien que le peuplier blanc soit pollinisé par le vent, les abeilles en récoltent l'abondant pollen des chatons, comme sur toutes les autres espèces de peupliers.

Proche **Peuplier grisard** *Populus × canescens*, atteint 30 m de haut; couronne arrondie et ample; écorce gris foncé à noirâtre; feuilles à long pétiole, triangulaires à arrondies, à grandes dents et à entailles peu profondes, d'abord avec un duvet argenté sur les deux faces, puis à la face supérieure vert foncé et à la face inférieure velue, gris-blanc; monoïque; floraison en mars-avril. Le peuplier blanchâtre est un hybride fertile entre le peuplier blanc et le tremble (⇨ p. 218). On le trouve partout dans le territoire de répartition commun aux deux espèces parentes. Il est souvent planté en rangées sur le littoral comme protection contre le vent.

Peuplier blanc

Peuplier baumier

Populus balsamifera · Salicacées

Facilement reconnaissable aux feuilles cordées à la face inférieure blanchâtre ou jaunâtre. ✿ mars-avril

Feuilles caduques, peut atteindre 30 m de haut, couronne étroite, branches étalées; nombreux drageons; grands bourgeons hivernaux, collants, très odorants. **Feuilles** ovales, pointues, 8-13 cm de long, coriaces, légèrement crénelées et finement ciliées; face inférieure d'abord rougeâtre, ensuite gris bleuté. **Fleurs** (chatons) jusqu'à 15 cm de long.

Répartition : sols légers, humides de plaines alluviales et berges fluviales. Amérique du N. septentrionale; cultivé aussi en Eur. moy. dans des parcs et plantations forestières.

À savoir ! Le nom de l'espèce se réfère à la résine jaune aromatique des bourgeons. Les exemplaires plantés pour la production de bois sont généralement issus de croisements avec d'autres espèces de peupliers.

Peuplier de l'Ouest

Populus trichocarpa · Salicacées

À l'éclosion, les bourgeons sentent le baume; les fruits densément velus sont typiques. ✿ mars-avril

Arbre à feuilles caduques, dans son aire de répartition, peut atteindre 60 m de haut; couronne ample, pousses légèrement anguleuses. **Feuilles** collantes à l'éclosion, ovales à lancéolées, 10-15 cm de long et jusqu'à 10 cm de large, plus larges environ au milieu du limbe, tronquées ou légèrement cordées à la base; face supérieure vert foncé, face inférieure blanchâtre à gris-bleu argenté. **Fruits** jusqu'à 20 cm de long à maturité.

Répartition : sols inondables, alluviaux, souvent en peuplements monospécifiques le long de berges fluviales et sur des bancs de sable. Amérique du N. occidentale du S. de l'Alaska au N. de la Californie; plusieurs variétés et hybrides cultivés en Eur. moy.

Peuplier hybride euraméricain

Populus × canadensis · Salicacées

Arbre fréquemment planté, à écorce profondément crevassée et aux feuilles souvent rougeâtres à l'éclosion. ✿ mars-avril

Feuilles caduques, forme variable, jusqu'à 30 m de haut, tronc long et droit, couronne ample et ouverte. **Feuilles** de 7-10 cm de long et 6-9 cm de large, pointues, droites ou profondément cordées à la base, avec 1-2 glandes; ciliées au bord à l'éclosion.

Répartition : sols légers et inondables près des rivages. Plantations sylvicoles partout en Eur. moy.; occasionnellement aussi plantations protectrices ou le long de routes.

À savoir ! Ce peuplier est un hybride entre le peuplier noir indigène et l'américain. Les variétés sont difficiles à distinguer. L'hybride est le feuillu à la production de bois la plus élevée.

Peuplier noir d'Amérique

Populus deltoides · Salicacées

Cet arbre propage des graines enveloppées de poils qui rappellent la ouate. ✿ mars-avril

Feuilles caduques, dépasse les 40 m de haut, couronne ample, ouverte; tronc mince, branches montant à angle aigu. **Feuilles** à long pétiole, 10-18 cm de long, pointues, densément ciliées au bord et grossièrement dentées en scie en biseau, droites ou légèrement cordées à la base, 2-4 glandes rougeâtres à l'insertion du pétiole. **Fleurs** ♀ jusqu'à 10 cm à la floraison, fruits jusqu'à 30 cm de long à maturité.

Répartition : sols légers, inondables, d'alluvions fluviales. Amérique du N. sud-orientale; plusieurs variétés plantées en Eur.

À savoir ! À cause de la forte production de fruits à l'aspect de ouate, cet arbre est appelé également « Cottonwood » (arbre à coton).

Peuplier baumier

Peuplier de l'Ouest

Peuplier hybride euraméricain

Peuplier noir d'Amérique

Saule blanc

Salix alba · Salicacées

Le plus grand et le plus fréquent des saules indigènes, feuilles à rameaux flexibles, argentées, brillantes, apparaissant en même temps que les fleurs. ☆ avril-mai

Arbre à feuilles caduques atteignant 20 m de haut; couronne ample, ouverte, quelque peu irrégulière avec l'âge, sur tronc épais, déjà ramifié à faible hauteur; écorce jaunâtre avec verrues liégeuses foncées, puis brun-gris et profondément sillonnée. **Feuilles** à court pétiole, 5-12 cm de long et jusqu'à 2 cm de large, lancéolées, finement dentées, à bord glanduleux, d'abord soyeuses sur les deux faces, ensuite face supérieure vert foncé et presque glabre, face inférieure velue et vert-gris à bleutée, rarement complètement glabre. **Fleurs** dioïques, apparaissent juste avant les feuilles; chatons ♂ dressés ou recourbés et remontants, 4-6 cm de long, jaunâtres; fleurs ♀ relevées, 3-5 cm de long. Grande production de graines à la maturité des **fruits**, dès avril.

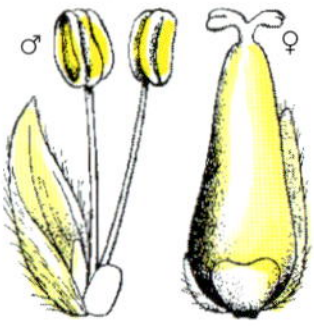

fleurs

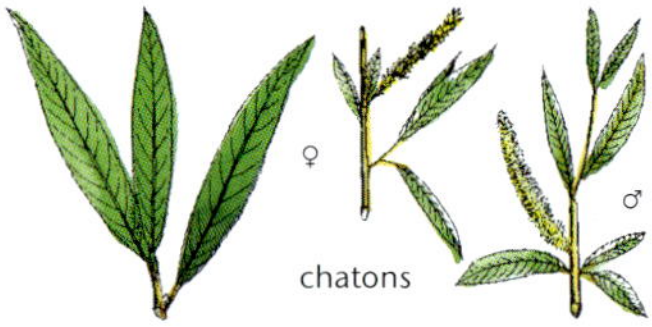

chatons

Répartition : sols légers, périodiquement inondés ou gorgés d'humidité et riches en nutriments aux bords de ruisseaux ou de rivières et sur alluvions, surtout en plaine; espèce principale des forêts alluviales à bois tendres (saulaies alluviales); en montagne, seulement au-dessous de 1000 m. Répandu partout en Eur. moy. et de l'O. ; naturalisé depuis longtemps en Scandinavie et en Grande-Bretagne; indigène aussi en Afrique du N. (Atlas), Asie Mineure et Proche Orient jusqu'à la mer Caspienne.

À savoir ! Le saule blanc caractérise le paysage le long des grands fleuves à l'état naturel, souvent en association avec le peuplier noir. Il forme des peuplements appelés forêts alluviales à bois tendres ou saulaies alluviales. Son système racinaire très ramifié et étendu réduit les inondations et les dégâts d'érosion, contribuant ainsi efficacement à protéger les berges. Cependant, les forêts alluviales naturelles ont été remplacées à de nombreux endroits par des monocultures de peuplier hybride (⇨ p. 154) ou par des structures artificielles de protection des berges. Occasionnellement le saule blanc borde les cours ou plans d'eau de grands parcs. Il peut atteindre 300 ans et produire des troncs allant jusqu'à 2 m de diamètre. Son bois est tendre et peu utilisable. Par contre, les rameaux particulièrement flexibles, en forme de baguettes, constituent une précieuse matière première pour la vannerie.

Proche **Saule pleureur** *Salix alba* 'tristis' (photo), une des nombreuses variétés cultivées du saule blanc; rameaux minces, retombant mollement, à l'écorce jaune; feuilles densément soyeuses sur la face inférieure; souvent planté dans des parcs et grands jardins comme arbre d'ornement.

Saule de Babylone *Salix babylonica*, rameaux brun olive à brun rougeâtre, feuilles glabres, peu résistant au gel.

fleurs du saule de Babylone ▷

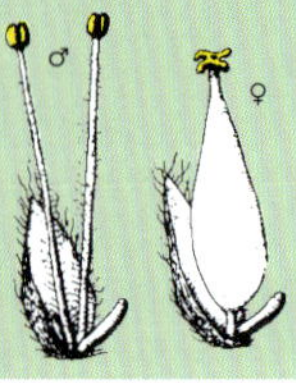

Saule blanc en bas à gauche : les saules têtards résultent d'une taille annuelle

Saule fragile

Salix fragilis · Salicacées

La face supérieure vert mat des feuilles dentées, lustrées, se distingue clairement de la face inférieure, vert clair, à nervure médiane proéminente. ✩ mars-mai

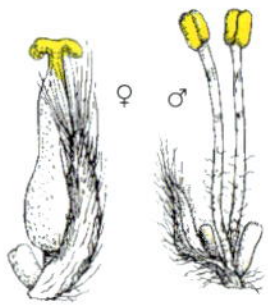

Arbre ou grand arbuste à feuilles caduques, atteignant 15 m de haut, couronne ample et ouverte; rameaux glabres, brillants, jaunâtres ou bruns. **Feuilles** de 8-18 cm de long, jusqu'à 4 cm de large, longues et pointues, glabres. **Fleurs** dioïques; apparaissent avec le feuillage; chatons ♂ à long pédoncule, jusqu'à 5 cm de long, jaunâtres; fleurs ♀ très minces, jusqu'à 7 cm de long.

Répartition : de la plaine à la moyenne montagne, sur sols périodiquement inondés, sablonneux des zones alluviales fluviales, souvent en association avec d'autres saules. Très répandu en Eur. et en Asie de l'O.; également largement planté en dehors de son aire naturelle de répartition.

À savoir! On utilise le saule fragile dans le réaménagement naturel des cours d'eau, car son système radical dense consolide efficacement les berges. Ses rameaux peu flexibles se prêtent mal à la vannerie. Comme les rameaux de l'année précédente se cassent à la moindre pression, on le nomme aussi saule cassant.

Proche **Saule pourpré** *Salix purpurea*, arbuste ou petit arbre atteignant 6 m de haut; rameaux flexibles, pourpres sur la partie exposée au soleil, surtout en hiver; feuilles lancéolées, pointues, jusqu'à 12 cm de long, face supérieure verte, face inférieure vert-gris clair.

♂

Osier blanc, saule des vanniers

Salix viminalis · Salicacées

Arbre souvent taillé en têtard. Ses rameaux droits, aux gros chatons longs d'environ 3 cm, sont extrêmement flexibles. ✩ mars-mai

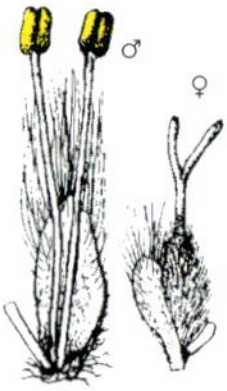

Grand arbuste ou arbre à feuilles caduques, jusqu'à 10 m de haut, rameaux vert brunâtre, d'abord gris et duveteux, puis glabres. **Feuilles** de 12 cm de long, étroites, face supérieure vert foncé, face inférieure argentée, densément tomenteuse, ondulées et enroulées au bord. **Fleurs** dioïques, apparaissent avant le feuillage.

Répartition : forêts et bosquets alluviaux aux abords de cours et plans d'eau sur sols argileux à sableux, riches; en montagne jusqu'à des altitudes d'environ 700 m. Des Pyrénées à la Sibérie, en passant par toute l'Eur. moy.

♂

À savoir! Après la taille, l'osier produit des pousses de plus de 2 m de long, minces, très flexibles, faciles à écorcer. Elles étaient déjà utilisées dans l'Antiquité pour fabriquer des corbeilles et des sièges. Pour cela, l'osier a été planté en rangées à de nombreux endroits, le long de ruisseaux et rivières. La taille régulière produit des arbres au gros tronc et à l'extrémité épaissie (saules têtards).

Saule fragile

Osier blanc

Saule pourpré

Salix purpurea · Salicacées

Grand arbuste à feuilles caduques, très ramifié, à couronne dense ; rarement en forme de petit arbre au tronc épais.
✩ mars-avril

Atteint 6 m de haut, port très variable, irrégulier ; abondamment et densément ramifié ; rameaux minces et flexibles ; écorce brillante, la face exposée au soleil généralement pourpre ou tachée de jaune foncé. **Feuilles** de 5-10 cm de long, étroitement lancéolées, un peu plus larges au milieu ; face supérieure vert foncé mat, face inférieure bleuâtre. **Fleurs** dioïques ; chatons minces, d'environ 5 cm de long, apparaissant avant les feuilles ; anthères rouges avant l'éclosion.

Répartition : le long de cours d'eau et dans des forêts alluviales, se prête à merveille pour consolider les berges dans les territoires subissant des inondations. Eur. moy. et du S. ; du Proche Orient jusqu'à l'Asie de l'E.

À savoir ! L'écorce a une forte teneur en acide salicylique et a été utilisée naguère en médecine (pour son dérivé, l'acide acétylsalicylique = l'Aspirine). Par ailleurs, les propriétés fébrifuges et analgésiques de l'écorce du saule pourpre étaient déjà connues dans l'Antiquité. Le principe actif acide acétylsalicylique est désormais produit par synthèse chimique et non par l'extraction de la substance de l'écorce de saule.

Le saule pourpré est l'une de nos espèces de saules les plus fréquentes. Il est également planté pour consolider le sol et pour la vannerie, car ses rameaux flexibles se prêtent bien à la fabrication de paniers et autres produits de ce genre.

Cette espèce produit occasionnellement des hybrides avec l'osier blanc. Ils sont appelés saule rouge (*S. × rubra*).

Saule cendré

Salix cinerea · Salicacées

Arbuste à feuilles caduques, branches denses et perpendiculaires au tronc, généralement hémisphérique ou en forme de coupole, rameaux rigides.
✩ mars-avril

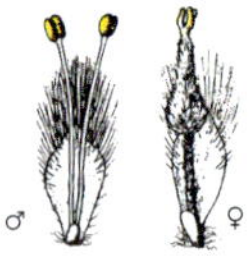

Généralement 3-5 (6) m de haut ; pousses velues, grises, jusqu'à la 2e année. **Feuilles** à court pétiole tomenteux, jaunes ; limbe ovale-lancéolé, jusqu'à 10 cm de long et 4 cm de large, arrondi à l'extrémité ; d'abord velues, grises, puis glabres, face supérieure vert-gris, face inférieure bleuâtre ; stipules réniformes. **Fleurs** dioïques ; chatons ressemblant à ceux du saule marsault (⇨ p. 222), sessiles, dressés, jusqu'à 5 cm (♂) ou 9 cm (♀) de long, apparaissant avant les feuilles.

Répartition : indicateur d'humidité stagnante ; fossés, marais, prairies humides et forêts d'aulne noir à sol acide ou alcalin, de la plaine à la montagne jusqu'à environ 700 m d'altitude. Eur., Proche Orient et Afrique du N.

À savoir ! Comme presque tous les saules, cette espèce tend à produire des hybrides et forme des ensembles compacts. Utilisé pour consolider les berges de plans d'eau, rarement comme arbre d'ornement. Les fruits, abondants, s'envolent avant l'éclosion des feuilles (petite photo en bas).

Saule pourpré

Saule cendré

Saule drapé

Salix elaeagnos · Salicacées

Grand arbuste à feuilles caduques, très ramifié, rarement avec un port d'arbre; rameaux minces, brun clair, à extrémité anguleuse. ✫ avril-mai

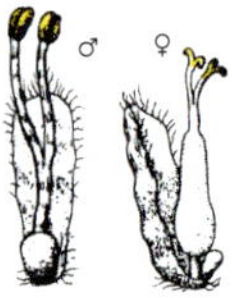

Port d'environ 3-6 m. **Feuilles** à court pétiole, étroitement lancéolées ou linéaires, jusqu'à 15 cm de long, max. 2 cm de large, pointues, d'abord blanches et velues sur les deux faces, puis face supérieure glabre et vert foncé, marge enroulée vers la face inférieure; généralement sans stipules. **Fleurs** dioïques, jaune verdâtre, chatons jusqu'à 2,5 cm (♂) resp. 3-5 cm (♀) de long, apparaissent avant ou pendant l'éclosion des feuilles.

Répartition : terrains ouverts au sol sec près de rivières alpines ou de landes de montagne. Pyrénées, Alpes, Carpates, Abruzzes, Balkans. Cultivé aussi comme ligneux ornemental.

Saule amandier

Salix triandra · Salicacées

Grand arbuste à feuilles caduques, densément ramifié, hémisphérique; pousses d'abord légèrement tomenteuses, ensuite brun-rouge. ✫ avril-mai

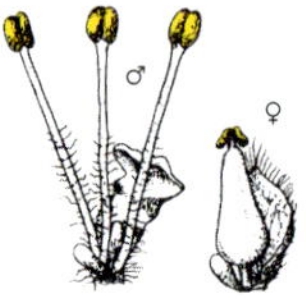

1-4 (6) m de haut; rameaux cassants; l'écorce, brune, se détache par plaques. **Feuilles** pétiolées, elliptiques-lancéolées, plus larges au milieu, finement dentées, glabres sur les deux faces; face supérieure vert foncé brillant, face inférieure vert bleuté; stipules persistantes réniformes ou légèrement cordées. **Fleurs** dioïques, chatons de 6-8 cm de long, apparaissent en même temps que les feuilles.

Répartition : fréquent sur les berges de ruisseaux et rivières, importante espèce indicatrice des ourlets à saules arbustifs dans les forêts alluviales à bois tendre, de la plaine à la haute montagne. Très répandu de l'Eur. à l'Asie de l'E.

Saule daphné

Salix daphnoides · Salicacées

Grand arbuste ou petit arbre à feuilles caduques, à croissance rapide; pousses pruineuses, blanc bleuté. ✫ mars-avril

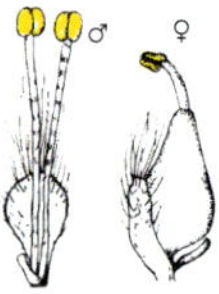

Généralement 4-8 m (10 m) de haut; pousses brun-rouge si frottées, d'abord tomenteuses, puis glabres. **Feuilles** de 4-12 cm de long, elliptiques-lancéolées, finement dentées en scie ou entières; face supérieure vert foncé brillant, face inférieure vert-bleu; stipules cordées. **Fleurs** dioïques, chatons sessiles, jusqu'à 5 cm de long, s'épanouissant avant les feuilles.

Répartition : bancs de sable de rivières alpines, espèce indicatrice des aulnaies blanches, craint l'humidité stagnante; l'érosion entraîne les graines de 1800 m d'altitude jusque loin en aval. Eur. du N. et montagnes de l'Eur. moy. et du S.-E.; souvent cultivé.

À savoir! Rameaux utilisés dans certains villages alpins.

Saule rampant

Salix repens · Salicacées

Petit arbuste à feuilles caduques, densément buissonnant, au tronc rampant et aux rameaux couchés. ✫ avril-mai

Port variable, généralement 0,5-1 m de haut. **Feuilles** à pétiole d'env. 3 mm, elliptiques ou lancéolées, entières, jusqu'à 5 cm de long, pointues, arrondies à la base, 4-6 nervures latérales; vert-gris, plus tard, la face inférieure devient densément soyeuse. **Fleurs** dioïques; les chatons jaunes s'ouvrent peu avant l'éclosion des feuilles; ♂ jusqu'à 1,5 cm de long, ♀ environ 1 cm.

Répartition : marais de plaine, prairies à litière, maigres ou humides, dunes côtières. Eur. moy., du N. et de l'O., en montagne jusqu'à 1700 m d'altitude.

À savoir! Supporte l'ensablement par les dunes mouvantes et fait des rejets à partir d'un tronc souterrain. Appelé saule des sables dans certaines régions.

Saule drapé

Saule amandier

Saule daphné

Saule rampant

Saule herbacé

Salix herbacea · Salicacées

Arbuste rampant à feuilles caduques; les troncs, minuscules, rampent généralement sous terre; branches couchées ou montantes. ✪ juil.-août

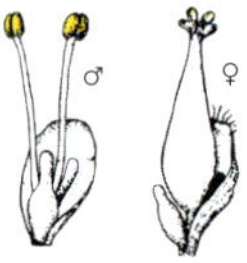

N'atteint que 2-5 cm de haut. **Feuilles** pétiolées, presque rondes ou ovales, 8-20 mm de long, dentées en scie en biseau, glabres sur les deux faces et vert moyen brillant. **Fleurs** dioïques, chatons peu fournis, ♂ sphériques, environ 5 mm de diamètre, ♀ en glomérules, 1 cm de long.

Répartition : sols humides mais drainés, non calcaires, dans des combes à neige, jusqu'à environ 3300 m d'altitude. Plante exclusivement arctique-alpine : Eur. du N., Écosse, Groënland, Spitzberg, Islande, Alpes, Jura, Monts des Géants, Pyrénées et Massif Central.

À savoir ! On appelle arbustes en espaliers les saules nains formant des tapis épais en haute montagne. Généralement, seules les feuilles s'élèvent au-dessus du sol.

Saule réticulé

Salix reticulata · Salicacées

Arbuste rampant à feuilles caduques, aux minuscules troncs rampants et aux branches couchées, formant des tapis. ✪ juin-août

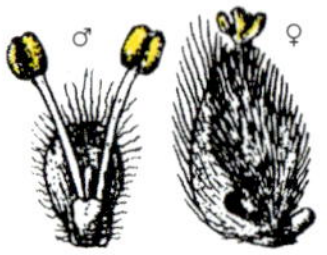

N'atteint que 5-15 cm ; pousses épaisses, brun olive, légèrement tomenteuses. **Feuilles** pétiolées, 2-5 cm de long, arrondies, un peu émoussées à l'extrémité, rigides, face supérieure vert foncé et clairement ridée, face inférieure vert-gris aux poils gris-blanc. **Fleurs** dioïques, chatons peu fournis, jusqu'à 3 cm de long, pourpres.

Répartition : plante arctique-alpine, en haute montagne au-dessus de la limite supérieure de la forêt, jusqu'à 2800 m d'altitude. Alpes, Pyrénées, Jura, Écosse, Balkans.

À savoir ! Des restes de feuilles bien conservées dans des sédiments de l'Âge glaciaire démontrent que le saule réticulé était présent aussi dans les plaines d'Eur. moy. durant cette période.

Saule à feuilles obtuses

Salix retusa · Salicacées

Arbuste rampant à feuilles caduques, formant des gazons, troncs rampants au-dessus du sol; branches couchées. ✪ juin-août

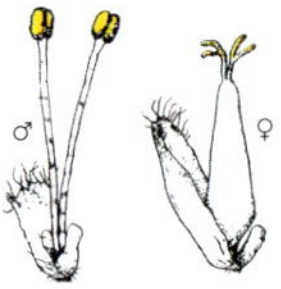

N'atteint que 30 cm de long; pousses glabres, brun olive. **Feuilles** à court pétiole, 8-20 mm de long et jusqu'à 8 mm de large, souvent crénelées à l'extrémité, jaune or intense l'automne. **Fleurs** dioïques, chatons de 1,5-2 cm de long.

Répartition : sols calcaires pierreux et sur éboulis longtemps recouverts par la neige, aussi sur rochers nus, jusqu'à environ 3000 m d'altitude. Hautes montagnes européennes.

À savoir ! Les prairies alpines à saules à feuilles obtuses constituent une association végétale à part entière typiques des combes à neige. Leur branchage dense retient souvent les chutes de pierres.

Saule à feuilles de serpolet

Salix serpyllifolia · Salicacées

Arbuste rampant à feuilles caduques aux troncs rampants et aux branches fortement appliqués au substrat. ✪ juin-août

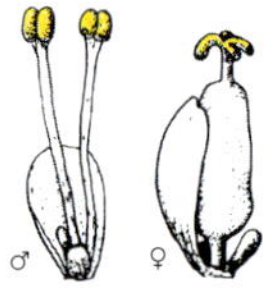

N'atteint que 5-10 cm de haut. **Feuilles** alternes, mais en rosettes aux extrémités des rameaux, jusqu'à 1 cm de long et seulement 4 mm de large, ovales ou elliptiques, émoussées à l'extrémité ou légèrement arrondies, coriaces, généralement glabres, face supérieure vert foncé brillant; sans stipules. **Fleurs** dioïques, chatons d'environ 5 mm de long, apparaissent après les feuilles; chatons ♂ sphériques avec au maximum 7 fleurs; inflorescences ♀ généralement à 3-5 fleurs.

Répartition : plante pionnière formant des coussinets sur des sols vierges, alcalins, pauvres en humus, de crêtes et éboulis calcaires, jusqu'à env. 3100 m. Exclusivement dans les Alpes calcaires.

Saule herbacé

Saule réticulé

Saule à feuilles obtuses

Saule à feuilles de serpolet

Saule des Alpes

Salix alpina · Salicacées

Petit saule bas aux troncs et aux branches couchés, mais aux rameaux recourbés et remontants. ✩ juin-juil.

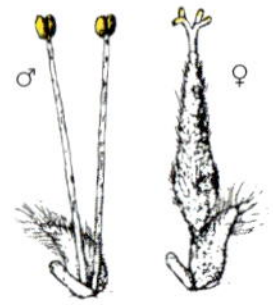

Dépasse rarement 50 cm de haut. **Feuilles** à court pétiole, 1-3 cm de long et jusqu'à 1 cm de large, ovales à lancéolées, entières, d'abord tomenteuses, puis glabres et vert brillant sur les deux faces. **Fleurs** dioïques, les chatons apparaissent en même temps que les feuilles ; les ♂ jusqu'à 2 cm de long, anthères rouges avant la production du pollen ; fleurs ♀ environ 3 cm de long, ovaire tomenteux, brunâtre.

Répartition : falaises arides, éboulis, gazons alpins, habituellement seulement sur calcaire. Seulement dans les Alpes orientales jusqu'à environ 2000 m d'altitude.

À savoir ! Plusieurs autres espèces, parfois très similaires, généralement alpines.

Saule de Suisse

Salix helvetica · Salicacées

Petit arbuste à feuilles caduques, aux branches et rameaux courts et recourbés ; pousses soyeuses, blanches. ✩ mai-juin

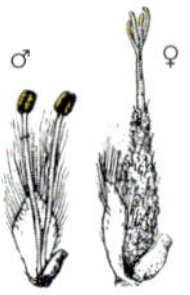

Port jusqu'à 1 m. **Feuilles** jusqu'à 5 cm de long, obovales, légèrement pointues, quasi entières ou finement dentées, face supérieure vert foncé et tomenteuse, face inférieure duveteuse, blanche ; sans stipules. **Fleurs** dioïques, chatons apparaissant avant les feuilles, 3-5 cm de long, densément tomenteuses.

Répartition : éboulis de blocs humides, non calcaires, ombragés sur versants nord, généralement entre 1700 et 2300 m, souvent en peuplements monospécifiques. Pyrénées, Alpes, Carpates, Sudètes, Massif Central, n'est pas rare dans les jardins.

À savoir ! Généralement avec le **saule hasté** *S. hastata* et le **saule glauque** *S. glaucosericea* ou *S. glauca*, proches.

Saule glauque

Salix glauca · Salicacées

Petit saule à feuilles caduques, généralement bas, aux ramifications perpendiculaires, aux branches dressées et aux rameaux courts. ✩ juin-juil.

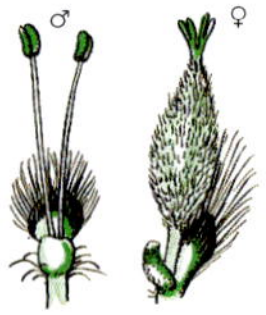

Rarement plus de 1 m de haut ; longues pousses aux poils soyeux, gris clair, rameaux glabres et brun brillant. **Feuilles** pétiolées, 3-8 cm de long, lancéolées et pointues aux deux extrémités, entières, recouvertes de poils blancs soyeux ou duveteux sur les deux faces mais glabres à l'âge adulte, face supérieure vert mat, face inférieure bleuâtre. **Fleurs** dioïques, les chatons apparaissent avec les feuilles, 2-5 cm longs, densément poilus.

Répartition : forme des peuplements dans la toundra à arbustes nains sur sols marécageux, sableux ou rocheux. Toundras d'Eur., d'Amérique du N. et d'Asie du N., d'Islande et du Groënland.

Obione faux-pourpier

Atriplex portulacoides · Amaranthacées

Plante arbustive, robuste, plutôt densément ramifiée, aux tiges remontantes, ligneuses à la base. ✩ juil.-oct.

Pluriannuelle, jusqu'à 50 cm de haut. **Feuilles** argentées, vert-gris, charnues, opposées dans la partie inférieure, alternes dans la partie supérieure, ovales, jusqu'à 5 cm de long. **Fleurs** insignifiantes, verdâtres ; plante monoïque à fleurs unisexuées, nombreuses, en grappes glomérulées.

Répartition : sols saumâtres, prés salés, bords de chenaux. Europe du N.-O.

À savoir ! Aux latitudes tempérées, aucun ligneux ne pousse bien sur des prés salés. Par contre, sous les tropiques, le sol mou des côtes est toujours bordé de forêts denses, aux arbres au port élevé (mangrove) supportant les nuisances de l'eau salée de mer. L'obione faux-pourpier est le seul ligneux européen qui correspond en quelque sorte à la mangrove, du point de vue écologique.

Saule des Alpes

Saule de Suisse

Saule glauque

Obione faux-pourpier

Hêtre, hêtre blanc

Fagus sylvatica · Fagacées

L'écorce grise, lisse, les feuilles elliptiques et les fruits brun foncé brillant, à plusieurs dans une gousse piquante, sont typiques de cet arbre. ✿ avril-mai

Arbre à feuilles caduques, 20-30 m de haut, couronne ample, arrondie, plutôt régulière, tronc divisé dès le milieu de la couronne en plusieurs branches ; l'écorce du tronc est lisse ou peu rugueuse même chez les exemplaires âgés, de couleur gris plomb ; par contre celle des branches est brun rougeâtre foncé, avec des verrues liégeuses claires isolées (lenticelles). **Feuilles** alternes, pétiolées, elliptiques-lancéolées, 5-10 cm de long, 4-7 cm de large ; 5-7 nervures latérales bien marquées de chaque côté de la nervure centrale ; taillées en biseau à la base, marge légèrement ondulée et pourvue de longs poils après l'éclosion ; face supérieure vert foncé brillant, face inférieure légèrement tomenteuse le long des nervures et à leurs embranchements. **Fleurs** pl. monoïque, fleurs apparaissent avec le feuillage ; inflorescences ♂ à long pédoncule, hémisphériques ; fleurs ♀ par 2 dans une gousse à court pétiole, généralement dressée, verte. **Fruit** (= faine) d'environ 2 cm de long, par 2-4 dans une gousse à 4 valves, lignifiée, épineuse.

Répartition : sols alcalins ou modérément acides, frais, riches, profonds ; ne croît pas dans les régions à forte sécheresse estivale ; de la plaine à la montagne jusqu'à environ 1500 m d'altitude ; espèce indicatrice des hêtraies. Du N. de l'Espagne à la mer Noire par toute l'Eur. moy. et le S. de la Scandinavie ; dans l'Eur. du S. surtout en montagne.

À savoir ! Au printemps, les plantules du hêtre apparaissent dans les hêtraies avec leurs grands cotylédons en demi-lune. Les faines ne germent que sous la litière. Leur huile riche en acides gras insaturés est une huile alimentaire de grande valeur.

Le bois, solide et rougeâtre, est utilisé pour la fabrication de meubles, dans le bâtiment (marches d'escaliers, parquets) et pour fabriquer des instruments musicaux (piano, orgue). Autrefois, il n'était utilisé que comme bois de feu.

Le hêtre rouge, au feuillage de cette couleur, est une variété fréquemment plantée dans les jardins.

Proche **Hêtre d'Orient** *Fagus orientalis*, à l'écorce gris brun foncé et au tronc clairement creusé de sillons ; feuilles étroites, obovales, pointues à l'extrémité, 7-11 cm de long, entières ou légèrement ondulées, à 8-12 nervures latérales marquées de chaque côté de la nervure principale ; remplace le hêtre blanc dans les forêts de feuillus d'Eur. du S.-E. (Bulgarie) et du Proche Orient (jusqu'au N. de l'Iran) ; en Eur. moy. seulement dans les grands parcs et les jardins botaniques.

Hêtre austral *Nothofagus antarctica*, petit arbre à feuilles caduques ; jeunes rameux disposés à plat, sur deux lignes ; feuilles vert foncé, ovales-lancéolées non pointues, 3 cm de long seulement, à marge crénelée ; fruit en forme de gobelet, nettement plus petit que la faine. Représente le genre Fagus dans l'Hémisphère sud ; dans les montagnes d'Amérique du S., c'est une des espèces d'arbres forestiers les plus importantes ; essais de plantations sylvicoles en Eur. du N.-O.

Hêtre en haut : coloration automnale, au milieu à gauche : plantules

Laurier sauce

Laurus nobilis · Lauracées

Grand arbuste ou petit arbre toujours vert, très ramifié dès la base, à la couronne d'abord conique, ensuite arrondie; feuilles rigides et coriaces. ✩ mars-mai

Port d'environ 1-8 m. **Feuilles** alternes, pétiole de 3-5 cm de long, limbe atteignant 10 cm de long et 4 cm de large, lancéolé, un peu ondulé au bord ou grossièrement crénelé; face supérieure vert foncé brillant, puis mat, face inférieure toujours vert clair mat; nervures souvent rougeâtres sur la face inférieure; au froissement, dégage une agréable odeur aromatique. **Fleurs** dioïques, petites, insignifiantes, jaune verdâtre clair, par plusieurs aux aisselles des feuilles, fleurs ♂ à environ 10 étamines, fleurs ♀ avec peu de pétales recourbés et ovaire supère. **Fruits** (baies) sphériques, environ 1 cm de diamètre, d'abord verts, puis noirs et brillants à maturité (dès sept.).

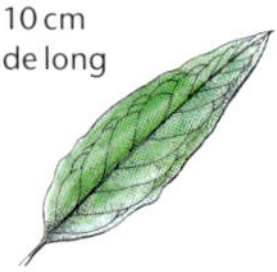

Répartition : bosquets mixtes clairsemés sur sol léger, humique, pentes rocheuses ou arides. À l'origine indigène seulement dans les Balkans et en Asie Mineure, désormais très répandu dans toute la région méditerranéenne comme plante cultivée et d'ornement.

À savoir ! C'est l'une des espèces indicatrices de la végétation méditerranéenne à feuilles coriaces et persistantes. Dans son aire d'origine, il se reproduit par les graines et les rejets de souche. Dans l'Antiquité, il était dédié à Apollon et planté dans les cours de ses temples. Ses rameaux servaient à la confection de couronnes pour les vainqueurs, qui continuent à être appelés « lauréats » encore aujourd'hui. Bien qu'il supporte un gel léger, il ne résiste pas toujours à l'hiver. Pour cela, en Eur. moy. il est plutôt cultivé dans des pots que l'on met à l'abri dans les jardins d'hiver.

Pittospore du Japon

Pittosporum tobira · Pittosporacées

Arbuste toujours vert aux rameux densément tomenteux, gris. ✩ mars-mai

Environ 2-3 m de haut. **Feuilles** alternes, brillantes, 5-10 cm de long, arrondies. Les **fleurs**, crème, puis jaunâtres, nombreuses en corymbes ombelliformes, ont une forte odeur d'orange.

Répartition : originaire d'Asie de l'E., naturalisé en Méditerranée.

Proche Le **pittospore ondulé** *Pittosporum undulatum* atteint environ 20 m de haut. Ses feuilles toujours vertes, jusqu'à 12 cm de long, sont ovales-lancéolées. Les fleurs blanches, très odorantes, se développent en fruits à capsule. Originaire d'Australie, répandu dans la région méditerranéenne.

Fragon piquant

Ruscus aculeatus · Liliacées

Petit arbuste toujours vert, assez ramifié, aux branches anguleuses et aux « feuilles » très piquantes. ✩ mars-avril

Environ 1 m de haut. Les organes vert foncé, à l'aspect de feuilles, sont en fait des rameaux latéraux aplatis et élargis situés aux aisselles des vraies feuilles, minuscules et en forme d'écaille. **Fleurs** dioïques, jaunâtres, environ 2 mm de large. **Fruits :** baies rouge corail, 1-1,5 cm de diamètre, non comestibles; dès sept.

Répartition : bosquets, forêts semi-ombragées. Eur. du S., Canaries; échappé de jardins dans l'O. de la France et en Grande-Bretagne.

Laurier sauce

Pittospore du Japon

Fragon piquant

Câprier épineux

Capparis spinosa · Capparidacées

Arbuste à feuilles caduques, généralement couché ou rampant, à tronc court et aux nombreux rameux en forme de baguettes. ✿ avril-sept.

Environ 0,3-1 m de haut; les rameaux sont souvent pendants ou couchés; parfois même un peu grimpants. **Feuilles** alternes, rigides, à court pétiole, 2-6 cm de long et jusqu'à 4 cm de large, arrondies à largement ovales, un peu émoussées à l'extrémité, vert-gris; stipules transformées en épines. **Fleurs** isolées à long pédoncule, insérées aux aisselles des feuilles, 4-7 cm de diamètre, 4 pétales blanc immaculé; étamines violet clair ou blanchâtres, très nombreuses; ovaire à long style. Fruits à capsule, charnus et à long pédoncule, contiennent des graines foncées.

Répartition : pentes rocheuses, murailles, sites rudéraux, terres incultes, sols ouverts et ensoleillés, aussi aux bords des chemins. Pourtour méditerranéen, Crimée, Canaries, Asie du S.-O.; souvent aussi cultivé ou planté comme plante d'ornement.

À savoir ! Les câpres, utilisés dans la cuisine, sont produites à partir des boutons floraux encore fermés, sphériques, de la taille d'un petit pois, après une préparation adéquate dans une sauce vinaigrée et salée, puis dans de l'huile d'olive. Les fruits avant la maturité peuvent également être mis dans la saumure, dans le vinaire ou dans l'huile. Ils sont appelés câprons (cucunci en Italie) et ont un goût très prononcé. Cet arbuste est cultivé surtout dans le Sud de la France et en Espagne pour la production des câpres. Les boutons floraux et les fruits sont connus et utilisés dans la pharmacopée depuis l'Antiquité pour combattre plusieurs types de spasmes et coliques. Ils stimulent surtout l'appétit et la digestion. Leurs principes actifs sont des proches parents, du point de vue chimique, de composés à la saveur de moutarde contenus dans les brassicacées (crucifères).

Laurier-cerise

Prunus laurocerasus · Rosacées

Arbuste toujours vert aux branches et rameaux dressés, robustes; feuilles coriaces et vert foncé brillant. ✿ avril-mai

les feuilles et les fruits sont toxiques !

Environ 1-5 m de haut; petit arbre ou grand arbuste buissonnant, ample. **Feuilles** alternes, pétiolées, 5-15 cm de long, largement lancéolées, entières ou imperceptiblement ondulées, face inférieure vert clair mat, glabres sur les deux faces, légèrement repliées ou enroulées au bord, nervure centrale robuste. **Fleurs** blanc immaculé, 8 mm de long, réunies en grappes dressées atteignant 10 cm de long, parfois une deuxième floraison en sept.-oct. **Fruits** drupes sphériques, de la taille d'un petit pois, noirs; maturité dès juil. Toxiques.

Répartition : sous-bois de forêts et bosquets clairsemés sur pentes rocheuses; véritable plante d'ombre. De l'Eur. du S.-O. au Proche Orient; souvent planté dans des haies pour cacher de la vue; redevenu sauvage par endroits.

À savoir ! Le nom de cet arbuste dérive de l'aspect de ses feuilles, qui ressemblent à celles du laurier, et de ses fruits, qui rappellent des cerises. Cependant, ils sont toxiques, tout comme les autres parties de la plante. Les feuilles, frottées, diffusent une odeur d'amande amère. Dans les jardins, le laurier-cerise pousse généralement comme arbuste, mais à l'état sauvage il prend souvent le port d'un arbre.

Câprier épineux

Laurier-cerise

Cognassier

Cydonia oblonga · Rosacées

Les gros fruits, lourds, jaune verdâtre, ont une forme de pomme ou de poire; la couche duveteuse qui les recouvre s'enlève à maturité, en diffusant une odeur aromatique. ✩ mai-juin

Grand arbre ou arbuste à feuilles caduques, atteignant 8 m de haut et à couronne ample, aplatie; écorce lisse, gris-brun. **Feuilles** alternes, pétiole jusqu'à 2 cm de long, duveteuses, limbe ovale-lancéolé à elliptique, arrondi à la base, pointu à l'extrémité, 7-10 cm de long et jusqu'à 7 cm de large, entières; face supérieure vert foncé mat, face inférieure plus claire et duveteuse. **Fleurs** isolées ou plus rarement par 2, aux extrémités des rameaux, jusqu'à 6 cm de diamètre, à 5 pétales nervurés blancs ou roses; généralement 20 étamines sur plusieurs rangs, jaunes.

Répartition : sols calcaires, profonds, légers au climat chaud. Originaire d'Asie de l'O.; naturalisé en Turquie et en Afrique du N., cultivé en Eur. moy. surtout dans les régions viticoles, redevient rarement sauvage; aussi comme arbre ornemental.

À savoir! Les pommes d'or du jardin des Hespérides de la mythologie grecque étaient en fait des coings, tout comme la pomme d'amour de Vénus. Dans l'Antiquité, ces fruits étaient particulièrement appréciés, tandis que les pommes et les poires étaient encore largement inconnues. Les coings ne sont utilisés que pour produire des confitures, des gelées, des jus ou du cidre.

Néflier d'Allemagne

Mespilus germanica · Rosacées

Ce beau ligneux ornemental à feuilles caduques développe des fruits brunâtres atteignant 3 cm de long, surmontés des restes des 5 sépales. ✩ mai-juin

Arbre ou arbuste atteignant 6 m de haut, couronne ample et peu de branches robustes; écorce d'abord brun-gris, lisse, ensuite se détachant par plaques et profondément sillonnée, pousses duveteuses. **Feuilles** alternes, à très court pétiole ou sessiles, 5-12 cm de long et jusqu'à 4 cm de large, ovales-lancéolées à elliptiques, taillées en biseau à la base, un peu pointues à l'extrémité, entières ou éventuellement finement dentées et avec des glandes; limbe légèrement ridé par les nervures enfoncées, face supérieure vert foncé brillant, face inférieure duveteuse. **Fleurs** jusqu'à 6 cm de diamètre, à 5 pétales blanc immaculé, plus courts que les sépales étroits, verts.

Répartition : bois clair sur sols riches, légers, de bosquets et lisières forestières. De l'Asie de l'O. à l'Eur. du S., cultivé comme fruitier décoratif en Eur. moy. et redevenu sauvage par endroits.

À savoir! Il y a confusion dans le nom scientifique de cette espèce : le néflier n'est pas un ligneux originaire des régions germaniques, il a été introduit au nord des Alpes par les Romains. Au cours des siècles, il a laissé sa trace en cédant son nom à diverses contrées, p. ex. au château de Mespelbrunn, en Allemagne. Les fruits farineux, âpres-amers, servent à préparer des confitures et du cidre, mais il faut les cueillir après les premiers gels. Crus, ils contiennent beaucoup de tannins.

Cognassier à droite : fruits à l'allure de pommes

Néflier d'Allemagne

Pommier sauvage

Malus sylvestris · Rosacées

Les fleurs blanc immaculé ou rose tendre sont rose soutenu à l'extérieur et sont groupées aux extrémités des pousses courtes; les rameaux sans fleurs se terminent en épines. ✿ avril-mai

Arbre ou grand arbuste à feuilles caduques, jusqu'à 10 m de haut, à couronne densément ramifiée et aux branches retombantes, sur tronc généralement bas et courbé; écorce d'abord brun-gris et lisse, ensuite irrégulièrement rugueuse. **Feuilles** alternes, pétiole de 2-4 cm de long, largement ovales à arrondies, 4-10 cm de long, pointues à l'extrémité, arrondies à la base ou vaguement taillées en biseau, crénelées à finement dentées, d'abord

densément tomenteuses, ensuite avec des touffes de poils clairsemés, seulement aux nervures de la face inférieure. **Fleurs** pédonculées, jusqu'à 4 cm de diamètre, pétales rose intense à l'extérieur, blanc immaculé ou rose tendre à l'intérieur; style soudé à la base. **Fruits** (pommes) de 2-4 cm de diamètre seulement, sphériques, vert jaunâtre, souvent légèrement rougis sur la face exposée au soleil; chair à consistance fibreuse et à saveur acidulée.

Répartition : sols argileux et pierreux riches, légers, bien humides, en situation ensoleillée. Très répandu de l'Eur. à l'Asie de l'O., dans les Alpes de la plaine jusqu'à environ 1000 m d'altitude, mais nulle part fréquent; occasionnellement planté dans des clairières ou en lisière comme pâture pour le gibier.

À savoir ! La chair de la pomme sauvage est, certes, dure et fibreuse, mais les êtres humains de l'Âge de la pierre l'ont tout de même cueillie et consommée.

Pommier cultivé

Malus domestica · Rosacées

Il existe quelque 20'000 variétés de fruits de cet arbre : verdâtres, jaunes ou rouges, bien connus partout dans le monde. ✿ avril-mai

Arbre à feuilles caduques, jusqu'à 10 m de haut; couronne ample, arrondie, souvent très dense et branches horizontales sur tronc droit; les rameaux ne se terminent pas en épines; écorce gris-brun, d'abord lisse, ensuite très crevassée. **Feuilles** alternes, pétiolées, largement ovales à lancéolées, pointues, finement dentées, face inférieure toujours duveteuse. Les **fleurs** apparaissent immédiatement après l'éclosion des feuilles; par 5-10 en bouquets à l'extrémité des pousses courtes; pédoncules couverts de poils feutrés, blancs; jusqu'à 5 cm de diamètre, rougeâtres à l'extérieur, blanc immaculé ou rose clair à l'intérieur. **Fruits** (pommes) de plus de 10 cm diamètre, pédoncule court à très court.

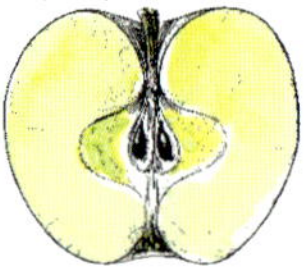

Répartition : vergers, jardins, plantations dans toutes les régions tempérées du Globe. Après l'oranger et le bananier, c'est l'arbre fruitier le plus cultivé au monde.

À savoir ! Le pommier est l'un des rares fruitiers ayant une forme sauvage dans la flore indigène. Les exemplaires redevenus sauvages ne se distinguent du pommier sauvage que par les feuilles, plus tomenteuses chez la variété sauvage. La diversité actuelle de variétés est immense. Beaucoup de nouvelles variétés comme la Cox Orange ou la Boscoop ne sont pas le résultat d'une sélection ciblée mais sont plutôt dus au hasard.

Aujourd'hui, on plante généralement des arbres à basse tige, pour faciliter l'entretien et la récolte. Cependant, les vergers de pommiers à haute tige constituent des habitats de grande valeur, car ils abritent un grand nombre d'espèces animales.

Pommier sauvage

Pommier cultivé

Poirier sauvage

Pyrus pyraster · Rosacées

Les fruits brun jaunâtre, durs et ligneux, au long pédoncule mince, n'atteignent que 4 cm de diamètre et sont généralement groupés par 3-7 aux extrémités des rameaux. ✰ avril-mai

Arbre ou arbuste à feuilles caduques, atteignant 15 m de haut, couronne conique, haute, très ramifiée et dense; les pousses courtes se terminent souvent en épines; jeune écorce brun-gris, d'abord lisse, puis écailleuse. **Feuilles** alternes, pétiole jusqu'à 7 cm de long; limbe de 3-7 cm de long, largement elliptique, un peu pointu, finement denté en scie, arrondi ou cordé à la base; face supérieure vert foncé brillant, face inférieure légèrement bleutée. **Fleurs** blanc immaculé ou légèrement rosé, calice tomenteux; anthères (extrémité des étamines) rouge foncé avant l'éclosion; 5 styles, non soudés, contrairement à ceux de la fleur du pommier.

Répartition : tout genre de sol, généralement en situation ensoleillée; de préférence en peuplements de feuillus mixtes; de la plaine à environ 1000 m d'altitude. Très répandu en Eur., à l'exception des pays nordiques, mais nulle part fréquent; souvent planté aussi comme pâture pour le gibier.

À savoir ! Le poirier sauvage indigène se distingue parfaitement des exemplaires redevenus sauvages par ses fruits assez petits, peu savoureux, au pédoncule particulièrement mince. La poire est le résultat d'une transformation du tissu du réceptacle. La chair du fruit contient de grandes quantités de cellules pierreuses - de petits groupes de cellules à la paroi cellulaire extrêmement épaissie et durcie. C'est pour cela que les poires sauvages sont si dures.

Poirier cultivé

Pyrus communis · Rosacées

Couronne généralement plus haute que large. Cet arbre est aisément reconnaissable aux taches orange vif sur les feuilles, l'été et l'automne, dues à la rouille grillagée du poirier. ✰ avril-mai

Arbre à feuilles caduques, atteignant 20 m de haut, à couronne étroite, conique, presque en forme de poire; les pousses courtes ne se terminent pas en épines. **Feuilles** alternes, pétiolées, largement elliptiques, 5-8 cm de long, d'abord tomenteuses, ensuite glabres, finement dentées en scie. **Fleurs** à long pédoncule, par bouquets aux extrémités des rameaux, pétales blanc immaculé, à légère odeur de poisson (triméthylamine). **Fruit** (poire) de plus de 5 cm de long, très savoureux, à pédoncule épais, contrairement à la poire sauvage.

Répartition : plusieurs variétés dans des vergers, jardins et plantations, ainsi que le long de chemins. Désormais très répandu sur toute la Planète, sous les climats tempérés.

À savoir ! Les nombreuses variétés de poires cultivées ont gardé les cellules pierreuses des formes sauvages dans la chair. Les feuilles sont souvent frappées par la rouille grillagée du poirier. Ce champignon se propage entre les espèces de poirier et de genévrier.

Le bois, solide et dense, est très clair lorsqu'il est coupé, mais devient foncé quand il est travaillé. Autrefois, on en fabriquait des instruments de mesure et de dessin, ainsi que des supports pour la gravure.

Poirier sauvage

Poirier cultivé

Cotonéaster commun

Cotoneaster integerrimus · Rosacées

Petit arbuste à feuilles caduques, à ramifications lâches, aux rameaux robustes et horizontaux. ✫ avril-mai

Jusqu'à 1 m de haut; pousses duveteuses. **Feuilles** alternes, 2-5 cm de long et généralement deux fois moins larges, se rétrécissant aux deux extrémités; face supérieure vert foncé et glabre, face inférieure densément tomenteuse. **Fleurs** à 5 pétales, petites et insignifiantes, en forme de clochette, solitaires ou en grappes terminales peu fournies, pétales rouge pâle, arrondis. **Fruits** à l'aspect de pommes, de la taille d'un petit pois, rouge écarlate, arrondis, glabres, non comestibles; maturité dès août.

inflorescences

Répartition : rochers, pentes pierreuses, sols arides et éboulis ensoleillés. Dans les Alpes jusqu'à 2000 m d'altitude.

Cotonéaster tomenteux

Cotoneaster tomentosa · Rosacées

Petit arbuste à feuilles caduques, ramifié, rameaux retombants ou horizontaux, souvent sur un même plan. ✫ avril-mai

0,5-2 m de haut. **Feuilles** alternes, à pétiole court, 2-6 cm de long et jusqu'à 4 cm de large, ovales, grossièrement arrondies, entières; face supérieure d'abord duveteuse, ensuite légèrement velue, la face inférieure reste tomenteuse, gris verdâtre. **Fleurs** pédonculées, insignifiantes, à 5 pétales, en corymbes ombelliformes peu fournis, pétales blanchâtres, dressés. **Fruits** de la taille d'un petit pois, rouges, légèrement brillants ou tomenteux, non comestibles, mais consommés par les oiseaux; maturité dès sept.

Répartition : lisières forestières, haies buissonnantes, bois de feuillus mixtes riches en arbustes, en situation aride, chaude, généralement sur calcaire. Eur. du S. et Eur. moy. méridionale, Alpes.

Cognassier de Chine

Chaenomeles speciosa · Rosacées

Petit arbuste ornemental à feuilles caduques, dressé, densément ramifié, branchage souvent ample et étalé; floraison particulièrement riche, très attrayante. ✫ mars-avril

Environ 1-2 m de haut. **Feuilles** alternes, à court pétiole, 3-8 cm de long, elliptiques, nettement dentées en scie, pointues aux deux extrémités; face supérieure vert brillant, face inférieure également glabre; stipules voyantes, jusqu'à 4 cm de large, réniformes. **Fleurs** solitaires ou groupées, insérées sur les pousses courtes, 3-4 cm de diamètre, très ouvertes, à 5 pétales, larges, rouge-rose écarlate, étamines nombreuses, 5 styles, soudés à la base. **Fruits** en forme de pommes, oblongs, à odeur agréable; maturité dès juin.

feuille et stipule

Répartition : forêts et bosquets sur sols riches, légers. Originaire de la Chine; naturalisé au Japon, planté en Eur. dans des jardins, nombreuses variétés.

À savoir ! La variété 'Eximia', que l'on observe sur la droite, se distingue de la variété sauvage, intensément colorée, par des pétales plus clairs, plutôt roses. Il existe également des variétés cultivées aux fleurs rouge carmin et rouge foncé ou crème, occasionnellement à deux couleurs. En plus de cette espèce, dans les parcs et jardins on trouve fréquemment le **Cognassier du Japon** *C. japonica*, très décoratif, dont les pousses sont toujours abondamment tomenteuses. Ses rameaux sont parsemés de verrues liégeuses, les feuilles sont largement ovales, grossièrement dentées en scie; ses fleurs sont rouge tuile, les fruits odorants.

Cotonéaster commun

Cotonéaster tomenteux

Cognassier de Chine

Genêt d'Angleterre

Genista anglica · Fabacées

Arbuste sauvage à feuilles caduques, étalé, souvent couché, ligneux surtout dans sa partie inférieure. ✩ mai-août

Jusqu'à 50 cm de haut; branches et rameaux très épineux. **Feuilles** à court pétiole, simples, elliptiques-lancéolées, jusqu'à 8 mm de long et 3 mm de large, vert-bleu, sans stipules. **Fleurs** jaune or ou jaune citron soutenu, glabres, jusqu'à 1 cm de long, étendard ovale, plus court que la carène et les ailes, par 3-10 en grappes terminales, compactes, arrondies. **Fruits** gousses arrondies, glabres, brun clair, jusqu'à 2 cm de long, quelque peu enflés à maturité, en août.

Répartition : chênaies, boulaies et pinèdes clairsemées, landes, marais, prairies sèches. Eur. moy. et de l'O., S.-O. de l'Italie, au nord jusqu'au S. de la Suède.

Genêt d'Allemagne

Genista germanica · Fabacées

Arbuste sauvage très épineux à feuilles caduques, aux branches et aux rameaux couchés ou remontants. ✩ mai-août

Jusqu'à 60 cm de haut; pousses abondamment tomenteuses, épines jusqu'à 1,5 cm de long. **Feuilles** alternes, à très court pétiole ou sessiles, 1-2 cm de long et jusqu'à 7 mm de large, simples, elliptiques-lancéolées, vert herbe, longs cils ou poils rêches surtout au bord. **Fleurs** jaune or, environ 1 cm de long, étendard ovale, pointu, plus court que la carène, ailes au duvet soyeux appliqué, groupées en longues grappes terminales, lâches, dressées, de 1-5 cm de long. **Fruits** gousses brun-noir, densément tomenteuses, avec peu de graines; maturité dès juil.

Répartition : prairies maigres, landes, forêts et bosquets clairsemés, ourlets; sur sol pauvre en calcaire. Eur. moy et de l'E.

Genêt poilu

Genista pilosa · Fabacées

Arbuste sauvage à feuilles caduques, très ramifié et buissonnant aux branches couchées et remontantes. ✩ mai-août

Atteint 30 cm de haut; jeunes rameaux arrondis, densément couverts de poils appliqués, ensuite striés dans la longueur et noueux, sans épines. **Feuilles** alternes, simples, solitaires sur les longes pousses, sinon par bouquets; jusqu'à 1 cm de long et 4 mm de large, ovales lancéolées, déprimées le long de la nervure centrale, vert foncé, face inférieure densément soyeuse. **Fleurs** jaunes, environ 1 cm de long, par 1-3 aux aisselles des feuilles sur les rameaux de l'année précédente. **Fruits** gousses brun clair, jusqu'à 2,5 cm de long, soyeuses, aplaties, droites; maturité dès juil.

Répartition : ourlets ensoleillés, chauds et secs, landes et prairies maigres. Eur. moy., du S. et du S.-O.

Genêt scorpion

Genista scorpius · Fabacées

Arbuste à feuilles caduques, très rameux, aux rameaux striés de brun-gris, terminés par une épine. ✩ avril-juin

Atteint 1,6 m de haut. **Feuilles** alternes, généralement sessiles, simples, ovales-lancéolées, pointues, 1 cm de long, vert-gris; face supérieure glabre, face inférieure pubescente. **Fleurs** jaune or, jusqu'à 1,5 cm de long, par 1-4 aux aisselles des feuilles; inflorescences très denses. **Fruits** (gousses) jusqu'à 4 cm de long, légèrement courbés, brun clair; maturité dès août.

Répartition : pentes rocheuses, ourlets pierreux, forêts et bosquets clairsemés. Eur. de l'O. et Péninsule Ibérique jusqu'au S. de la France; aussi dans les Alpes occidentales, isolé.

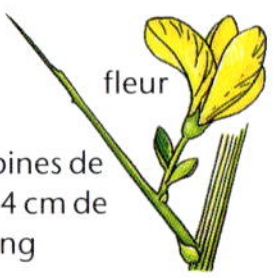

Genêt d'Angleterre

Genêt d'Allemagne

Genêt poilu

Genêt scorpion

Genêt des teinturiers

Genista tinctoria · Fabacées

Arbuste ramifié à feuilles caduques, branches en forme de baguettes, dressées et un peu anguleuses, rameaux verts sans épines. ✿ juin-juil.

Port de 0,3-1 m. **Feuilles** alternes, sessiles, simples, jusqu'à 4,5 cm de long et environ 0,5 cm de large, lancéolées, glabres ou finement soyeuses, 2 petites stipules étroites à la base. **Fleurs** jaune or, jusqu'à 1,5 cm de long, en grappes minces et dressées insérées aux aisselles des feuilles supérieures; ces grappes réunies forment une extraordinaire panicule riche en fleurs. **Fruits** gousses de 2-3 cm de long, glabres, plates, ondulées au bord; à maturité dès sept.

Répartition : landes, prairies maigres, arides, landes de tourbière, chênaies et pinèdes clairsemées; presque toujours sur sols pauvres, parfois légèrement calcaires et à l'humidité variable. Très répandu en Eur., du pourtour méditerranéen au S. de la Scandinavie, jusqu'à l'Asie Mineure; dans les Alpes jusqu'à 1500 m d'altitude. En dehors de son aire naturelle de répartition, cette espèce est souvent plantée comme plante décorative (y compris des variétés aux fleurs doubles) et est redevenue sauvage par endroits.

À savoir! Autrefois, les rameaux, les feuilles et les fleurs étaient utilisés pour colorer de jaune le lin et la laine, grâce à leur teneur en lutéoline et génistéine. En mélange avec du blanc de Meudon et de l'alun, ils servaient en outre à préparer la couleur « stil de grain ». Les alcaloïdes contenus dans toutes les parties de la plante sont utilisés en médecine, généralement homéopathique.

Petit genêt d'Espagne

Genista hispanica · Fabacées

Arbuste à feuilles caduques, dressé, très dense, hémisphérique, aux rameaux horizontaux. ✿ mai-juin

Environ 30-70 cm de haut; pousses couvertes de poils hérissés, se transformant en épines de 1 cm de long aux aisselles des feuilles; seules les pousses qui fleurissent ne portent jamais d'épines. **Feuilles** alternes, jusqu'à 1 cm de long, lancéolées, à pointe émoussée; face supérieure vert soutenu, face inférieure tomenteuse seulement sur les pousses fleuries de l'année. **Fleurs** jaune or, 1 cm de long, étendard largement ovale, aussi long que la carène, par 2-12 en glomérules à l'extrémité des pousses feuillues. **Fruits** gousses tomenteuses, châtain; maturité dès août.

Répartition : bosquets ouverts, affleurements rocheux, pentes rocheuses côtières, maquis, généralement sur calcaire. Eur. du S.-O.; décoratif.

Genêt sylvestre

Genista sylvestris · Fabacées

Arbuste nain à feuilles caduques, densément ramifié, formant des tapis et plutôt épineux. ✿ mai-juin

Jusqu'à 20 cm de haut; pousses couvertes de poils argentés, les plus anciennes épineuses et arquées, remontantes. **Feuilles** alternes, linéaires-lancéolées, environ 1-2 cm de long, glabres ou légèrement pubescentes. **Fleurs** jaune clair à soutenu, environ 1 cm de long, calice soyeux aux longues dents étroites; par 4-10 en grappes terminales et latérales, lâches ou gloméruleuses. **Fruits** à 1 graine, gousses brunes à l'extrémité recourbée vers le haut; maturité dès août.

Répartition : affleurements rocheux ouverts, pentes côtières, bosquets arides, jachères. Seulement dans l'Adriatique centrale sur rochers côtiers; rare, n'est planté dans les jardins que dans sa région d'origine.

Genêt des teinturiers

Petit genêt d'Espagne

Genêt sylvestre Genista sylvestris ssp. dalmatica

Genêt d'Espagne, spartier

Spartium junceum · Fabacées

Arbuste touffu, à feuilles caduques, très ramifié, rameaux cylindriques en forme de baguettes, flexibles, finement striés, verts et glabres. ✰ avril-août

Environ 0,5-3 m de haut. **Feuilles** alternes, sessiles, simples, lancéolées, environ 3 cm de long et jusqu'à 3 mm de large, tombent généralement très tôt. **Fleurs** jaune soutenu, odeur forte et agréable, jusqu'à 2,5 cm de long, étendard dressé et généralement quelque peu retroussé, ailes plus courtes que la carène; groupées en longues grappes très fournies aux extrémités des jeunes rameaux. **Fruits** gousses brun-noir, jusqu'à 8 cm de long, pubescentes; toxiques; mûres dès sept.

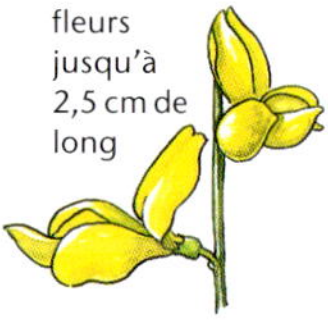

Répartition : maquis et garrigues, pentes arides et rochers, bords de chemins, jachères, généralement sur calcaire. Toute la région méditerranéenne et l'Eur. du S.-O., Madère et Canaries, cultivé dans les régions aux hivers cléments comme plante d'ornement, redevient de plus en plus souvent sauvage en Eur. moy.

À savoir ! Le spartier, appelé également « genêt d'Espagne », est un exemple d'arbuste en baguettes, comme le genêt à balais indigène (⇨ p. 334). Dans leur domaine de répartition à forte sécheresse estivale, ces ligneux perdent parfois leurs minuscules feuilles déjà au début de l'été et ne confient la photosynthèse qu'aux rameaux, verts. Ceux-ci sont particulièrement économes en eau, grâce au rapport surface-volume favorable qui réduit l'évapotranspiration. L'étendard jaune des fleurs porte des stries foncées pour diriger les insectes pollinisateurs au centre de la fleur.

Genêt ailé

Chamaespartium sagittale · Fabacées

Arbuste nain sans épines, formant des tapis, aux branches rampantes, radicantes et aux tiges dressées, non lignifiées. ✰ mai-juil.

N'atteint que 25 cm de haut; tige bordée de 3 ailes foliacées, interrompues à chaque nœud. **Feuilles** rares, alternes, sessiles, simples, ovales-arrondies ou légèrement pointues, jusqu'à 2 cm de long et environ 6 mm de large, tombent précocement. **Fleurs** jaune or, jusqu'à 1,5 cm de long, groupées en grappes terminales arrondies et dressées. **Fruits** gousses compressées, jusqu'à 2 cm de long, brunâtres, pubescentes; dès août.

Répartition : gazons maigres, prairies sèches, landes à arbustes nains et sableuses, bords de chemins, forêts et bosquets clairsemés. Eur. du S. et Eur. moy. méridionale, de la Péninsule Ibérique aux Balkans.

À savoir ! Les tiges aux ailes larges, en partie toujours vertes, constituent la vraie surface exposée au soleil, elles se chargent donc d'accomplir la photosynthèse à la place des feuilles, généralement absentes. Les racines profondes de cette plante rendent les sols maigres plus aérés et l'enrichissent d'humus. D'autre part, cet arbuste repousse les autres plantes herbacées, là où il pousse, et il n'est pas brouté le bétail. Dans les rocailles et les jardins à bruyère, il est planté comme arbuste ornemental. Toutefois, il est sensible au gel.

Le genêt ailé est une plante indicatrice des gazons à genêt ailé, une association végétale des stations plutôt acides, mais très arides.

Genêt d'Espagne

Genêt ailé

Arbre de Judée

Cercis siliquastrum · Fabacées

Les fleurs rose soutenu apparaissent avant les feuilles rondes ou réniformes, puis se développent en gousses dures qui atteignent 9 cm de long. ✫ mai

Arbre ou arbuste à feuilles caduques, atteignant 10 m de haut, à couronne ample et ouverte; écorce brun foncé à noirâtre, finement striée, légèrement rugueuse. **Feuilles** alternes, pétiolées, limbe marquant un angle avec le pétiole; jusqu'à 10 cm de long; glabres, face supérieure vert foncé mat, face inférieure verte, légèrement bleutée, à bord légèrement ondulé. **Fleurs** pédonculées, insérées en petits bouquets de 3-8 fleurs directement sur le tronc ou les grosses branches, calice à 5 dents, rose soutenu, corolle de 1-2 cm de long, les 3 pétales supérieurs sont clairement plus étroits que les deux inférieurs. **Fruits** gousses de 5-9 cm de long à pointe étroite, aplaties, brunâtres à maturité, parfois aussi rouge carmin.

Répartition : sols modérément secs, généralement calcaires, moyennement profonds. Méditerranée orientale de l'Adriatique à l'Asie de l'O.; souvent planté comme arbre décoratif avant de redevenir sauvage; plus au nord, également dans les régions viticoles.

À savoir ! L'arbre de Judée est un exemple de plante à fleurs directement insérées sur le tronc ou les branches. Ce phénomène est très répandu chez les ligneux subtropicaux ou tropicaux. Les inflorescences voyantes et attrayantes ne se développent que sur le bois de plusieurs années. On appelle cela cauliflorie (fleurs sur le tronc) et ramiflorie (sur les branches).

Arbre au caramel

Cercidiphyllum japonicum · Cercidiphyllacées

En automne, les feuilles cordées, atteignant 12 cm de long et à long pédoncule rouge foncé, se colorent de rouge ou jaune or, très attrayant. ✫ avril

Arbre à feuilles caduques, atteignant 12 m de haut, à couronne allongée et conique; écorce gris-brun, d'abord lisse, ensuite grossièrement réticulée ou finement striée. **Feuilles** opposées, limbe presque perpendiculaire au pétiole, largement ovales à arrondies, nervure palmée, pointues à l'extrémité; glabres, face supérieure vert mat, face inférieure bleutée. **Fleurs** dioïques, apparaissent avant les feuilles; insignifiantes, rougeâtres, à plusieurs aux aisselles des bourgeons foliaires. **Fruits** follicules vert clair, recourbés comme des serres.

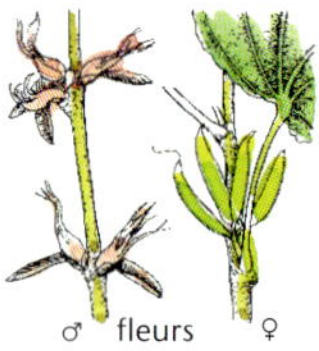

Répartition : bosquets clairsemés sur sol léger, humique, riche. Originaire d'Asie de l'E. (Japon et Chine); n'est pas rare en Eur., planté comme arbre ornemental dans des parcs et jardins.

À savoir ! Les feuilles des rameaux courts sont légèrement plus lancéolées. Les fleurs femelles ne sont constituées que d'un seul carpelle, se développant en un follicule (fruit sec s'ouvrant par une seule fente longitudinale) à plusieurs graines aplaties, ailées.

Les feuilles changent assez rapidement de couleur, du vert mat au rose saumon et finalement au jaune or. Peu avant de tomber, les feuilles sentent légèrement, mais agréablement, le pain d'épices.

La famille des Cercidiphyllacées ne comprend que cette espèce et est plutôt isolée parmi les plantes à fleurs. Ses caractères évolutifs la rendent semblables aux Magnoliacées et aux Hamamélidacées, cependant, elle n'en est pas un proche parent.

Arbre de Judée

Arbre au caramel en bas à droite : coloration automnale

Faux buis, polygale petit buis

Polygala chamaebuxus · Polygalacées

Petit arbuste toujours vert aux tiges couchées ou arquées et remontantes, ramifiées, ligneuses à la base; pousses tomenteuses. ✰ mars-mai

Environ 10-30 cm de haut. **Feuilles** alternes, généralement sessiles ou à court pétiole, coriaces, vert foncé, entières, ovales étroites, terminées en petite pointe serrée, glabres. **Fleurs** 2-3 cm de long, par 1-3 aux aisselles des feuilles médianes et supérieures ou à l'extrémité de la tige; 5 sépales d'aspect très inégal : le supérieur en éperon, les deux inférieurs petits, les deux latéraux grands et à l'aspect de pétales, habituellement retournés vers le haut ou quelque peu retroussés, crème, jaunâtres ou pourpre intense; 3 pétales, l'inférieur grand, à l'aspect de carène, à 4 franges, blanchâtre à jaune-orange, orange de plus en plus foncé à brun-orange au moment de se faner; 8 étamines, soudées en un tuyau ouvert à l'extrémité supérieure; parfois une deuxième floraison en sept.-oct. **Fruits** capsules charnues, arrondies à cordées, aplaties, avec des graines brun foncé; dès août.

Répartition : pinèdes, bosquets de pins couchés, alpages, gazons maigres, généralement sur calcaire, mais aussi sur sols granitiques d'érosion. Alpes, du S. de la France jusqu'aux Alpes orientales, isolé dans la Forêt de Bavière, le Jura franconien, souabe et suisse, le plateau de Baar, le Préalpes, jusqu'à 2000 m d'altitude.

À savoir ! En Eur. moy., c'est la seule espèce ligneuse de ce genre. Elle attire le regard par ses nombreuses fleurs attrayantes. Elles rappellent celles des fabacées, et englobent aussi les sépales grossis dans le périanthe. Le changement de couleur signale aux nectarivores qu'il n'y a plus rien à puiser dans la fleur.

Fustet, arbre à perruques

Cotinus coggygria · Anacardiacées

Arbuste de taille moyenne à feuilles caduques, très ramifié, couronne arrondie, souvent ample; pousses aux abondantes verrues liégeuses claires. Les inflorescences de certaines variétés sont spectaculaires. ✰ mai-juil.

Environ 2-5 m de haut. **Feuilles** alternes, pétiole de 3-8 cm de long, largement elliptiques, arrondies, 3-7 cm de long et jusqu'à 6 cm de large, extrémité émoussée, arrondie ou légèrement rognée, minces, entières, face supérieure vert clair ou soutenu, face inférieure bleutée, les deux faces glabres. **Fleurs** à 5 pétales, environ 2-4 mm de diamètre, insignifiantes, hermaphrodites ou unisexuées, mais pour la plupart stériles, blanc jaunâtre, groupées en panicules terminales amples atteignant 20 cm de long; l'automne, après la floraison, le pédoncule s'allonge et son épaisse couche de poils étalés donne au **fruit** l'aspect d'une perruque. Comme les feuilles, il vire au rougeâtre soutenu ou au rouge pourpre.

Répartition : bosquets sur rochers ensoleillés, forêts arides, généralement sur sol calcaire, pierreux, sec; demande beaucoup de lumière. De la Méditerranée orientale au Proche Orient et à la Chine centrale; des variétés aux couleurs qui s'écartent de la forme sauvage sont souvent plantées dans des parcs et jardins, cependant, ne redevient sauvage que rarement.

À savoir ! Les feuilles, riches en tannins, étaient utilisées autrefois en médecine comme coagulants. Le bois était utilisé pour produire des colorants pour la soie et la laine. Pour cela, il a même été cultivé en Alsace et dans le Tyrol du Sud.

Proche Tout aussi décoratif, l'**arbre à perruques américain** *C. obovatus* : face inférieure des feuilles d'abord soyeuse, base des feuilles taillée en biseau.

Faux buis, polygale petit buis

Fustet, arbre à perruques en haut à droite : inflorescence

Bois gentil

Daphne mezereum · Thyméléacées

Petit arbuste à feuilles caduques, peu ramifié, aux branches et rameaux en forme de baguettes, dressés ou horizontaux. Floraison et fructification très décoratives. ✲ fév.-avril

Seulement 0,4-1,5 m de haut; pousses et rameaux densément couverts de verrues liégeuses. **Feuilles** alternes, à court pétiole, par bouquets aux extrémités des rameaux, 3-8 cm de long, linéaires-lancéolées, émoussées ou légèrement pointues, taillées en biseau à la base, face supérieure verte, face inférieure vert-gris ou bleutée. **Fleurs** en bouquets, apparaissent avant les feuilles, parfum fort et agréable; pas de corolle, mais sépales colorés à l'aspect de pétales, rose pourpre à rouge carmin. **Fruits** drupes rouge corail; maturité dès juin. Très toxiques!

Répartition: bosquets ombragés et forêts mixtes de feuillus sur sols à humidité variable. Très répandu en Eur., surtout dans la partie supérieure de la moyenne montagne, dans les Alpes jusqu'à 2000 m d'altitude, absent en plaine; cultivé aussi en diverses variétés dans des parcs et jardins. **LR**

À savoir! Toutes les parties de la plante sont très toxiques! La consommation de quelques fruits peut déjà être mortelle pour les enfants. Ses substances toxiques n'agissent que sur les mammifères. Pour les oiseaux, elles ne représentent aucun danger. Cependant, la plante est appréciée pour son aspect décoratif.

Proche Daphné strié *Daphne striata*, Arbuste nain, jusqu'à 30 cm, fleurs en glomérules; landes alpines à arbustes nains.

Laurier des bois

Daphne laureola · Thyméléacées

Petit arbuste toujours vert, peu ramifié, aux branches dressées et aux fleurs verdâtres. ✲ fév.-avril

N'atteint que 1 m de haut. **Feuilles** alternes, pétiolées, 3-10 cm de long, coriaces, lancéolées, pointues, glabres, face supérieure vert foncé mat, face inférieure jaunâtre à nervure centrale marquée. **Fleurs** vert-jaunâtre, peu odorantes, groupées en petites grappes pendantes, insérées par un court pédoncule aux aisselles des feuilles près de l'extrémité des rameaux. **Fruits** drupes ovales, bleu-noir; maturité dès juil. Très toxiques!

Répartition: forêts et bosquets mixtes, clairsemés, généralement sur sol calcaire, modérément sec, léger, en montagne jusqu'à environ 1000 m d'altitude. Eur. du S. et de l'O., Méditerranée, Afrique du N.; planté dans des rocailles. **LR**

Daphné camélée

Daphne cneorum · Thyméléacées

Petit arbuste toujours vert, aux ramifications lâches; la floraison abondante le rend très attrayant. ✲ avril-mai

Seulement 10-30 cm de haut; pousses à poils gris, appliqués. **Feuilles** alternes, en toupet aux extrémités des rameaux, sessiles, 1-2 cm de long, linéaires à spatulées, coriaces, glabres, face supérieure vert foncé, face inférieure bleutée. **Fleurs** groupées en glomérules terminaux, pas de pétales, mais sépales roses à l'aspect de pétales aux pointes étalées; sentent fort le clou de girofle. **Fruits** drupes jaunes ou rougeâtres; maturité en août. Très toxiques!

Répartition: espèce calcicole, dans les bosquets, pinèdes, gazons arides, affleurements rocheux. Montagnes d'Eur. moy. et du S., des Pyrénées aux Balkans; plusieurs variétés cultivées dans les rocailles. **LR**

Bois gentil à droite : les fruits, très toxiques

Laurier des bois

Daphné camélée

Daphné des Alpes

Daphne alpina · Thyméléacées

Petit arbuste à feuilles caduques, rameaux pubescents, branches avec quelques verrues liégeuses isolées. ✰ mai-juin

Environ 20-50 cm de haut. **Feuilles** alternes, 1-4 cm de long, obovales, face supérieure vert-gris, face inférieure un peu plus claire. **Fleurs** jusqu'à 1,8 cm de diamètre, groupées par 6-10 en bouquets aux aisselles des feuilles supérieures ; à l'arôme de vanille ; style jusqu'à 1 cm de long, soyeux à l'extérieur, stigmate blanc. **Fruits** drupes orange-rouge ; maturité dès août. Très toxiques !

Répartition : crevasses et affleurements rocheux, éboulis, aussi murailles ; sur calcaire. Hautes montagnes d'Eur., des Pyrénées jusqu'aux Carpates ; dans les Alpes jusqu'à 1900 m d'altitude ; planté dans des rocailles.

À savoir ! Comme chez toutes les Thyméléacées, le périanthe est simple, car les pétales manquent. La fonction d'appât est assumée par les sépales, arrangés comme des pétales.

Millepertuis androsème

Hypericum androsaemum · Hypéricacées

Arbuste toujours vert, densément ramifié, aux branches rampantes ou relevées, pousses à 2 côtes saillantes. ✰ juin-août

Environ 30-80 cm de haut. **Feuilles** sessiles, glabres, 4-12 cm, largement ovales, coriaces, entières, face inférieure vert-bleu bien distincte, ponctuées de grandes glandes translucides. **Fleurs** jaune clair homogène, jusqu'à 3 cm de diamètre, à long pédoncule, étamines très nombreuses, plus longues que les 5 styles. **Fruit** baie d'abord brun-rouge, ensuite noir brillant, non comestible ; maturité dès août.

Répartition : forêts clairsemées, bosquets ombragés. Eur. de l'O. et du S., de la Péninsule Ibérique à l'Asie Mineure, au nord jusqu'en Irlande, au S. en Afrique du N. ; utilisé souvent comme plante couvrante dans les jardins.

Lyciet de Chine

Lycium chinense · Solanacées

Arbuste ramifié à feuilles caduques, aux rameaux retombants et aux fleurs violettes. ✰ juin-sept.

Grimpe occasionnellement jusqu'à 4 m de haut. **Feuilles** alternes, à court pétiole, en bouquets sur les pousses courtes, 10-14 cm de long, lancéolées. **Fleurs** jusqu'à 1,5 cm de large, calice de 3 à 5 dents, corolle en forme d'entonnoir, pourpre. **Fruits** baies ovales, jusqu'à 2,5 cm de long, rouge écarlate ; à maturité dès août. Peu toxiques !

Proche **Lyciet commun** *Lycium barbarum*, feuilles seulement de 3-5 cm de long, corolle violet-pourpre aux pointes veinées de foncé ; haies, bosquets ; indigène en Chine, naturalisé en Eur. moy.

Morelle douce-amère

Solanum dulcamara · Solanacées

Buisson à feuilles caduques, à tige couchée ou grimpante, ligneuse dans le tiers inférieur. ✰ juin-août

Grimpe sur 0,5-4 m de haut ; pousses et rameaux arrondis, parfois irrégulièrement anguleux. **Feuilles** alternes, à long pétiole, lancéolées ou avec 1-2 lobes à l'aspect de folioles à la base, glabres, face supérieure vert foncé. **Fleurs** 1-2 cm de diamètre, corolle violet-bleu, à 5 pointes retroussées, 5 étamines jaune chrome, dressées en forme de cône. **Fruits** baies de 0,7-1 cm de long, un peu allongées, d'abord verdâtres, ensuite jaune-orange, rouge écarlate à maturité, toxiques ; à maturité dès juil.

Répartition : berges, forêts humides, haies. Très répandue en Eur.

À savoir ! Les variétés se distinguent par la teneur en poison des baies douceâtres.

Daphné des Alpes

Millepertuis androsème

Lyciet de Chine

Morelle douce-amère

Olivier

Olea europaea · Oléacées

Arbre typique avec son tronc court et noueux, sa couronne clairsemée, ses feuilles étroites et ses olives, passant du vert au brun-rouge, puis au noir à maturité. ✩ mai-juin

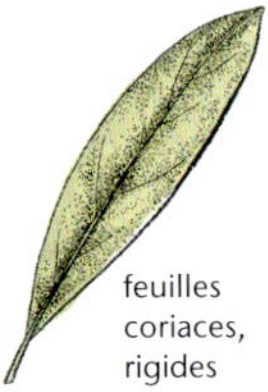

feuilles coriaces, rigides

Arbre toujours vert, atteignant 15 m de haut, à couronne irrégulière, la plupart du temps étalée; tronc généralement très tordu, à l'intérieur creux et poreux chez les individus très âgés; écorce d'abord gris argenté clair finement striée, de plus en plus ridée et rugueuse avec les années. **Feuilles** opposées, étroites, 2-8 cm de long, lancéolées, pointues à l'extrémité, marges entières légèrement enroulées sur la face inférieure; face supérieure vert-gris foncé mat, face inférieure gris blanchâtre ou brunâtre clair, tomenteuse. **Fleurs** petites, insignifiantes, corolle à 4 pétales blanchâtres, jaune clair dans la moitié intérieure, ovaire supère et 2 étamines; groupées en panicules allongées et dressées, insérées aux aisselles des feuilles; odeur agréable; fleurs pollinisées par le vent. **Fruits** (olives) drupes de 1-3 cm de long, à la chair huileuse et au noyau très dur, brunâtres à noir brillant à maturité.

Répartition : sols secs, légers, pierreux à moyennement profonds, souvent calcaires; espèce indicatrice importante, caractérisant la végétation méditerranéenne toujours verte, à feuilles coriaces. De la côte atlantique de la Péninsule Ibérique méridionale et de l'Afrique du N.-O. (Maroc) jusqu'en Israël; fréquemment planté; en Italie du N. entre autres près du Lac de Garde.

À savoir ! L'olivier peut atteindre plusieurs centaines d'années, dans des cas exceptionnels même 2000 ans. Il s'agit d'une plante cultivée originaire du Proche Orient connue et cultivée dans la région méditerranéenne orientale il y a plus de 5000 ans déjà. L'olivier, avec la vigne et le figuier, faisait partie des promesses de l'Ancien Testament. Sa forme sauvage, présente presque partout dans le maquis ou autres bosquets poussant sur les rochers du pourtour méditerranéen, est un petit arbre à l'aspect semblable à la forme cultivée mais aux rameaux épineux, aux feuilles plus petites et aux petits fruits amers.

La récolte des olives se fait l'automne (oct.-déc.) avant le terme de la maturité et à la main. Après broyage, la pression à froid donne la précieuse huile d'olive. La deuxième pression, à chaud, donne une huile également alimentaire, tandis que la troisième, à plus haute température, ne produit qu'une huile à l'usage technique. L'huile pressée à froid et de deuxième pression contient environ 65 % de glycérides de l'acide oléique et environ 10 % d'acides gras insaturés (acide linoléique et surtout linolénique). Les olives alimentaires sont produites souvent de variétés spéciales d'oliviers de culture. Un bain dans une saumure alcaline les libère des substances amères contenues dans leur chair, avant qu'elles ne soient aromatisées avec des herbes et épices diverses. Un seul olivier peut produire environ 60 kg d'olives, lesquelles donnent quelque 9 litres d'huile. Cependant, les arbres ne produisent que tous les deux ans. Aujourd'hui, plus de 95 % de la récolte mondiale provient des pays de la Méditerranée, le reste des USA (Californie), de l'Afrique du S. et de l'Australie.

récolte des olives

Olivier

Oranger

Citrus sinensis · Rutacées

Les fleurs blanc immaculé, agréablement odorantes, solitaires ou groupées par 3-5 aux aisselles des feuilles, se développent en oranges à l'écorce relativement lisse. ✩ fév.-juin

Arbre ou arbuste toujours vert, atteignant 10 m de haut. **Feuilles** alternes, largement lancéolées, à pétiole finement ailé, coriaces, face supérieure vert foncé brillant. **Fleurs** 5 pétales blanc immaculé, nombreuses étamines jaune clair. **Fruits** (oranges) du point de vue botanique, ce sont des baies ; la chair est constituée de nombreux quartiers de pulpe, à la saveur agréable.

Répartition : sols légers, un peu pierreux, calcaires, glaiseux, bien drainés. Originaire d'Asie du S.-E., cultivé en Méditerranée depuis le XVIe s. ; ne résiste pas aux hivers en Eur. moy., où on le trouve occasionnellement comme plante en pot ou dans des jardins d'hiver.

À savoir ! L'**oranger amer** ou **bigaradier** *Citrus aurantium*, cultivé pour les huiles essentielles de ses fleurs et pour le fruit qui sert à préparer des confitures et des liqueurs, se différencie par les feuilles et les ailes des pétioles plus larges. Les oranges sanguines concentrent des colorants rouges dans leur chair durant les nuits fraîches. Dans les plantations tropicales, les fruits des variétés sanguines restent de couleur orange. Occasionnellement, l'oranger porte des épines sur les rameaux.

Citronnier

Citrus limon · Rutacées

Petit arbre ou grand arbuste toujours vert ; branches et rameaux souvent pourvus de longues épines, insérés aux aisselles des feuilles. ✩ janv.-déc.

Environ 2-8 m de haut. **Feuilles** elliptiques-lancéolées, à courte pointe émoussée, pétiole d'environ 1 cm de long, peu ou pas ailé, limbe coriace, face supérieure vert foncé mat, face inférieure blanchâtre, selon les variétés jusqu'à 10 cm de long et 4 (8) cm de large, clairement plus étroites que celles de l'oranger, nettement distinctes du pétiole, crénelées ou finement dentées, aromatiques au froissement. **Fleurs** par 1-3 aux aisselles des feuilles, bourgeons pourpre foncé, 5 pétales, environ 2 cm de long, quelque peu charnus, blanc immaculé à l'intérieur, tachetés de rougeâtre à l'extérieur ; 30-40 étamines. **Fruits** ovales, jaune clair, jusqu'à 14 cm de long et 8 cm de large, écorce lisse ou rugueuse, pourvue de nombreuses cellules huileuses. Les citronniers portent des fleurs et des fruits en même temps.

Répartition : l'origine exacte n'est pas claire, provient probablement du N. de l'Inde, mais peut-être d'Afrique du N. De toute façon, il a été introduit et cultivé en Europe du S. par les Arabes il y a plus de 1000 ans. Christophe Colomb l'a amené au Nouveau Monde en 1492. Depuis lors, plusieurs variétés de citronnier sont cultivées dans le monde entier, dans les régions à climat méditerranéen. Le jus sert entre autres à la préparation de limonades, nommées ainsi par analogie avec le nom scientifique de l'espèce.

À savoir ! Du point de vue botanique, le citron est une baie. Cependant, son développement et sa structure présentent quelques particularités. La paroi externe du fruit est colorée en jaune par des caroténoïdes. La paroi interne, très mince, produit de nombreux conduits, remplissant progressivement les 8-10 quartiers et apparaissant comme une pulpe normale à maturité.

Oranger

Citronnier

Magnolia hybride

Magnolia × soulangiana · Magnoliacées

Les grandes fleurs dressées apparaissent avant le feuillage aux extrémités des rameaux, dont les pétales restent toujours refermés en cloche. ✿ avril-mai

Arbre ou arbuste à feuilles caduques, atteignant 6 m, couronne à rameaux retombants, sur un tronc court, généralement courbé; écorce d'abord lisse, gris-brun, ensuite finement striée. **Feuilles** alternes, à court pétiole, obovales à elliptiques, à courte pointe, 12-20 cm de long et jusqu'à 6 cm de large, coriaces, entières; face supérieure vert clair mat, face inférieure plus claire et peu tomenteuse. **Fleurs** blanc immaculé à l'intérieur, tachetées de rougeâtre à l'extérieur, parfois rouge-violet à la base. **Fruit** capsule à graines rouges, suspendues au bout d'un mince filet à maturité (v. dessin).

Répartition : généralement sur sols drainés, modérément riches et légèrement acides, légers. Connu uniquement en culture, actuellement c'est le magnolia le plus répandu en Eur. moy.

À savoir ! Le magnolia hybride est apparu vers 1820 dans le parc d'Étienne Soulange-Bodin comme croisement entre le magnolia chinois de Yulan *(M. denudata)* et le magnolia à fleurs de lis *(M. liliiflora)*, également originaire d'Asie de l'E. Les deux espèces parentes, très décoratives, sont aussi occasionnellement plantées dans des parcs. On trouve plusieurs variétés aux fleurs de couleurs diverses. Parmi celles-ci, la variété 'Lennéi', nommée d'après le paysagiste prussien du XIXe s. Peter Joseph Lenné, aux fleurs pourpre foncé à l'extérieur, ou la 'Lennéi Alba', aux fleurs blanc immaculé.

Les magnolias ne sont désormais plus endémiques en Eur., car leurs ancêtres se sont éteints lors de la dernière époque glaciaire. Les variétés cultivées ou les parents des hybrides sont tous originaires d'Asie de l'E. ou d'Amérique du N.

Proche **Arbre à cornichons,** *Magnolia acuminata*, arbre à feuilles caduques, jusqu'à 24 m de haut, à couronne voûtée, pyramidale, composée de branches dressées ou étalées; tronc mince et droit; feuilles alternes, jusqu'à 25 cm de long et 12 cm de large, elliptiques, à pointe très étroite, à marge entière ou légèrement ondulée, face supérieure vert clair et tomenteuse à l'éclosion, la face inférieure reste tendrement tomenteuse; fleurs solitaires aux extrémités des rameaux, jusqu'à 9 cm de diamètre, en forme de cloche, à 6 pétales verdâtres ou jaune clair; floraison mai-juin; fruits à nombreuses capsules rouge foncé, chacune à 2 graines pendues à des filaments huileux; originaire de l'E. de l'Amérique du N., parfois planté en Eur. dans des parcs ou le long de routes.

Magnolia à grandes fleurs *Magnolia grandiflora*, arbre toujours vert, jusqu'à 20 m de haut, à couronne dense, conique, formée de branches courtes; feuilles jusqu'à 20 cm de long et 7 cm de large, face supérieure vert foncé brillant (rappellent celles d'un gommier), face inférieure couverte de poils brun rouille; fleurs jusqu'à 20 cm de large (ce sont parmi les plus grandes fleurs), blanc immaculé, agréablement odorantes, solitaires aux extrémités des rameaux; floraison juin-août; originaire du S.-E. de l'Amérique du N., où il pousse dans des plaines alluviales humides; souvent planté en Eur. du S., dans des parcs et jardins. souvent planté dans des jardins et parcs.

Magnolia hybride à gauche : fruit, à droite : graines

Plaqueminier, kaki

Diospyros kaki · Ebénacées

Les fleurs au grand calice vert et à corolle jaune pâle à jaune soufre se développent en fruits atteignant 12 cm de diamètre, semblables à des tomates. ✿ juin

Arbre à feuilles caduques, jusqu'à 12 m de haut, à couronne arrondie, ample, dense ; écorce d'abord lisse et brun foncé, ensuite de plus en plus crevassée ou écailleuse, aux plaques brun-gris clair.

Feuilles alternes ou presque opposées, 6-15 cm de long, ovales-lancéolées, pointues à l'extrémité, arrondies à la base ou taillées en biseau ; face supérieure vert foncé, face inférieure densément tomenteuse et plus claire. **Fleurs** pl. monoïque, fleurs petites, fleurs ♂ principalement en petits bouquets, fleurs ♀ solitaires ; 4 pétales, grand calice. **Fruits** du point de vue botanique, ce sont des baies aux sépales fortement agrandis, jaune-orange soutenu à jaune-brun ; maturité en oct.-nov.

Répartition : cultivé, il préfère les sols légers, glaiseux-sablonneux, à la teneur en humus modérée, mais qui doivent être irrigués régulièrement ; moins exigeant comme arbre ornemental, s'accommode sans problème d'un sol léger. Originaire d'Asie de l'E. (Japon, Chine) ; fréquemment cultivé dans les pays méditerranéens et partout dans les régions subtropicales ; en Eur. moy. seulement dans les régions aux hivers particulièrement cléments comme rare arbre ornemental.

À savoir ! La pulpe tendre n'est comestible que lorsqu'elle s'est bien ramollie. De nouvelles variétés commerciales, surtout la 'Sharon', ont la pulpe plus ferme et rappellent le goût de la prune. Les kakis, pelés, ont une saveur fraîche et sont consommés avec des produits laitiers frais ou des salades de fruits.

Bourdaine

Frangula alnus · Rhamnacées

Arbuste ou petit arbre à feuilles caduques, dressé, de taille moyenne, au port en général plutôt étroit, sans épines, feuilles alternes, nervures arquées. ✿ mai-juin

Arbuste d'environ 1-3 m de haut, comme arbre atteint 6 m ; pousses couvertes de poils rouge rouille ; écorce des rameaux et des branches rouge-brun, aux verrues liégeuses allongées, brun clair, tronc brun-gris, quelque peu strié dans la longueur. **Feuilles** pétiolées, ovales à elliptiques, plus larges dans le tiers antérieur, pointe courte, 7-8 paires de nervures arquées. **Fleurs** à 5 pétales, insignifiantes, blanc verdâtre, par 1-3 aux aisselles des feuilles. **Fruits** drupes sphériques, d'abord vertes, puis divers niveaux de jaune, ensuite rouge soutenu, finalement noir brillant, toxiques ; maturité dès août.

Répartition : chemins forestiers, ourlets, zones et bosquets alluviaux, peuplements mixtes de conifères, de préférence sur sols détrempés à l'humidité stagnante, acides. Très répandu en Eur., de la plaine jusqu'à 1500 m d'altitude en montagne.

À savoir ! Les feuilles de la bourdaine sont la nourriture des chenilles du citron (photo en bas) et de l'azuré des nerpruns ; les fleurs, riches en nectar, attirent des abeilles, des mouches et des coléoptères, les fruits surtout les grives. Seule l'écorce bien vieillie est utilisée en médecine. Naguère on produisait du charbon avec son bois. Finement moulu, il servait à fabriquer la poudre noire.

Plaqueminier, kaki

Bourdaine

Argousier

Hippophae rhamnoides · Eléagnacées

Arbuste sauvage à feuilles caduques, aisément reconnaissable, très ramifié, buissonnant, parfois aux nombreux rejets, rarement au port de petit arbre à couronne ample. ✩ mars/avril-mai

Port de 2-3 m, comme arbre même jusqu'à 6 m ; nombreuses pousses courtes transformées en épines de 3-6 cm de long. **Feuilles** alternes, à court pétiole, étroitement lancéolées, jusqu'à 7 cm de long, mais au plus 1 cm de large, pointues ou émoussées, taillées en biseau à la base, face supérieure vert-gris, face inférieure gris argenté, grands poils étoilés sur les deux faces, visibles même sans loupe. **Fleurs** dioïques, brun verdâtre, insignifiantes, apparaissent déjà avant l'éclosion des feuilles, par plusieurs en bouquets compacts sur les rameaux de l'année précédente ; fleurs ♂ à 2 sépales allongés d'environ 3 mm de large et 4 étamines ; fleurs ♀ au calice tubulaire et au style brièvement proéminent ; pollinisées par le vent. **Fruits** à maturité jaune-orange éclatant, à l'aspect de baies, juteux, aux grosses graines (ce sont les vrais fruits, du type des noix), comestibles ; maturité dès sept.

Répartition : dépôts alluviaux des cours d'eau alpins et morainiques, dans les Alpes jusqu'à 1900 m d'altitude, dunes internes et côtières. En Eur., sur les côtes de la mer du Nord et de la Baltique, dans les Alpes, Italie du N., Balkans, Caucase et Proche Orient ; variétés à la grande production de fruits souvent cultivées comme plantes ornementales, aussi le long de routes et autoroutes, grâce à sa résistance au sel.

À savoir ! En Eur. moy., l'aire de répartition de l'argousier est étrangement divisée en deux, avec les formes sauvages de chaque aire qui se distinguent par leur aspect : celle qui pousse comme plante pionnière sur des cônes de déjections dans les Alpes et dans les Préalpes est peu épineuse et ramifiée de façon plutôt lâche, tandis que la forme qui pousse sur les côtes (appelé aussi bourdaine marine) est plus robuste et épineuse. Cet arbuste est l'un des ligneux indigènes les plus résistants au vent et exige un ensoleillement intense. Il ne supporte pas l'ombre des arbres au port élevé.

Les « baies » oranges de l'argousier, alléchantes, sont acidulées et sentent quelque peu l'acide butyrique. Elles ne se développent pas comme chez les autres plantes à partir de l'ovaire mais, exceptionnellement, comme chez les autres Éléagnacées, à partir du calice. Elles ont une teneur de vitamine C nettement plus élevée que les agrumes, ainsi que des vitamines des groupes A et B. Des variétés aux gros fruits sont cultivées pour la production de fruits vitaminés. Leur saveur est également meilleure. Il s'agit de plantes monoïques, femelles. La fructification est assurée par des insectes pollinisateurs adéquats. Le jus est employé dans la préparation de boissons fruitées mixtes et les fruits servent à préparer une délicieuse confiture. L'argousier est un fruit sauvage précieux pour la faune indigène. Il offre de la nourriture, mais aussi de nombreux abris et sites de nidification.

Grives litornes sur un argousier

Argousier

Olivier de Bohème

Elaeagnus angustifolia · Eléagnacées

Ligneux à feuilles caduques, densément ramifié et très épineux, à couronne généralement ample et peu touffue. ✰ mai-juil.

2-5 m de haut; pousses et bourgeons densément couverts de poils en écailles argentés; rameaux et branches à l'écorce mince, brun rougeâtre, aux pousses courtes épineuses. **Feuilles** alternes, pétiolées, étroitement lancéolées, coriaces, environ 4-8 cm de long et jusqu'à 2 cm de large, pointues ou arrondies à l'extrémité, taillées en biseau à la base, face supérieure vert-gris et glabre, face inférieure gris argenté, densément couverte de poils étoilés. **Fleurs** jusqu'à environ 1 cm de diamètre, hermaphrodites ou mâles, sépales jaune clair à l'intérieur, à l'extérieur couverts de poils argentés, à l'odeur agréable de cuir, à court pédoncule, isolées ou par 2-4 aux aisselles des feuilles, dans la partie inférieure des rameaux. **Fruits** de 1-2 cm de long, fausses baies ovales à cylindriques, jaune clair, farineux, comestibles, à la saveur très aromatique; maturité dès juil.

feuille

fruits

Répartition : bosquets alluviaux aux abords de lacs et cours d'eau, lisières forestières, bosquets sur pentes ensoleillées, de préférence sur sol léger, humide. Originaire d'Asie centrale, introduit dans la région méditerranéenne au XVIIe s. où il est désormais très répandu; souvent planté dans les parcs en Eur. moy., redevient également sauvage.

À savoir ! Supporte la taille et forme des haies denses. Il se prête donc à merveille comme pare-vent. Les fleurs sont appréciées des abeilles et autres hyménoptères. En Orient, les fruits séchés au goût qui rappelle la noix sont consommés comme nourriture. Ce genre comprend d'autres espèces cultivées comme plantes d'ornement.

Chalef changeant

Elaeagnus commutata · Eléagnacées

Arbuste ou petit arbre à feuilles caduques, dressé, densément ramifié, avec rejets; rameaux bruns, sans épines. ✰ mai-juil.

Environ 2-5 m de haut. **Feuilles** alternes, ovales larges, 4-8 cm de long et 2-4 cm de large, face supérieure vert-gris, face inférieure gris blanchâtre, les deux faces portent des poils étoilés argentés ou brunâtres isolés, facilement observables même sans loupe. **Fleurs** cylindriques, argentées à l'extérieur, jaune or à l'intérieur, isolées ou par petits groupes sur de brefs pédoncules aux aisselles des feuilles, odeur agréable. **Fruits** secs, argentés; maturité dès août.

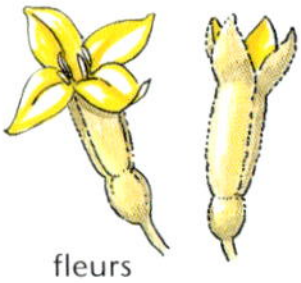

fleurs

Répartition : berges de cours d'eau, forêts alluviales, bosquets. Originaire d'Amérique du N. (du Québec à l'Utah), souvent cultivé dans les parcs.

À savoir ! Il convient bien à la plantation en haie sur les dunes, comme protection contre le vent. Les fleurs servent de nourriture aux abeilles et aux bourdons.

Proche **Goumi du Japon** *Elaeagnus multiflora* feuilles ovales allongées à elliptiques, d'abord densément couvertes de poils, ensuite avec de rares poils étoilés bruns; fleurs blanches, jaunâtres lors qu'elles se fanent; fruits allongés, d'environ 1,5 cm de long, juteux, sur un long pédoncule mince, rougeâtres soutenu à brun rougeâtre, acidulés. Pentes chaudes et arides avec bosquets clairsemés, ourlets; climat aux hivers cléments. Originaire d'Asie de l'E. (Chine, Japon, Chorée), souvent ornemental, aussi le long de chemins et avenues. Les fruits juteux sont comestibles et sont consommés en Asie de l'E. N'est as encore redevenu sauvage en Eur.

Olivier de Bohème

Chalef changeant

Myricaire

Myricaria germanica · Tamaricacées

Arbste à feuilles caduques aux branches étroites en forme de baguettes, rouge-brun, fleurs insignifiantes. ✿ juin-août

Environ 0,5-2 m de haut. **Feuilles** en forme d'aiguilles, sessiles, alternes, 2-5 mm de long, pointues, disposées comme des tuiles, glabres, vert bleuté. **Fleurs** 5 pétales blancs ou rougeâtres, à court pédoncule, environ 8 mm de large, en grappes terminales dressées; sépales et pétales restent jusqu'à maturité des fruits.

Répartition : dépôts de sable et alluvions, gravières, bords de chemins. Pyrénées, Balkans, Scandinavie. En Eur. moy. seulement dans les Alpes et les Pré-Alpes.

fruit étamines

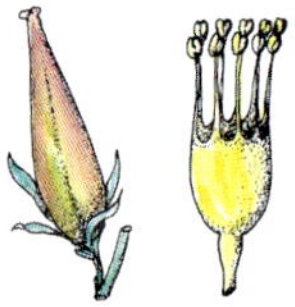

Tamaris

Tamarix gallica · Tamaricacées

Ligneux à feuilles caduques, très ramifié; branches et rameaux en forme de baguettes, arqués et étalés. ✿ juin-août

fleur

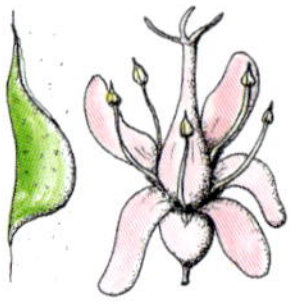

△ feuille vue de côté

Environ 2-4 m de haut; écorce brun-pourpre; rameaux rendus un peu rugueux par la présence de lenticelles. **Feuilles** alternes, sessiles, en forme d'écailles, imbriquées comme des tuiles, hélicoïdales, 2-4 mm de long et 1 mm de large, relativement larges à la base, toujours légèrement transparentes au bord, vert foncé à bleuté, pas de stipules. **Fleurs** minuscules, 5 pétales, roses, à court pédoncule, groupées en épis denses, 3-5 cm de long, cylindriques; les pétales tombent après la floraison.

Répartition : talus rocheux, jachères, dunes côtières et berges fluviales. Du N.-O. de la France à la Méditerranée orientale.

Tamaris du printemps

Tamarix tetrandra · Tamaricacées

Arbuste à feuilles caduques, aux rameaux brun foncé à presque noirs, en forme de baguettes. ✿ avril-mai

feuilles en forme d'écailles

Environ 2-3 m de haut; branches arquées retombantes. **Feuilles** de 1-2 mm de long seulement, pointues, légèrement transparentes au bord, vert herbe, glandes enfoncées. **Fleurs** 4 pétales, rose clair, groupées en grappes buissonnantes de 4-5 cm de long, les pétales fanés tombent rapidement.

Répartition : sols ouvert, humides, côtiers et de steppes. Eur. du S.-E., des Balkans au Proche Orient; souvent planté comme plante ornementale, en Eur. du S. et de l'O., planté aussi pour consolider des sols sablonneux.

À savoir ! Les petites glandes enfoncées présentes sur les feuilles permettent à la plante d'excréter activement le sel lorsqu'elle pousse sur des sols côtiers saumâtres.

Tamaris de Russie

Tamarix pentandra · Tamaricacées

Ligneux à feuilles caduques, branchage lâche et branches arquées, retombantes, en forme de baguettes. ✿ juil.-sept.

feuille en forme d'écaille

Environ 3-5 m de haut; rameaux d'abord pourpre, puis brun-rouge. **Feuilles** 2-3 mm de long, alternes, en forme d'écailles, ovales-lancéolées, vert pâle à bleuté, ne sont pas transparentes au bord, se recouvrent comme des tuiles. **Fleurs** toujours à 5 pétales, roses à rose foncé, nombreuses en grappes cylindriques de 3-8 cm de long, réunies en grands panicules terminaux; les pétales ne tombent pas lors que les fleurs se fanent.

Répartition : Steppes, pentes arides, jachères. Eur. du S.-O. jusqu'en Asie centrale; plante d'ornement dans des parcs et jardins.

À savoir ! Les tamaris sont répandus de l'Eur. de l'O à l'Asie de l'E. et naturalisés dans de nombreuses régions du monde comme arbustes d'ornement.

Myricaire

Tamaris

Tamaris du printemps

Tamaris de Russie

Rhododendron ferrugineux

Rhododendron ferrugineum · Éricacées

Petit arbuste toujours vert, densément ramifié, aux branches et rameaux robustes, branches et troncs à l'écorce grise. ✰ mai-août/oct.

Jusqu'à 1,3 m de haut. **Feuilles** alternes, groupées aux extrémités des rameaux, 2-4 cm de long et environ 1 cm de large, lancéolées, allongées, pointues à piquantes à l'extrémité, coriaces, solides, à bord finement denté et enroulé, face supérieure vert foncé brillant et glabre, face inférieure densément couverte de poils écailleux rouge rouille, ne restent qu'env. 2 ans sur la plante. **Fleurs** à pédoncule de 5-8 mm de long, par plusieurs en grappes terminales compactes, sépales soudés, corolle rose intense à rouge soutenu, jusqu'à 2 cm de long, ouverte en entonnoir, poils courts à l'intérieur, 10 étamines, laineuses à la base. **Fruits** capsule, ligneuse, brunâtre; graines légères, propagées par le vent; dès août.

Répartition : bosquets clairsemés, forêts, peuplements d'arbustes nains, évite les sols calcaires, ne se trouve dès lors que sur sols acides et siliceux; pionnier important des sols vierges, avec le genévrier nain (⇨ p. 94). Pyrénées, Alpes, Jura, Apennins, Carpates, montagnes des Balkans, jusqu'à environ 2800 m d'altitude, occasionnellement aussi en dehors de son aire naturelle de répartition dans des jardins. **LR**

À savoir ! Le rhododendron ferrugineux ne se trouve presque jamais associé au rhododendron cilié, mais se croise occasionnellement avec cette espèce en donnant des hybrides fertiles.

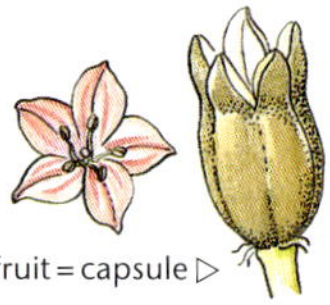

fruit = capsule ▷

Rhododendron cilié

Rhododendron hirsutum · Éricacées

Arbuste toujours vert, à floraison remarquable et très décorative; branches et rameaux dressés. ✰ mai-juil.

Environ 1 m de haut; pousses irrégulièrement recouvertes de poils et peu écailleuses. **Feuilles** alternes, à court pétiole, 1-3 cm de long et jusqu'à 1,5 cm de large, coriaces, face supérieure vert clair brillant et glabres, face inférieure irrégulièrement couverte de glandes en forme d'écailles, ciliées au bord et sur le pétiole. **Fleurs** à pédoncule atteignant 1,5 cm de long, groupées aux extrémités des rameaux en grappes gloméruleuses compactes, corolle en forme de clochette ou d'entonnoir, rouge clair éclatant, jusqu'à 1,5 cm de long, glandes écailleuses à l'extérieur; tomenteuses à l'intérieur, étamines de longueur irrégulière et tomenteuses à la base. **Fruits** capsules ovales, ligneuses.

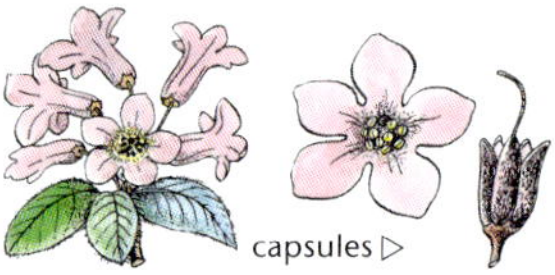

capsules ▷

Répartition : ceinture d'arbustes couchés et autres arbustes à la limite de la forêt, dans les stations de plus basse altitude aussi dans des gorges humides, sur calcaire. Versants nord et sud des Alpes orientales, par endroits dans les Alpes centrales; planté en dehors de son aire naturelle de répartition, mais peu naturalisé. **LR**

Proche Dans les Carpates on trouve le **rhododendron à feuilles de myrte** *Rhododendron myrtifolium* aux petites feuilles à la face inférieure couverte d'écailles verdâtres et au bord non cilié.

Rhododendron ferrugineux

Rhododendron cilié

Azalée jaune

Rhododendron luteum · Éricacées

Arbuste de taille moyenne à feuilles caduques, densément ramifié et buissonnant avec des rejets de souche; jeunes pousses recouvertes de poils hirsutes; très voyant lors de la floraison, habituellement abondante. ✿ mai-juin

Jusqu'à 4 m de haut. **Feuilles** alternes, à court pétiole, 6-12 cm de long, jusqu'à 4 cm de large, linéaires-lancéolées, émoussées à l'extrémité, mais à pointe acuminée, taillées en biseau à la base et rétrécies à l'insertion du pétiole tomenteux; à peine dentées et densément ciliées, face supérieure et nervures sur la face inférieure tomenteuses. **Fleurs** de 3-5 cm de diamètre, s'ouvrant avant l'éclosion des feuilles, odeur intense, par 7-12 en grappes ombellifomes terminales compactes, corolle jaune or saturé, en forme d'entonnoir, un peu collante à l'extérieur, 5 étamines proéminentes.

Répartition : forêts ombragées de conifères et marécageuses. Caucase moyen et occidental, Turquie du N., en partie en Eur. moy. orientale (Pologne), naturalisé dans le S. de la Grande-Bretagne; souvent planté, souche de nombreuses variétés élevées dans les jardins.

À savoir ! Les espèces à feuilles caduques du genre *Rhododendron* sont communément appelées azalées par les jardiniers.

Proche **Azalée pontique** *Rhododendron ponticum*, toujours vert, feuilles jusqu'à 15 cm de long, vert foncé, elliptiques, glabres; fleurs de 4-5 cm de diamètre, violettes, pourpre ou lilas, motif verdâtre à l'intérieur; indigène du Caucase, région de la mer Noire, Proche Orient; naturalisé et redevenu sauvage surtout en Eur. du S.-O. (Portugal) et de l'O. (Grande-Bretagne).

Raisin d'ours commun

Arctostaphylos uva-ursi · Éricacées

Arbuste nain ou rampant toujours vert, densément ramifié, aux branches et aux rameaux couchés, formant des tapis. ✿ mars-juin

Feuilles alternes, épaisses, solides, sessiles ou à court pétiole, 3-5 cm de long et jusqu'à 1 cm de large, ovales, arrondies ou légèrement rognées, légèrement pubescentes au bord et sur la nervure centrale, face supérieure brillante, seule la face inférieure présente un réseau de nervures (ce qui la distingue de l'airelle rouge, très semblable). **Fleurs** en forme d'outre, blanchâtres, verdâtres ou rougeâtres, en grappes généralement pendantes. **Fruits** baies juteuses, sphériques, rouge éclatant, non comestibles; maturité en sept.

Répartition : landes à arbustes nains, pinèdes clairsemées, bosquets, principalement sur substrat calcaire et plutôt aride. Espèce arctique-alpine : toundra arctique, Alpes, Pyrénées, Apennin central, Balkans méridionaux, en montagne jusqu'à environ 2700 m d'altitude. **LR**

À savoir ! Les feuilles sont utilisées en médecine contre les troubles urinaires, car elles ont un effet désinfectant. Elles se trouvent parmi les composants des thés pour les reins et la vessie.

Azalée jaune

Raisin d'ours commun

Airelle des marais

Vaccinium uliginosum · Éricacées

Arbuste nain à feuilles caduques, densément ramifié, aux troncs couchés et aux rameaux bruns dressés. ✿ mai-juin

Jusqu'à 75 cm de haut. **Feuilles** alternes, pétiolées, jusqu'à 2,5 cm de long et environ 1 cm de large, ovales-lancéolées, face supérieure vert mat, face inférieure vert-bleu. **Fleurs** à 4 ou 5 pétales, corolle en forme de clochette ou d'outre, crème, rouge intense à la base, par 1-5 aux aisselles des feuilles supérieures. **Fruits** baies atteignant 1 cm de diamètre, sphériques, recouvertes d'une couche pruineuse bleue, comestibles mais peu savoureuses ; à maturité dès août.

Répartition : tourbières, forêts marécageuses, forêts de conifères clairsemées, landes à arbustes nains. Montagnes d'Eur. moy. et du N.

À savoir ! Les baies de l'airelle des marais, consommées en grandes quantités, peuvent avoir un effet légèrement euphorisant.

Myrtille

Vaccinium myrtillus · Éricacées

Arbuste nain à feuilles caduques, petit, très ramifié ; branches ligneuses à la base, rameaux anguleux et verts. ✿ mai-juin

Jusqu'à 50 cm de haut. **Feuilles** alternes, à court pétiole, 2-3 cm de long, ovales-lancéolées, pointues, finement dentées en scie, vert clair mat ; souvent jaune éclatant à rouge carmin en automne, surtout en montagne. **Fleurs** à 4 ou 5 pétales, pendantes ou penchées, en forme de clochette, blanc verdâtre, aussi rouge soutenu, par 1-2 aux aisselles des feuilles supérieures. **Fruits** baise juteuses, bleu-noir, couvertes d'une couche pruineuse claire, comestibles ; à maturité dès juil.

Répartition : forêts de conifères clairsemées, landes, marais. Eur. moy. et du N., dans le S. seulement en montagne, toundras arctiques.

À savoir ! L'espèce couramment cultivée est la **myrtille arbustive** ou **bleuet à corymbes** *V. corymbosum*, nord-américaine.

Airelle rouge

Vaccinium vitis-idaea · Éricacées

Arbuste nain toujours vert, aux troncs rampants et aux branches modérément ramifiées. ✿ mai-juil.

Jusqu'à 30 cm de haut. **Feuilles** alternes, à court pétiole, jusqu'à 2 cm de long, elliptiques à ovales, entières, face supérieure vert foncé brillant, face inférieure vert clair, ponctuée de taches foncées. **Fleurs** à 4 ou 5 pétales, en grappes pendantes, corolle en forme d'outre, crème, tachée de rose. **Fruits** baies sphériques, jusqu'à 1 cm de diamètre, d'abord blanchâtres, comestibles, rouge écarlate à maturité, dès juil.

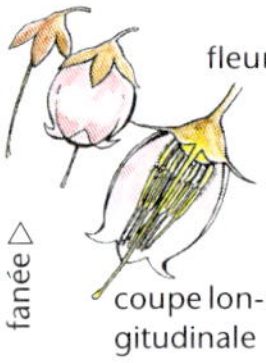

Répartition : marges de marais, forêts de conifères clairsemées, landes à arbustes nains. Eur. moy. et du N., par endroits dans les Apennins et les Balkans, Caucase, Groënland, Amérique du N. de Terrre-Neuve à l'Alaska. Aussi cultivée.

Canneberge

Vaccinium oxycoccos · Éricacées

Arbuste rampant nain toujours vert, aux branches filiformes. ✿ mai-juil.

Jusqu'à 80 cm de long. **Feuilles** 10 mm de long, lancéolées, face supérieure brillante, face inférieure vert-bleu, pruineuse. **Fleurs** par 1-5 en grappes ; 4 pétales, rose pâle ou rouge soutenu. **Baies** jusqu'à 1 cm de diamètre, jaune ou rouge intense, juteuses, comestibles ; maturité dès août.

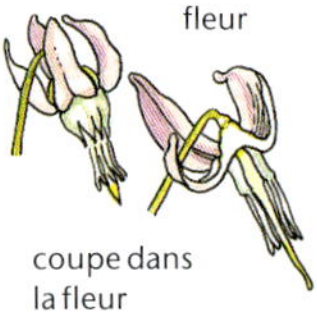

Répartition : coussins de sphaignes sur tourbières. Eur. moy. et du N., rare dans le S.-O. **LR**

Proche **L'airelle à gros fruits** ou **canneberge à gros atocas** *V. macrocarpon* produit des baies jusqu'à 2 cm de diamètre. Elle est originaire d'Amérique du N. et a été introduite dans quelques régions d'Eur. moy. (îles de la mer du Nord, Forêt Noire, Bavière, Suisse).

Airelle des marais

Myrtille

Airelle rouge

Canneberge

Camarine hermaphrodite

Empetrum hermaphroditum · Éricacées

Arbuste nain toujours vert, bas et très ramifié, aux rameaux couchés et remontants et aux fruits noirs. ✿ mai-juin

Environ 20-30 cm de haut ; rameaux dépassant rarement les 50 cm de longueur ; jeunes pousses verdâtres. **Feuilles** alternes ou en rares verticilles irréguliers, à court pétiole, jusqu'à 8 mm de long, linéaires, glabres, vert foncé brillant, non piquantes, molles, marges enroulées sur la face inférieure formant un chenal étroit fermé par des bandes de poils blancs. **Fleurs** hermaphrodites, insignifiantes, rouge verdâtre, à sépales et pétales séparés. **Fruits** drupes à l'aspect de baies, à plusieurs graines, sphériques, jusqu'à 8 mm de diamètre, noires, légèrement brillantes ; comestibles mais peu savoureuses ; maturité dès août.

Répartition : bosquets clairsemés sur rocher, éboulis, moraines, sols humiques vierges, landes à arbustes nains. Montagnes d'Eur., des Pyrénées au Caucase, dans les Alpes jusqu'à 2200 m d'altitude.

À savoir ! Souvent décrite comme sous-espèce car il en existe plusieurs variétés.

Proche **Camarine noire** *Empetrum nigrum*, branches couchées jusqu'à 1,2 m de long, produisant des racines ; forme des tapis étendus ; jeunes pousses rougeâtres ; feuilles jusqu'à 5 fois plus longues que larges ; plante monoïque. Sols sableux et marécageux dans les zones côtières de la mer du Nord et de la Baltique, Eur. du N. arctique et Amérique du N. ; manque dans les Alpes.

Andromède à feuilles de polium

Andromeda polifolia · Éricacées

Arbuste nain toujours vert, peu ramifié, aux troncs rampants produisant des racines. ✿ mai-juil.

inflorescence

Environ 20-40 cm de haut. **Feuilles** alternes, à court pétiole, 2-4 cm de long et jusqu'à 8 mm de large, linéaires, coriaces, marges fortement enroulées ; face supérieure vert foncé brillant à nervure centrale enfoncée, glabre, face inférieure blanchâtre, tomenteuse. **Fleurs** sur pédoncule rougeâtre, courbé, jusqu'à 1,5 cm de long, petits sépales, rougeâtres, corolles en forme d'outre, jusqu'à 8 mm de long, rose clair à blanchâtre.

Répartition : tourbières et marais de transition. Eur. moy. et du N., par endroits dans les Carpates et en Biélorussie, rare dans les marais alpins, Groënland et Amérique du N. ; plantée parfois dans les jardins à bruyère. **LR**

Lédon du Labrador

Ledum palustre · Éricacées

Arbuste toujours vert, ramifié, extraordinairement attrayant lors de la floraison, aux branches dressées. ✿ mai-juin

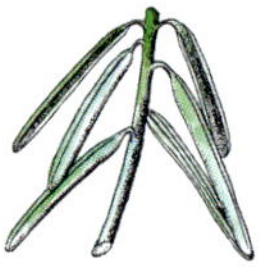

Environ 1-1,5 m de haut ; pousses recouvertes d'un duvet feutré rouge rouille. **Feuilles** pétiolées, coriaces, linéaires-lancéolées, jusqu'à 4 cm de long, face supérieure vert olive mat, face inférieure rouge rouille, duveteuse, à bord s'enroulant sur la face inférieure, jusqu'à former une petite aiguille. **Fleurs** nombreuses en grappes terminales, dressées, gloméruleuses, corolle à 5 pétales, en forme d'étoile, blanc immaculé, jusqu'à 1,5 cm de diamètre, longues étamines blanches proéminentes. **Fruits** capsules brunes, insignifiantes mais odorantes ; maturité dès août. Toxiques !

Répartition : tourbières, marais de transition et forestiers. Eur. moy. à l'est du Weser, isolé au N. de l'Allemagne, Scandinavie et Amérique du N. **LR**

Camarine hermaphrodite

Andromède à feuilles de polium

Lédon du Labrador, thé du Labrador

Tremble

Populus tremula · Salicacées

Au bout de leur long pétiole, les feuilles presque rondes du tremble ondulent au moindre souffle d'air. Comme il produit beaucoup de rejets, cet arbre pousse souvent en groupes denses. ☆ mars-avril

Arbre à feuilles caduques, atteignant 30 m de haut, à couronne clairsemée, arrondie, ample, sur un tronc droit; écorce d'abord grise sillonnée de verrues liégeuses (lenticelles), ensuite gris-noir et striée dans la longueur. **Feuilles** alternes, à long pétiole, presque rondes ou légèrement ovales, aux dentelures arrondies et aux incisions peu profondes, légèrement tomenteuses juste après l'éclosion, ensuite complètement glabres; face supérieure vert-gris, mate, face inférieure vert bleuté clair, jaune or en automne (photo en bas à droite). **Fleurs** dioïques; fleurs entourées de bractées fortement fendues, hérissées de poils gris; chatons ♂ mollement pendants, jusqu'à 10 cm de long, pourpres; chatons ♀ verdâtres. **Fruits** à maturité dès mai.

Répartition : sols secs, pauvres, vierges ou sur éboulis, plante pionnière fréquente dans les gravières et les carrières de pierres, les installations ferroviaires ou autres; préfère les sols légers, non calcaires, en situation ensoleillée. Toute l'Eur., du Portugal au N. de la Scandinavie et à l'Asie Mineure, sauf en S. de l'Italie; fréquent partout en Eur. moy., de la plaine jusqu'à plus de 1000 m d'altitude en montagne; généralement en peuplements mixtes avec d'autres feuillus.

À savoir ! Les capsules brunâtres, mûrissant sur les longs chatons ♀, libèrent dès le début de l'été une grande quantité de minuscules graines tapissées de poils blancs qui se font emporter par le vent. Cette dissémination très efficace fait du tremble l'un des premiers arbres à coloniser les sols pauvres, fraîchement remaniés et encore libres de végétation, en compagnie du bouleau et du saule marsault. Il est donc particulièrement fréquent sur les surfaces déboisées, aux bords de chemins et sur les jachères. Il est planté sur les pentes à reboiser et les talus routiers pour protéger de l'érosion. L'espérance de vie du tremble ne dépasse en général pas les 100 ans.

Les feuilles ondulent dès le premier courant d'air et se mettent littéralement à « trembler comme une feuille ».

Ce tremblement est dû à la forme du pétiole, long et aplati latéralement, constituant ainsi un support peu portant.

Le bois jaunâtre du tremble est lourd au moment de la coupe, à cause de la teneur élevée en eau, mais devient très léger et facile à travailler après séchage. Il est utilisé pour produire des panneaux et du contreplaqué, pour les allumettes et les travaux de tressage.

Les bourgeons résineux permettent aux abeilles de produire la propolis, qu'elles utilisent pour colmater les fissures et les joints de la ruche.

Tremble en bas à droite : coloration automnale

Peuplier noir

Populus nigra · Salicacées

Les feuilles, souvent en forme de losange, sont caractéristiques, tout comme l'écorce noirâtre et la capacité des troncs coupés à faire des rejets.
✿ mars-avril

Arbre à feuilles caduques, dépassant les 30 m de haut, couronne ouverte, généralement très ample, irrégulière chez les exemplaires âgés, sur tronc droit; longues branches dressées, présentes souvent déjà à faible hauteur; écorce plus épaisse, profondément crevassée, gris foncé à noirâtre (d'où le nom !) **Feuilles** à long pétiole, en forme de losange ou triangulaires, à pointe allongée, finement dentées, d'abord faiblement tomenteuses, ensuite glabres et vert foncé brillant sur la face supérieure, sans glandes à l'insertion du pétiole. **Fleurs** dioïques; apparaissent avant les feuilles; chatons ♂ mollement pendants, 5-9 cm de long, aux étamines rougeâtres, ensuite progressivement gris-blanc; chatons ♀ plus courts, verdâtres. Maturité des **fruits** dès mai.

Répartition : sols humides, riches, profonds, légers et inondables des zones alluviales fluviales. Du S.-O. de l'Eur. et toute l'Eur. moy. jusqu'en Asie centrale; pas de peuplements naturels en Allemagne du N. et en Scandinavie, mais planté par endroits.

À savoir ! Cet arbre, caractéristique des zones de basse altitude d'Eur. moy., se trouvait en origine surtout le long des grands fleuves (Meuse, Rhin, Weser, Elbe, Danube). Imposant, le peuplier noir peut atteindre 300 ans et développer des troncs de 2 m de diamètre. Il est également planté dans les parcs et les champs. Il produit des rejets de souche et crée donc souvent des peuplements denses. Les capsules, brunâtres à maturité, ovales allongées, déversent de grandes quantités de minuscules graines lorsqu'elles s'ouvrent. Celles-ci, couvertes de poils blancs, s'envolent et sont transportées par le vent comme des flocons de ouate. Cependant, le peuplier noir ne colonise pas aussi rapidement de nouvelles terres que le tremble, proche parent.

On observe souvent des renflements noueux sur les pétioles, atteignant 2 cm d'épaisseur. Ils sont provoqués par la galle spiralée du peuplier, un parasite dont les larves se nourrissent des tissus végétaux. Les galles, produites durant l'été sous l'influence de l'hormone du parasite, provoquent une torsion du pétiole. L'automne venu, elles libèrent de nouveaux parasites qui passent l'hiver dans le sol et attaquent les feuilles fraîches le printemps suivant.

Le bois, clair, plutôt léger mais solide, est utilisé pour la sculpture, la fabrication de meubles, d'objets de cuisine, de sabots et pour la production de la cellulose dans l'industrie du papier.

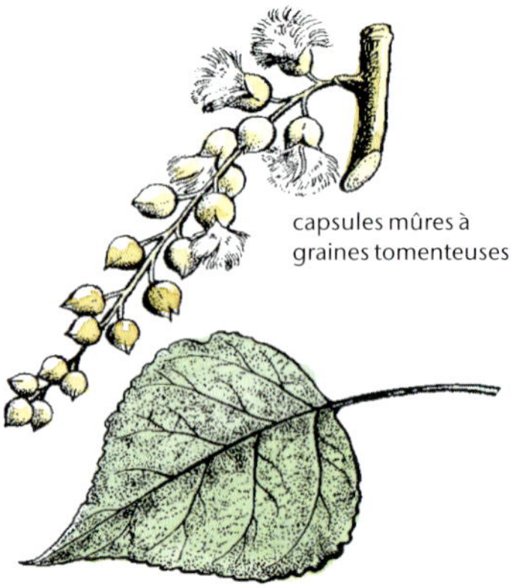

capsules mûres à graines tomenteuses.

Proche **Peuplier d'Italie** *Populus nigra* 'Italica', appelé aussi peuplier pyramidal, est une variété du peuplier noir, probablement apparue au Proche Orient ou en Italie centrale.

Ses branches sont dressées et confèrent à la couronne un aspect de colonne.

Il est souvent planté le long d'allées, pour masquer des sites industriels ou des infrastructures sportives ou comme arbre isolé dans les parcs.

Peuplier noir en bas à droite : graines poilues

Saule marsault

Salix caprea · Salicacées

Les chatons mâles apparaissent tôt et sont particulièrement connus par leur « fourrure » argentée; l'abondance de nectar et de pollen régale les insectes.

✿ mars-mai

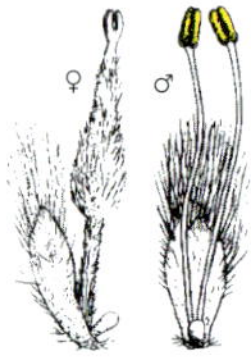

Arbre ou grand arbuste à feuilles caduques, atteignant 10 m de haut, à couronne ample et à écorce gris-noir, crevassée dans la longueur; rameaux gris-vert, d'abord clairs et tomenteux, très flexibles, restant minces. **Feuilles** alternes, pétiolées, 4-12 cm de long et jusqu'à 6 cm de large, elliptiques, arrondies à la base, pointues à l'extrémité, à bord ondulé ou irrégulièrement denté, face supérieure vert foncé, face inférieure vert-gris, tomenteuse. **Fleurs** dioïques; les inflorescences apparaissent longtemps avant le feuillage; chatons ♂ ovales, jusqu'à 3 cm de long, prenant l'aspect d'une fourrure argentée à l'éclosion (d'où le nom de « chatons »), jaune clair lors de la libération du pollen; chatons ♀ verdâtres, insignifiants, ovaire tomenteux. Maturité des **fruits** dès mai.

Répartition : plante pionnière fréquente dans les jachères, en lisière de forêt, en bordure de chemins et sur les carrières, aussi en association avec d'autres saules arbustifs et arborescents au bord d'eaux calmes; bois clair au développement rapide. Présent partout en Eur. (sauf au Portugal), dans les Alpes jusqu'à 2000 m d'altitude; en Eur. du S. seulement en montagne; Asie de l'O. et du N.-O.

À savoir ! Le saule marsault est un représentant des saules à grandes feuilles. Contrairement aux saules à feuilles étroites, ils ne poussent pas à proximité immédiate des zones alluviales mais préfèrent des stations plus élevées, à humidité variable. Malgré ses fleurs peu attrayantes, le saule marsault compte sur les insectes pour être pollinisé. En tant que ligneux à floraison particulièrement précoce et abondante, c'est une plante très importante pour les abeilles au printemps. Pour cette raison, il est interdit de couper des rameaux à chatons pour en faire des décorations.

Une caractéristique typique de presque tous les saules est la facilité des boutures à s'enraciner. C'est valable aussi pour le saule marsault, même avec des coupes de l'épaisseur d'un bras. Les rameaux coupés montrent leur polarité interne : la partie supérieure de la coupe ne développe que de nouvelles pousses, tandis que la partie inférieure ne développe que des racines.

L'écorce du saule marsault contient une substance appelée salicine, comme l'indique son nom latin. À partir de celle-ci, on prépare par procédé chimique l'acide acétylsalicylique, soit le composant principal de l'aspirine, médicament analgésique et antipyrétique. Le bois, peu résistant, est utilisé pour fabriquer des panneaux agglomérés ou pour produire de la cellulose. L'utilité écologique de cet arbre est inversement proportionnelle à son rendement économique. Les feuilles sont la nourriture de nombreuses chenilles, entre autres de l'épineuse de l'orme, de la vanesse polychrome et du grand mars changeant.

Saule marsault

Saule à oreillettes

Salix aurita · Salicacées

Arbuste à feuilles caduques, aux ramifications perpendiculaires, plutôt compact et aux branches dressées ou étalées. ✿ mars-mai

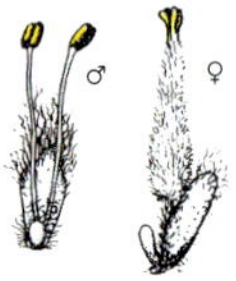

Port d'environ 1-3 m; rameaux minces. **Feuilles** à pétiole de 1 cm de long, ovales à obovales, plus larges dans la moitié antérieure; 2-5 cm de long, pointe fine, tournée sur un côté ou retroussée, marge ondulée, limbe tomenteux sur les deux faces; face supérieure quelque peu rugueuse à cause des nervures enfoncées, face inférieure vert bleuté, duveteuse, ensuite glabre; stipules réniformes. **Fleurs** dioïques, apparaissent avant les feuilles, chatons argentés à jaunâtres, sessiles, 0,5-3 cm de long.

Répartition : berges, marges de fossés, prairies humides et détrempées, bas-marais, de la plaine à la montagne; sols acides et humides. Très répandu de l'Eur. à l'Asie de l'O., fréquent par endroits. Peu utilisé dans le jardinage.

À savoir ! Caractéristique par ses grandes stipules dentées, réniformes (oreillettes), qui lui confèrent le nom. Contrairement à celles de la plupart des autres espèces de saules, elles ne tombent pas précocement. Ce caractère et les rameaux visiblement minces permettent de différencier le saule à oreillettes des autres espèces proches de saules. Il est souvent en association avec les aulnes, aux exigences similaires en matière d'humidité du sol. Cette qualité classe le saule à oreillettes parmi les ligneux les plus importants pour le reboisement de sols humides et acides.

Cette espèce produit facilement des hybrides avec le saule cendré. Les hybrides et leurs croisements avec les variétés parentales ne sont pas faciles à reconnaître.

Saule appendiculé

Salix appendiculata · Salicacées

Grand arbuste ou petit arbre à feuilles caduques, aux ramifications perpendiculaires et aux feuilles particulièrement grandes. ✿ avril-mai

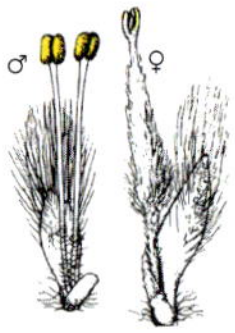

Port de 2-6 m de haut, ample; écorce grise, lisse. **Feuilles** 5-18 cm de long et jusqu'à 5 cm de large, obovales, entières ou grossièrement dentées, souvent ondulées, face supérieure glabre, rugueuse à cause des nervures enfoncées, face inférieure irrégulièrement tomenteuse; stipules cordées à réniformes. **Fleurs** dioïques, chatons sessiles, environ 3 cm de long, apparaissent immédiatement avant les feuilles ou en même temps.

Répartition : sols humides, légers à pierreux, généralement calcaires, sur stations fraîches, et humides, mégaphorbiaies, forêts alpines, couloirs à avalanches, jusqu'à environ 2100 m d'altitude. Alpes et Préalpes, Jura, montagnes des Balkans, espèce relique dans la Forêt Noire et dans la Forêt de Bohème. Cette espèce n'est pas utilisée en sylviculture ni dans le jardinage.

À savoir ! Le saule appendiculé fait partie des espèces de saules qui produisent facilement des hybrides avec d'autres saules, surtout avec le saule marsault. Ces hybrides présentent des feuilles d'une forme complètement différente. Les fleurs attirent les abeilles et autres insectes pollinisateurs, à la recherche de nectar et de pollen. Les graines sont dotées d'une touffe de poils et peuvent être emportées par le vent sur de longues distances. Puisque le temps de germination est relativement court, elles germent rapidement lorsque les conditions sont favorables.

Une marque caractéristique relativement sûre de cette espèce, outre la forme des feuilles et la station montagnarde, est le bois remarquablement lisse et sans zébrures.

Saule à oreillettes

Saule appendiculé

Noisetier de Byzance

Corylus colurna · Bétulacées

Les noisettes à coquille dure sont enveloppées dans un involucre collant, profondément découpé, et sont regroupées en amas globuleux. ✰ fév.-avril

Arbre à feuilles caduques, atteignant 20 m de haut, à couronne ample, conique, généralement émoussée et au branchage régulier et ample, chez les jeunes exemplaires presque en verticilles ; l'écorce des jeunes rameaux est couverte de glandes tomenteuses ; par contre, celle des branches et du tronc est brun-gris, liégeuse, écailleuse. **Feuilles** alternes, pétiolées, généralement retombantes, 8-12 cm de long et presque autant de large (plus larges dans le tiers supérieur du limbe), cordées à la base, brièvement pointues à l'extrémité, doublement dentées en scie ou très vaguement lobées ; limbe très coriace, face supérieure vert brillant, face inférieure plus claire, tomenteux seulement le long des nervures principales.

Fleurs pl. monoïque ; fleurs apparaissent longtemps avant les feuilles ; chatons ♂ groupés aux terminaisons des rameaux, jusqu'à 12 cm de long, mollement retombants, jaune clair au moment de la libération du pollen ; chatons ♀ courts, abrités dans des bourgeons épais, reconnaissables lors de la floraison par leurs stigmates filamenteux, en bouquets proéminents, rouge carmin. **Fruit** noisette atteignant 2 cm de long, à coquille épaisse ; maturité dès sept.

Répartition : forêts de montagne sur sols légers, de préférence riches. En origine, seulement dans l'Eur. sud-orientale et en Asie Mineure ; de plus en plus cultivé chez nous le long d'avenues et dans des parcs, pour sa croissance rapide.

À savoir ! Le noisetier de Byzance est le seul représentant de son genre, assez pauvre en espèces, au port exclusivement arborescent. Puisque les différentes espèces de noisetiers se distinguent difficilement par le feuillage, les fruits mûrs sont nécessaires pour une détermination sûre. Contrairement au noisetier indigène, au port d'un grand arbuste (*Corylus avellana*, ⇨ p. 228), les nombreuses noisettes du noisetier de Byzance sont généralement logées dans un involucre tendre, brunâtre à maturité, aux nombreuses pointes étroites et retroussées. Elles ne s'en détachent que difficilement. Ces noisettes sont comestibles et ont le même goût que les noisettes indigènes.

Dans les parcs on observe, rarement, un hybride arborescent entre le noisetier de Byzance et la variété indigène. Les caractéristiques des feuilles sont à mi-chemin entre celles de deux parents.

Les noisettes utilisées dans la boulangerie proviennent habituellement du noisetier franc ou noisetier de Lombardie, une espèce originaire d'Eur. sud-orientale (Asie Mineure), au port arbustif (*Corylus maxima*, ⇨ p. 228). Chez cette espèce, l'involucre des fruits est à peu près deux fois plus long que la noisette, se rétrécit à l'extrémité comme un sachet et n'est que peu découpé sur la marge antérieure. Plusieurs variétés de cet arbuste sont cultivées. En particulier, une variété très attrayante, au feuillage rouge foncé intense, appelée noisetier à feuilles pourpres, est très appréciée dans les parcs et les jardins.

Noisetier de Byzance en bas : fruit à involucre encore fermé

Noisetier

Corylus avellana · Bétulacées

Grand arbuste, au port généralement très ample; rameaux brun-rouge, finement duveteuses et couvertes de glandes; écorce des vieilles branches brun foncé brillant, parsemée de verrues liégeuses claires. ✿ janv.-mars

Port de 2-6 m. **Feuilles** alternes, à court pétiole, 7-10 cm de long et jusqu'à 6 cm de large, arrondies à obovales, à pointe étroite et à la base légèrement en biseau, doublement dentées en scie et faiblement lobées, face inférieure particulièrement tomenteuse le long des nervures. **Fleurs** pl. monoïque; fleurs apparaissant avant les feuilles, chatons ♂ nombreux, jaune clair, 3-8 cm de long, fleurs ♀ renfermées dans un bourgeon peu enflé, d'où dépassent des stigmates de 1-2 mm de long, rouge carmin. **Fruits** noisettes insérées dans un involucre appliqué contre le fruit et denté, pâle, à peine plus long que la noisette; maturité dès sept.

Répartition : stations modérément sèches en lisière de forêt, bosquets champêtres et le long de cours d'eau, de la plaine à environ 1400 m d'altitude dans les Alpes; dans la Forêt Noire seulement jusqu'à 1350 m. La gestion ancestrale des forêts de basse et moyenne altitude a fortement favorisé la diffusion de cette espèce. Très répandu en Eur., de la Scandinavie aux Balkans; souvent planté, aussi dans les jardins, entre particulier la variété aux rameaux bizarrement tortueux et enchevêtrés (mutation).

À savoir! Les noisettes étaient déjà importantes pour les populations humaines de l'Âge de la pierre. Plus tard, on a utilisé les rameaux de noisetier comme baguette de sourcier ou pour se protéger de la foudre. L'huile de noisettes est une huile alimentaire prisée, riche en acides gras insaturés. De plus, elle est appréciée pour mélanger les peintures, afin qu'elles ne foncent pas au séchage. En tant que plante à floraison précoce et à abondante production de pollen, le noisetier joue un rôle important pour les abeilles. Lors des journées hivernales ensoleillées, les abeilles ne vont que sur les chatons ♂ et ne contribuent pas à la pollinisation. Cette dernière est assurée par le vent, car les fleurs ♀ ne produisent pas de nectar et ne sont pas odorantes. Le noisetier offre en outre des abris et de la nourriture aux oiseaux et aux petits mammifères. Les geais, les casse-noix mouchetés et les écureuils propagent cette espèce par les réserves de noisettes qu'ils finissent par oublier. Ces dernières ne gardent la capacité de germer que jusqu'au printemps suivant.

Proche Le **noisetier franc** ou **noisetier de Lombardie** *Corylus maxima*, indigène d'Eur. du S.-E. et d'Asie Mineure, porte des feuilles jusqu'à 15 cm de long et presque aussi larges, à pétiole court. Ses chatons ♂ atteignent 10 cm de long. Ses noisettes, jusqu'à 2,5 cm de long, sont logées dans un involucre tomenteux, tubulaire, fermé comme un sachet et rétréci à l'extrémité. C'est de cette espèce que proviennent les variétés de noisettes habituellement présentes sur les marchés; elle est cultivée à de nombreux endroits aussi en Eur. moy. Dans les parcs et jardins on observe souvent la variété à feuilles rouge-noir intense **noisetier poupre** (*C. maxima* var. *purpurea*, voir la figure).

Noisetier

Bouleau blanc, bouleau verruqueux

Betula pendula · Bétulacées

Cet arbre à feuilles caduques se reconnaît de loin à son écorce blanche tachetée de bourrelets et de crevasses foncés, et à ses rameaux pendent comme des voiles. ✩ mars-mai

feuille et fruit

Arbre à feuilles caduques, atteignant 20 m de haut, couronne conique puis arrondie, haute ou irrégulière; branches courtes, rameaux longs, à l'écorce foncé brun-rouge; écorce du tronc lisse et blanc argenté. **Feuilles** alternes, à long pétiole, triangulaires, pointe longue et mince, doublement dentées en scie de façon régulière. **Fleurs** pl. monoïque; chatons ♂ de 3-6 cm de long, brunâtres avant la floraison, puis jaune clair; chatons ♀ de 2-3 cm de long, situées aux extrémités des rameaux sous les inflorescences ♂, verdâtres avec stigmates rouge foncé, ensuite brunes. **Fruits** akènes de 2-3 mm de long, entourés d'une pellicule.

Répartition : forêts de feuillus clairsemées, bosquets et îlots champêtres, clairières et bords de chemins; peu exigeant; bois clair; en Eur. moy. plutôt en association, peut former des peuplements dans l'Eur du N. Toute l'Eur. sauf l'extrême Nord et les marges méridionales des îles méditerranéennes, dans l'Eur. du S. seulement en montagne, dans les Alpes jusqu'à 1800 m d'altitude; c'est l'espèce de bouleau la plus fréquente en Eur.

À savoir ! Les fruits du bouleau, extrêmement légers, sont emportés par le vent. Les chatons ♂, apparaissant avant ou après les feuilles, libèrent d'énormes quantités de pollen. Elles déclenchent de fortes réactions allergiques auprès des personnes sensibles. Le bois du bouleau est très clair et est utilisé dans la fabrication de meubles. Par ailleurs, c'est le bois indigène au pouvoir calorifique le plus élevé. Les feuilles contiennent des principes pharmaceutiques actifs et sont utilisées tant dans l'homéopathie que dans la médecine traditionnelle.

Bouleau pubescent

Betula pubescens · Bétulacées

Les traits typiques de cette espèce sont les feuilles plutôt ovales et l'écorce blanche à argentée, lisse, aux fines rayures noires transversales. ✩ avril-mai

feuille et fruit

Arbre ou grand arbuste à feuilles caduques, atteignant 25 m de haut, à couronne étroite, souvent en plusieurs parties; branches remontantes ou horizontales, rameaux non pendants; jeunes rameaux densément duveteux, ensuite glabres. **Feuilles** pétiolées, généralement dentées en scie; face inférieure duveteuse le long des nervures principales et aux jonctions des nervures. **Fleurs** pl. monoïque, fleurs apparaissent avant le feuillage; chatons ♂ sessiles, mollement pendants, jaune clair lors de la libération du pollen; chatons ♀ pédonculés, dressés, verdâtres à stigmates rouges.

Répartition : sols gorgés d'eau ou humides, modérément riches, glaiseux, sablonneux et marécageux. De l'O. au N.-E. del'Eur. ; dans les Alpes jusqu'à 2000 m d'altitude; cependant, en montagne généralement arbustif.

À savoir ! Comme les saules, les bouleaux génèrent facilement des hybrides lorsque plusieurs espèces sont présentes. Les bouleaux plantés dans les parcs et jardins sont donc souvent des hybrides ou des rétrocroisements avec une espèce parentale. Les exemplaires purs de bouleau pubescent sont rares. Une variété présente dans les marais de pente de moyenne montagne, à l'écorce brunâtre, est appelée aussi bouleau des Carpates.

coloration automnale

Bouleau blanc

Bouleau pubescent en haut à droite : fruits

Bouleau nain

Betula nana · Bétulacées

Arbuste nain très ramifié à feuilles caduques, aux branches noueuses; écorce gris-noir; pousses d'abord feutrées, ensuite glabres et brun-rouge foncé. ✿ avril-mai

En généra, ne dépasse pas 50 cm de haut. **Feuilles** alternes, à court pétiole, presque rondes, environ 1 cm de large et de long, grossièrement crénelées; face supérieure vert foncé, face inférieure claire et avec un réseau de nervures, un peu collantes à l'éclosion, jaune or soutenu à rouge carmin intense en robe automnale. **Fleurs** pl. monoïque, fleurs en petits chatons dressés; chatons ♂ 0,5-1,5 cm de long, étamines jaunes; chatons ♀ brun clair, 7-10 mm de long. Maturité des **fruits** dès août.

Répartition : sols gorgés d'eau de tourbières et de bas-marais, prairies marécageuses, aulnaies marécageuses. Toundra arctique, de la Norvège à la Sibérie; Écosse (y forme généralement des peuplements); isolé en Eur. moy. dans les plaines du nord de l'Allemagne, le Hartz, la Forêt de Bohème et les Monts Métallifères, très rare aussi dans les Préalpes. **LR**

À savoir! L'attrayant bouleau nain et la dryade, à l'aspect de plante herbacée (⇨ p. 264), sont des exemples de végétaux à répartition arctique-alpine. Avant le reboisement qui a succédé à l'époque glaciaire en Eur. moy., s'est développée une ample ceinture de bouleaux nains entre la limite préglaciaire septentrionale et les hautes montagnes européennes, comme dans la toundra. En Finlande, on trouve une variété arbustive au port atteignant 3 m de haut, résultat du croisement entre le bouleau nain et le bouleau blanc ou le bouleau pubescent, dont les caractères se situent assez précisément entre ceux des deux espèces parentales.

Bouleau peu élevé

Betula humilis · Bétulacées

Petit arbuste à feuilles caduques, très ramifié; écorce brune, pousses d'abord faiblement tomenteuses, munies de glandes à l'aspect de verrues. ✿ avril-mai

Port de 0,5-2 m. **Feuilles** alternes, pétiole de 2-5 mm de long, largement ovales ou arrondies, 1-3,5 cm de long, émoussées ou à pointe courte, irrégulièrement et grossièrement dentées en scie, amplement taillées en biseau à la base, vert soutenu, glabres sur les deux faces ou avec des touffes de poils aux jonctions des nervures seulement sur la face inférieure. **Fleurs** pl. monoïque; chatons dressés, verdâtres, cylindriques, s'ouvrant avant l'éclosion des feuilles. **Fruits** akènes à une graine, dotés d'une aile étroite; maturité sept.-oct.

inflorescences

Répartition : prairies marécageuses, forêts de tourbière, saulaies et aulnaies marécageuses. En Eur. moy., seulement quelques stations dans les Préalpes et isolé dans les plaines du nord de l'Allemagne; en îlots éloignés de l'Eur. du N.-E. à l'Oural et à l'Altaï. **LR**

À savoir! Le bouleau peu élevé a été découvert et décrit comme une nouvelle espèce en 1789 par le botaniste bavarois Franz von Schrank, dans une tourbière près de Trauchgau (Alpes bavaroises).

Il constitue une relique, là où il est présent, tout comme le bouleau nain. Il donne ainsi un dernier aperçu de l'aspect de la couverture végétale de la fin de l'époque glaciaire ou postérieure à cette dernière en Eur. moy. Les akènes fossiles permettent de retracer l'aire ancienne de répartition. Des soins ciblés sont nécessaires afin de maintenir les dernières stations abritant cette espèce.

Bouleau nain à gauche : fruits non mûrs, à droite : coloration automnale

Bouleau peu élevé à gauche : fruits non mûrs, à droite : coloration automnale

Charme

Carpinus betulus · Bétulacées

Le tronc présente des côtes saillantes typiques, les feuilles sont repliées en accordéon et restent longtemps sur l'arbre, sèches, après l'automne. ✿ avril-mai

Arbre à feuilles caduques, atteignant 25 m de haut, à couronne très ramifiée; tronc souvent de section ovale, tordu ou clairement boursouflé chez les vieux individus; écorce lisse, gris foncé, à motif en réseau, peu marqué; bourgeons hivernaux appliqués contre le rameau. **Feuilles** alternes, pétiolées, 4-10 cm de long, étroitement ovales à pointe courte, doublement dentées en scie, glabres, vert clair sur les deux faces, jaunâtres avant de tomber. **Fleurs** pl. monoïque; fleurs apparaissent en même temps que les feuilles; chatons ♂ jusqu'à 7 cm de long; chatons ♀ à bractées lâches, vert pâle, insérés sur les pousses longues. **Fruits** akènes groupés en grappe pendante, chacun à la base d'une bractée à trois lobes, faisant office d'organe de vol.

fruit

Répartition : sols frais, profonds, riches, humiques. Des Pyrénées à l'Asie de l'O. en passant par toute l'Eur. moy. et le S. de la Scandinavie.

À savoir ! Les formes arbustives, appelées aussi charmilles, supportent la taille régulière et sont donc souvent plantées dans des haies. Puisqu'il se régénère facilement par bouture, il est utilisé aussi dans la sylviculture (taillis). Le bois clair (charme blanc !) est très léger, mais se fissure beaucoup au séchage.

Charme-houblon

Ostrya carpinifolia · Bétulacées

Les fruits, décoratifs, rappellent ceux du houblon (d'où son nom !), par contre, le port et les feuilles sont semblables à ceux du charme. ✿ avril-mai

Grand arbuste ou arbre à feuilles caduques, atteignant 20 m de haut, à couronne ample, arrondie, dense; écorce brun foncé, mais brun verdâtre avec des verrues liégeuses claires sur les jeunes rameaux. **Feuilles** alternes, pétiolées, arrondies à la base, pointues à l'extrémité, finement et doublement dentées en scie à longues dents; plutôt lisses, face supérieure vert foncé, face inférieure plus pâle et tomenteuse le long des nervures; disposées en deux rangs. **Fleurs** pl. monoïque; fleurs apparaissent en même temps que les feuilles; chatons ♂ réunis par 3-5, jaune verdâtre lors de la libération du pollen, lâches, atteignant 10 cm de long; chatons ♀ ouverts, 3-5 cm de long. **Fruit** vert pâle, ressemblant à un cône; chaque akène est enveloppé dans une cupule de 12-15 mm de long, à l'aspect d'une vessie enflée.

fruit

Répartition : sols légers, poreux, souvent calcaires dans des associations de feuillus thermophiles de basse montagne dès quelque 300 m d'altitude. Eur. du S., du S. de la France à l'Asie Mineure par les Balkans; dans les Alpes méridionales, jusqu'à environ 1200 m d'altitude.

À savoir ! Alors que dans ses régions d'origine le charme houblon est une essence forestière importante, en Eur. moy. on ne l'admire que dans les parcs des régions viticoles aux hivers cléments. Les akènes attrayants sont propagés par les animaux ou, lorsque la housse est enflée, par le vent. Le bois, dur et résistant, est employé pour fabriquer des manches d'outils ou pour produire du charbon de bois.

Charme

Charme-houblon

Aulne noir, aulne glutineux

Alnus glutinosa · Bétulacées

Le printemps, les longs chatons de cet arbre au tronc souvent ramifié attirent le regard; l'automne, ce sont les fruits ligneux à l'aspect de cônes qui se remarquent. ✰ fév.-avril

Arbre à feuilles caduques, atteignant 25 m de haut, à couronne ample et au tronc long, souvent divisé en plusieurs troncs dès la base; branches arquées, dressées ou étalées à l'horizontale; écorce gris brunâtre ou gris-noir et striée dans la longueur sur les vieux troncs; rameaux glabres, pousses verdâtres à verrues liégeuses jaune orangé (lenticelles). **Feuilles** alternes, pétiolées, amplement taillées en biseau, plus larges dans le tiers antérieur du limbe, généralement obcordées, plus rarement arrondies ou indistinctement pointues, ondulées et dentées en scie; face supérieure vert foncé brillant, face inférieure claire avec des touffes de poils jaunâtres aux jonctions des nervures; collantes à l'éclosion. **Fleurs** pl. monoïque; chatons ♂ réunis par 2-3, d'abord pourpres, puis jaune clair lors de la libération du pollen, 6-10 cm de long; mollement pendants; chatons ♀ ovales-lancéolés, pourpres, groupés par 2-8 aux extrémités des rameaux, s'ouvrent avant l'éclosion des feuilles. **Fruits** akènes ailés entre des écailles ligneuses.

Répartition : évite le calcaire; préfère les sols alluviaux et glaiseux, temporairement inondés, et les sols sableux et graveleux de marais et prairies humides; fréquent sur les berges de torrents ou formant des peuplements dans des forêts marécageuses. Partout en Eur. sauf dans la Scandinavie septentrionale; de la plaine à la montagne, mais dans les Alpes rarement au-dessus de 1200 m.

À savoir! Les radicelles de l'aulne glutineux entretiennent une relation vitale avec certaines bactéries qui fixent l'azote atmosphérique, le rendant assimilable pour la plante. De plus, elles assurent l'approvisionnement en oxygène des racines même dans le sol détrempé.

Les fleurs ♀ de l'aulne se développent en fruits compacts, ligneux, rigides, rappelant les cônes des conifères. Les petits akènes ailés ne se libèrent qu'au printemps suivant, pour être emportés par le vent. Ils peuvent flotter quelque temps et sont donc également propagés par les eaux courantes. Ceci explique la dense ceinture d'aulnes au bord de presque tous les petits cours d'eau qui marquent le paysage des terres cultivées. Les cônes vides perdurent sur les rameaux des années durant. Ils sont utilisés pour décorer des couronnes.

L'aulne noir stabilise les berges par ses profondes racines et empêche ainsi les dégâts dus à l'érosion hydraulique. Il est donc aussi planté dans des buts de protection.

Le bois de l'aulne noir est jaune orangé (photo en bas), mais fonce avec le temps pour devenir rouge-orange soutenu. Il est utilisé principalement dans la fabrication de meubles.

En haut : feuille obcordée; 5-8 nervures opposées, des deux côtés de la nervure centrale.
En haut à gauche : chatons mâles allongés et chatons femelles arrondis.
En bas à gauche : fruits à maturité.

Aulne noir, aulne glutineux

Aulne blanc

Alnus incana · Bétulacées

L'écorce gris-blanc, les fruits à pédoncule court et les feuilles généralement pointues distinguent cet arbre ou grand arbuste de l'aulne noir, qui lui ressemble.

✫ mars-avril

Arbre à feuilles caduques, 10-20 m de haut; habituellement à plusieurs troncs; couronne ample, dense, conique; écorce gris clair brillant à gris argenté, à peine ridée, aux nombreuses verrues liégeuses (lenticelles) disposées en cercles; jeunes rameaux d'abord légèrement tomenteux, ensuite glabres, aux verrues liégeuses brunâtres ou rougeâtres; bourgeons hivernaux clairement pétiolés. **Feuilles** alternes, pétiolées, ovales à arrondies, légèrement pointues à l'extrémité, arrondies à la base; 7-10 cm de long; 7-12 nervures (presque) opposées des deux côtés de la nervure principale, doublement dentées en scie; face supérieure vert foncé mat, face inférieure vert bleuté et d'abord couverte de poils gris, ensuite progressivement glabre ou juste duveteuse le long des nervures, non collante.

Fleurs pl. monoïque; chatons ♂ groupés par 3-5 aux extrémités des rameaux, atteignant 10 cm de long au moment de la libération du pollen, jaune clair et lâches; chatons ♀ par 2-8, accolés, rougeâtres; à maturité se développant en **fruits** à l'aspect de cônes.

Répartition : calcophile, sur sols sableux, graveleux, détritiques, temporairement détrempés mais non gorgés d'eau en permanence, généralement le long de cours d'eau et de vallons torrentiels de montagne, dans les Alpes aussi sur moraines jusqu'à 1600 m. Très répandu en Eur. moy, du N. et de l'E., absent dans les plaines du N.-O.

À savoir ! L'aulne blanc préfère les sols riches, mais peut coloniser aussi des sols vierges pauvres et est donc employé pour consolider et reboiser des terrils miniers et des talus routiers, d'autant plus qu'il pousse très rapidement. Des bactéries spécialisées fixant l'azote vivent dans ses racines et enrichissent le sol en nutriments. L'aulne blanc développe d'abondants drageons et se régénère par rejets de taillis.

Le bois de l'aulne blanc est moins résistant que celui de l'aulne noir, son proche parent, et n'est désormais utilisé que rarement, en dépit de sa coloration orange intense. Autrefois, on en fabriquait des embauchoirs pour souliers, des jouets et toutes sortes de pièces travaillées au tour.

Proche **Aulne de Corse** *Alnus cordata*, feuilles à pointe courte, cordées, face supérieure vert foncé brillant, face inférieure avec des poils brunâtres aux jonctions des nervures; très répandu en Italie, en Eur. moy. occasionnellement planté comme ligneux d'ornement.

Aulne rouge *Alnus rubra*, feuilles pointues, légèrement lobées, 10-15 nervures latérales de chaque côté de la principale, face supérieure vert foncé mat, face inférieure bleue ou vert-bleu, parfois aux poils brun-rouge; Amérique du N. occidentale, de l'Alaska à la Californie; chez nous occasionnellement planté dans les parcs et jardins.

Aulne blanc

Aulne vert

Alnus viridis · Bétulacées

Arbuste à feuilles caduques, aux branches et rameaux généralement débordants, souvent en peuplements denses, rarement au port de petit arbre. ✿ avril-mai

Port arbustif, 0,5-2,5 m. **Feuilles** alternes, à long pétiole, 5-8 cm de long, ovales, pointues, amplement taillées en biseau ou arrondies à la base, doublement dentées en scie, aux dents acérées; face supérieure glabre, collante à l'éclosion, face inférieure vert brillant à poils brunâtres. **Fleurs** pl. monoïque, fleurs apparaissant en même temps que les feuilles; chatons ♂ munis d'un duvet blanchâtre, pendants, 3-6 cm de long; chatons ♀ environ 1 cm de long, dressés aux extrémités des rameaux, rougeâtres. **Fruit** à l'aspect de cône, d'abord vert, ensuite brun-noir et ligneux.

Répartition : forme de gros peuplements monospécfiques à l'étage subalpin, à la limite supérieure de la forêt, dans des couloirs à avalanches, prairies alpines et le long de torrents; à plus basse altitude, aussi en lisière de forêt et dans des forêts alluviales. Montagnes d'Eur. (Alpes, Carpates, Balkans) jusqu'à 2400 m d'altitude, par endroits aussi dans les Préalpes.

À savoir ! En montagne, cet arbre assume des fonctions protectrices importantes, car il stabilise les pentes, diminue les risques de glissements de terrain, et peut également limiter le déclenchement d'avalanches. D'autres arbres de montagne comme le sorbier des oiseleurs et l'érable sycomore profitent de la protection de l'aulne vert pour coloniser des terrains. Ces bosquets offrent nourriture et abri aux chamois et à d'autres espèces animales.

Myrica galé, bois-sent-bon

Myrica gale · Myricacées

Arbuste à feuilles caduques, aux rameaux en forme de baguettes; ceux-ci, par leurs glandes à résine, diffusent une odeur très aromatique lorsqu'on les détache. ✿ mars-avril

En généra, ne dépasse pas 0,5-1 m de haut, forme habituellement de grands peuplements. **Feuilles** à court pétiole, 2,5-6 cm de long, un peu coriaces, ovales lancéolées, dentées et avec des épines dans la partie antérieure, pointues, taillées en biseau à la base; face supérieure vert brillant, face inférieure vert herbe, finement pubescentes sur les deux faces. **Fleurs** dioïques; en chatons dressés, jaune brunâtre, compacts, aux aisselles des feuilles, s'ouvrant avant l'éclosion des feuilles. **Fruit** drupe brunâtre, insignifiante. Toutes les parties de la plante sont toxiques !

Répartition : sols détrempés, marécageux, sur sable et tourbe, landes de tourbières et humides, bordures de tourbières et marais, le long de chenaux. Eur. de l'O. et du N. atlantique, du Portugal à la Norvège, Amérique du N. atlantique et pacifique. **LR**

À savoir ! Au N. de l'Allemagne, on utilisait les rameaux ou leur extrait à la place du houblon pour aromatiser la bière. Les substances toxiques de l'huile essentielle augmentaient l'effet euphorisant de la boisson. Les extraits de feuilles de myrica étaient utilisés dans la médecine populaire contre les éruptions cutanées. En Irlande, les rameaux à l'odeur aromatique sont suspendus pour éloigner la vermine. En hiver, les petits tétras se nourrissent des bourgeons de cet arbuste.

Aulne vert

Myrica galé, bois-sent-bon

Châtaignier

Castanea sativa · Fagacées

Les fleurs jaune soufre, voyantes, ont une odeur agréable; les feuilles étroites et allongées atteignent 30 cm; les bogues piquantes des châtaignes, lorsqu'elles sont fermées, rappellent de petits hérissons. ✩ juin-juil.

Arbre à feuilles caduques, mesurant plus de 30 m de haut, à couronne ample, dense, voûtée, composée de branches courtes et épaisses; le tronc peut dépasser les 2 m de diamètre, est divisé souvent déjà à faible hauteur en branches robustes, dressées ou horizontales, souvent un peu tordues; écorce d'abord lisse, gris rougeâtre à brun, ensuite brun foncé et aux fortes, profondes fissures et crevasses. **Feuilles** alternes, souvent aussi disposées sur deux rangs; 10-30 cm de long, lancéolées, amplement taillées en biseau à la base, finement pointues à l'extrémité, grossièrement dentées, les dents étant tournées vers l'avant; une robuste nervure latérale aboutit dans chaque dent; face supérieure vert foncé brillant, face inférieure vert pâle; limbe coriace, entièrement glabre. **Fleurs** pl. monoïque; fleurs ♂ jaune clair lors de la libération du pollen, réunies sur des chatons d'environ 15 cm de long, agréablement parfumés; inflorescences ♀ réunies par 2-3 à la base des chatons ♂, entourées d'un involucre feuillu dont ne dépassent que les stigmates blancs. **Fruits** akènes atteignant 3 cm de long, groupés par 1-3 dans un calice densément épineux, vert clair, produit par les bractées de chaque fleur et s'ouvrant en quatre amples pointes à maturité, dès sept.

Répartition : cet arbre aime particulièrement la lumière et croît sur des sols légers, profonds, riches, souvent calcaires ou glaiseux dans des régions aux étés chauds. Dans son aire de répartition naturelle, en Eur. méridionale, il est présent jusqu'à la limite supérieure de la forêt de feuillus. Originaire d'Espagne, s'est répandu à travers la région sud-alpine jusqu'aux Balkans et à l'Asie Mineure, dans l'Italie du N., jusqu'à 1400 m d'altitude. En Eur. moy., on peut l'observer dans des parcs et collections, dans les régions aux hivers cléments. Le châtaignier forme rarement des peuplements monospécifiques, même dans ses régions d'origine, mais est souvent planté dans des haies ou dans des groupements clairsemées.

À savoir ! Les fleurs ne s'ouvrent que relativement tard après l'éclosion des feuilles. Elles attirent le regard et modifient l'aspect de l'arbre par leur grand nombre. Les insectes, en particulier les hyménoptères comme les abeilles et les bourdons, sont chargés de la pollinisation. Cependant, après un certain temps, le pollen, collant au début, sèche; les grains de pollen sont alors transportés par le vent.

Les Romains ont apporté le châtaignier au nord des Alpes, avec la vigne et d'autres plantes utiles. Ses fruits (les châtaignes) ne mûrissent que dans les régions viticoles chaudes. Naguère, avant l'introduction de la pomme de terre, les fruits constituaient une nourriture de base importante. Leurs cotylédons épais contiennent beaucoup d'amidon et peu de graisse. Encore aujourd'hui ces fruits délicats sont utilisés dans la préparation de plusieurs recettes, par exemple des soupes ou de la purée. Ils sont également proposés grillés, l'hiver. Avant de les griller, il faut en inciser l'écorce pour éviter qu'ils n'explosent.

Le châtaignier, à l'enracinement profond, peut atteindre 2000 ans. Les exemplaires au tronc particulièrement épais viennent de Sicile, surtout de la région de l'Etna. Le bois dur était employé dans la fabrication de meubles et dans la construction.

Châtaignier à droite : fruits mûrs

Orme champêtre

Ulmus minor · Ulmacées

Les branches de cet arbre à feuilles caduques, très ramifié, présentent souvent des rayures proéminentes. Le port et la forme des feuilles sont très variables. ✿ mars-avril

Plus de 30 m de haut, couronne généralement étroite, dense, sur tronc long et droit, occasionnellement aussi à plusieurs troncs; écorce brun-gris, épaisse, profondément crevassée chez les vieux individus. **Feuilles** alternes, pétiolées, pour la plupart disposées sur deux rangs, limbe ovale-lancéolé, 6-10 cm de long, 10-12 paires de nervures secondaires, pointu à l'extrémité, fortement asymétrique à la base (la partie la plus proéminente du côté du rameau), dentées en scie; face supérieure vert foncé brillant et glabre, face inférieure claire avec des touffes de poils brunâtres et une nervure centrale tomenteuse; ressemblent à celles du charme. **Fleurs** apparaissant avant le feuillage; généralement hermaphrodites; en inflorescences sphériques, sessiles; fleurs à périanthe insignifiant. **Fruits** akènes à aile ample, dont la marge est incisée jusqu'au fruit dans la partie antérieure. **Répartition :** sols riches, à humidité variable, inondables; espèce indicatrice des forêts alluviales à bois dur le long de grands cours d'eau. De l'Eur. du S.-O. au Caucase; fréquent dans les parcs ou le long d'avenues.

À savoir ! À cause de son bois, l'orme champêtre est aussi appelé orme rouge, tandis qu'un ancien nom scientifique le désigne comme *Ulmus carpinifolia*. Depuis peu, de nombreux exemplaires de cet arbre souffrent d'une maladie fongique introduite en 1920 d'Amérique du N. Elle est transmise par le scolyte de l'orme et détruit la zone de croissance du bois. Cette infection cause la mort précoce de l'arbre. Jusqu'à présent, il n'a pas été possible lutter contre cette maladie. Les arbres sains peuvent vivre jusqu'à 600 ans et ornent de nombreuses places de villages et d'églises, des allées ou caractérisent le paysage de la campagne traditionnelle.

Le bois de l'orme fait partie des bois à zones poreuses, présentant une couronne de conduits d'eau dans chaque cerne annuel. Dans la section transversale, ils prennent l'aspect de pores. Ce bois est très solide et ne se contracte que très peu au séchage. Il est donc particulièrement prisé. On en fabrique des engins de sport, des meubles et des parquets.

Le port de l'orme champêtre peut varier fortement. Certaines variétés ont des rameaux retombants ou une couronne sphérique. Elles ne sont utilisées qu'en plantations dans les jardins. De plus, cet arbre génère des hybrides avec l'orme de montagne.

Proche **Ormeau** *Ulmus procera*, très proche de l'orme champêtre, souvent considéré comme l'une de ses variétés; arbre imposant, atteignant 35 m de haut, au long tronc droit; feuilles ovales amples, asymétriques, 5-9 cm de long et 3-7 cm de large, brièvement pointues, fortement dentées en scie, face supérieure rêche, à différence de la feuille lisse de l'orme champêtre, par contre face inférieure uniformément couverte de poils blanchâtres et de touffes de poils blancs aux embranchements des nervures; jeunes rameaux également pubescents, souvent avec des verrues liégeuses; akènes ailés, de 1-1,7 cm de large, avec un mince ourlet entre l'extrémité incisée de l'aile et le fruit; forte production de drageons; très fréquemment planté dans des haies champêtres et des allées dans les Îles Britanniques, sa région d'origine, où il remplace l'orme champêtre; en Eur., occasionnellement planté dans des parcs et jardins.

Orme champêtre en bas à gauche : fleurs, en bas à droite : fruits

Orme lisse

Ulmus laevis · Ulmacées

Les akènes, ailés et aplatis, pendent au bout d'un très long pédoncule et la partie inférieure du tronc est garnie de denses bouquets de branches. ✫ mars-avril

Arbre à feuilles caduques, jusqu'à 30 m de haut, couronne lâche et irrégulière, long tronc, droit; écorce d'abord brun-rouge, ensuite progressivement brun-gris et profondément crevassée. **Feuilles** alternes, à très court pétiole, 7-12 cm, disposées sur deux rangs; très asymétriques, pointues, doublement dentées en scie; 12-18 nervures latérales sur la moitié la plus longue du limbe; face supérieure vert foncé, face inférieure vert-gris, densément pubescente, douce. **Fleurs** hermaphrodites, apparaissant avant le feuillage; réunies en bouquet sur un long pédoncule et retombantes. **Fruits** akènes ailés à bordure ciliée, incisée en V à l'extrémité.

Répartition : sols à humidité variable, occasionnellement aussi stagnante, glaiseux et argileux des forêts alluviales à bois durs de grands cours d'eau. De l'Eur. de l'O. à l'Oural, absent dans les Îles Britanniques, en Scandinavie et dans les grandes Péninsules du S. de l'Eur.; occasionnellement planté dans des parcs ou le long d'avenues.

À savoir ! L'orme lisse est l'un des ligneux indigènes à la floraison la plus précoce. Comme les autres ormes, il est pollinisé par le vent, cependant, les abeilles et autres hyménoptères en récoltent le pollen. Il est moins sujet aux attaques fongiques qui déciment l'orme champêtre (⇨ p. 244).

Orme de montagne, orme blanc

Ulmus glabra · Ulmacées

Les akènes sont entourés d'une fine pellicule verte qui sert d'organe de photosynthèse déjà avant l'éclosion des feuilles. ✫ mars-avril

Arbre à feuilles caduques, 30-35 m de haut, à couronne haute, arrondie et au tronc long; écorce d'abord lisse, gris argenté, ensuite striée dans la longueur, brun-gris. **Feuilles** à court pétiole, obovales à largement ovales, 10-16 cm de long, à 1 ou 3 pointes; irrégulièrement dentées en scie; face supérieure vert mat, très rêche, face inférieure tomenteuse aux embranchements des nervures. **Fleurs** hermaphrodites; inflorescences en bouquet apparaissant avant le feuillage, à court pédoncule.

Répartition : sols frais à humides, profonds, riches dans des gorges et des pentes ombragées; dans les Alpes jusqu'à 1400 m d'altitude. De l'Eur. du N.-O. à l'Oural; n'est planté que rarement dans les parcs, le long d'avenues ou pour la sylviculture.

À savoir ! Cette espèce, appelée aussi orme blanc à cause de son bois clair, est une espèce caractéristique des hêtraies. À la limite des Alpes, elle est souvent présente en association avec l'épicéa et l'érable sycomore. Le bois, solide et élastique, est utilisé pour produire des engins de sport et des crosses de fusils. Le bois des racines, élégamment veiné, sert au tournage et à la fabrication de pipes et de poignées.

De gauche à droite : orme champêtre, lisse et de montagne

Orme lisse en haut à droite : fleurs, en bas à droite : fruits

Orme de montagne en haut à droite : fleurs, en bas à droite : fruits

Micocoulier

Celtis australis · Ulmacées

Les drupes sphériques, d'environ 1 cm de diamètre, comestibles, brun-rouge à noires à maturité, pendent individuellement au bout d'un long pédoncule inséré aux aisselles des feuilles. ✰ avril-mai

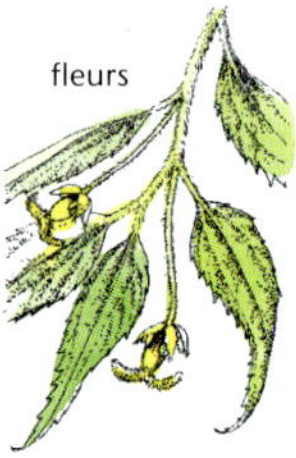

Arbre à feuilles caduques, atteignant 25 m de haut, à couronne lâche, parfois retombante, sur tronc droit; écorce lisse, gris clair. **Feuilles** alternes, pétiolées, ovales étroites à lancéolées, 5-15 cm de long, pointe fine et arquée, nettement dentées; face supérieure vert foncé brillant et rêche, face inférieure plus pâle et finement pubescente. **Fleurs** insignifiantes, hermaphrodites, pédonculées, isolées aux aisselles des feuilles, fleurs ♂ également en petits bouquets.

Répartition : sols pierreux, humiques et pauvres sur pentes ensoleillées, généralement en association avec des espèces thermophiles comme le chêne pédonculé, l'orne et le charme-houblon. De l'Afrique du N. et le S. de l'Espagne à l'espace alpin méridional, l'Italie et les Balkans jusqu'en Asie Mineure; occasionnellement planté dans des régions aux hivers cléments comme arbre fruitier ou le long d'avenues.

À savoir ! Dans le Tyrol du Sud, les drupes savoureuses sont utilisées dans la préparation de mets sucrés. Le bois du micocoulier est très solide et élastique, comme celui des ormes, proches parents. Anciennement il était utilisé pour fabriquer des roues, des moyeux et des timons. Son écorce produit un colorant jaune utilisé pour les textiles.

À l'époque Tertiaire, il y a quelque 15 millions d'années, le genre *Celtis* était répandu en Eur. également au nord des Alpes, comme l'attestent les feuilles fossiles conservées dans des couches d'argile, découvertes lors de l'excavation du lignite.

Orme de Sibérie

Zelkova carpinifolia · Ulmacées

Les drupes brunâtres, non comestibles, d'à peine 5 mm de diamètre, aux nombreuses côtes et rayures, sont insérées aux aisselles des feuilles sur des pédoncules très courts. ✰ mai

Arbre ou grand arbuste à feuilles caduques, atteignant 10 m de haut, à couronne dense, ovale, sur un tronc court, profondément crevassé; écorce vert-gris à brun clair, lisse, s'effeuille en petites taches arrondies, en laissant des surfaces jaune-orange.

Feuilles alternes, à court pétiole, elliptiques, 5-10 cm de long; 7-12 paires de robustes nervures latérales se terminant dans les dents, pointant quelque peu vers l'avant; face supérieure vert foncé et un peu rêche, face inférieure au duvet blanc; jaune-orange l'automne. **Fleurs** pl. monoïque, fleurs insignifiantes; fleurs ♂ d'environ 5 mm, avec des bouquets d'étamines; fleurs ♀ petites, aux extrémités des pousses.

Répartition : sols légers, très riches, frais dans des forêts de montagne. Caucase oriental et Iran; ligneux d'ornement dans la région méditerranéenne, rare en Eur. moy.

À savoir ! Alors que la plupart des Ulmacées ont des feuilles asymétriques, les feuilles aux nervures pennées de l'orme de Sibérie sont très régulières. Elles rappellent celles du charme. Le genre *Zelkova* était également présent au nord des Alpes avant l'époque glaciaire, lorsque le climat y était doux, comme l'attestent les feuilles fossiles conservées dans les couches de lignite. Ce genre se limite désormais à 4 espèces en Asie de l'O. En Eur., elle n'est représentée que par une espèce au port arbustif et aux très petites feuilles qui ne pousse qu'en Crète.

Micocoulier

Orme de Sibérie

Hamamélis de Chine

Hamamelis mollis · Hamamélidacées

Arbuste à feuilles caduques, port généralement très ample et floraison très décorative, jeunes rameaux densément duveteux. ✿ janv.-mars

Port de 2-5 m, en forme d'entonnoir, peu ramifié. **Feuilles** à court pétiole, largement ovales, pointues, asymétriquement cordées à la base, jusqu'à 16 cm de long et 12 cm de large, tomenteuses sur les deux faces, l'inférieure recouverte d'un duvet feutré gris, jaune-orange soutenu l'automne. **Fleurs** odorantes apparaissant longtemps avant les feuilles, en bouquets presque sessiles, à 4 pétales jaune or, rougeâtres à la base, non enroulés ; sépales étroits et un peu retroussés, rouge vin à l'intérieur. **Fruits** petites capsules ligneuses ; à maturité dès juin.

Répartition : bosquets ensoleillés et forêts clairsemées de basse altitude, sur sols légers. Indigène en Chine; plusieurs variétés décoratives sont cultivées depuis longtemps pour leur floraison particulièrement précoce (grand arbuste, plantation isolée).

À savoir ! De nombreuses variétés ont été sélectionnées pour le jardinage, dont la plus fréquente est la 'Pallida'. Elle attire le regard par sa floraison particulièrement dense et ses grandes fleurs aux pétales jaune soufre et au calice rouge vin.

Les fleurs particulièrement gracieuses méritent d'être observées à la loupe : les pétales jaunes, à pointe étroite, généralement relativement lisses, se trouvent exactement dans les médianes des angles formés par les sépales, arrondis et rouge-brun. Cette disposition exprime la règle d'alternance de l'architecture florale.

Hamamélis du Japon

Hamamelis japonica · Hamamélidacées

Arbuste à feuilles caduques, au port généralement ample ; rameaux horizontaux, gris blafard, munis de beaux poils étoilés. ✿ janv.-mars

Port d'environ 1-4 m, en forme d'entonnoir, peu ramifié. **Feuilles** à court pétiole, largement ovales à arrondies, 5-8 cm de long, irrégulièrement crénelées, brièvement pointues, base oblique ; face inférieure légèrement pubescente le long des nervures principales, face inférieure vert clair, jaune soutenu à jaune-orange l'automne. **Fleurs** apparaissant longtemps avant le feuillage, en bouquets, presque sessiles, à 4 pétales en forme de ruban, jusqu'à 2 cm de long, fripés, jaune or vif ; sépales triangulaires, brun-rouge à brun-violet, retroussés. **Fruits** Petites capsules ligneuses ; à maturité dès juin.

Répartition : forêts clairsemées et bosquets de plaine et de l'étage montagnard inférieur. Indigène au Japon ; des variétés sont souvent plantées comme grands arbustes décoratifs.

À savoir ! Les pétales étroits ne s'étirent pas complètement lors de l'épanouissement et apparaissent fripés même en pleine floraison. Les sépales brunâtres se trouvent entre les pétales jaunes en forme de rubans. Les capsules ligneuses n'attirent pas la vue. À maturité, elles éclatent et éparpillent les graines noires au loin.

La variété fréquemment plantée dans les jardins est un croisement entre *H. mollis* et *H. japonica*, aux multiples formes. Elle est appelée hamamélis hybride (*H. × intermedia*). On la reconnaît par les feuilles à face supérieure brillante contrastant avec la face inférieure densément duveteuse.

Hamamélis de Chine à droite : variété 'Pallida'

Hamamélis du Japon en haut à gauche : variété 'Rubra elite'

Prunellier, épine noire

Prunus spinosa · Rosacées

Arbuste sauvage à feuilles caduques, très densément ramifié avec des rameaux perpendiculaires, épines atteignant 5 cm de long sur les pousses courtes; écorce des branches et du tronc brun-noir. ✿ mars-avril

Généralement 1-4 m de haut, rarement plus haut; pousses d'abord pubescentes, ensuite branches et rameaux glabres et rougeâtres, robustes, horizontaux ou dressés; l'écorce se déchire finement dans le sens de la longueur en vieillissant. **Feuilles** à pétiole de 1-2 cm de long, alternes, en bouquets terminaux sur les pousses courtes, 3-4 cm de long et jusqu'à 2 cm de large, elliptiques à obovales, pointues ou émoussées, taillées en biseau, finement dentées en scie à crénelées à la base, recouvertes de poils hérissés et courts; face supérieure vert foncé mat, rugueuse, face inférieure d'abord tomenteuse, ensuite progressivement glabre et vert-gris clair, avec de petites glandes nectarifères insignifiantes à la base du limbe. **Fleurs** à 5 pétales, apparaissent longtemps avant les feuilles, densément groupées sur les pousses courtes, faisant apparaître la floraison particulièrement abondante; sépales triangulaires, dentés, avec des glandes, corolle de 1-1,5 cm de diamètre; pétales blanc immaculé, ovales allongés, émoussés, environ 20 étamines aux anthères jaunes ou rougeâtres, ovaire à la base d'une structure en gobelet. **Fruits** drupes sphériques, 1-1,5 cm de diamètre, d'abord vert bleuté, ensuite bleu-noir, fortement pruineuses; pulpe verdâtre, comestible, très riche en tannins avant la première forte gelée et peu agréables, ensuite acidulées et rafraîchissantes; à maturité dès oct.

Répartition : lisières forestières, bosquets et haies de campagne, bords de vignobles et de chemins et zones alluviales pas trop humides. En Eur. du Portugal à la Scandinavie moyenne; Afrique du N. et Proche Orient; de la plaine jusqu'à la moyenne montagne vers 1500 m d'altitude.

À savoir ! L'épine noire est une plante pionnière qui colonise rapidement les prairies sèches lors de l'abandon du pacage. Comme elle se propage par les graines, mais aussi par les rejets de souche, elle empiète largement sur la végétation herbacée. Puisque les prairies sèches abritent des espèces végétales rares et constituent souvent des sites de protection de la nature, on tâche d'y contrôler la colonisation par ces arbustes au moyen d'un entretien approprié. Ailleurs, les épines noires sont des arbustes très appréciés dans le paysage, car ils offrent abri et nourriture à une microfaune diversifiée. Dès le printemps, les fleurs nourrissent généreusement les abeilles et les bourdons, bien que la quantité de nectar et de pollen produite par chaque fleur soit peu abondante. De plus, les chenilles du flambé, désormais rare, dépendent de l'épine noire. Dans son dense branchage nichent de nombreuses espèces d'oiseaux. Les grives piquent les fruits mûrs dès la fin de l'automne. Certains fruits restent sur les branches jusqu'au printemps suivant et servent de nourriture aux oiseaux migrateurs qui reviennent.

Les drupes étaient déjà récoltées et consommées par les êtres humains du Néolithique moyen : les noyaux caractéristiques ont été trouvés dans les villages sur pilotis autour des Alpes. L'arôme particulier des fruits du prunellier ne se développe que lorsque les tannins subissent une modification chimique (on dit qu'ils sont fixés). Pour ce faire, on peut remplacer les gelées nocturnes par un séjour au congélateur : la congélation détruit les compartiments de la pulpe et libère les tannins. Ces derniers sont ensuite fixés par une réaction avec les autres parties cellulaires - et la saveur du fruit perd son âpreté. Les fruits du prunellier sont utilisés pour produire des eaux-de-vie de fruits, des jus et des compotes de petits fruits sauvages.

Prunellier, épine noire

Merisier, cerisier sauvage

Prunus avium · Rosacées

Les fleurs blanc immaculé apparaissent avant le feuillage ; elles se transformeront en drupes rouges sphériques, comestibles, mesurant jusqu'à 1 cm de diamètre. ✪ avril-mai

Arbre à feuilles caduques, atteignant 30 m de haut, à couronne étroite et haute sur un tronc mince et long ; écorce lisse, gris-brun rougeâtre, un peu brillante, parsemée de larges rayures transversales. **Feuilles** alternes, pétiole jusqu'à 4 cm de long, obovales à ovales-lancéolées, pointues, 2-4 grosses glandes nectarifères à la base ; dentées, face supérieure lisse, vert foncé brillant, face inférieure claire, touffes de poils aux embranchements des nervures. **Fleurs** à long pédoncule, 5 pétales blanc immaculé. **Maturité** dès juil.

Répartition : sols frais à humides, riches ; souvent pionnier sur les jachères, dans les clairières ou en lisière. Présent du N. de l'Espagne au Caucase, partout en Eur. moy. et souvent planté.

À savoir ! Le merisier est difficile à distinguer de la forme d'origine du cerisier cultivé et des exemplaires cultivés redevenus sauvages, mais il ne produit que de petits fruits. En automne, son feuillage se teinte de rouge carmin flamboyant, très voyant.

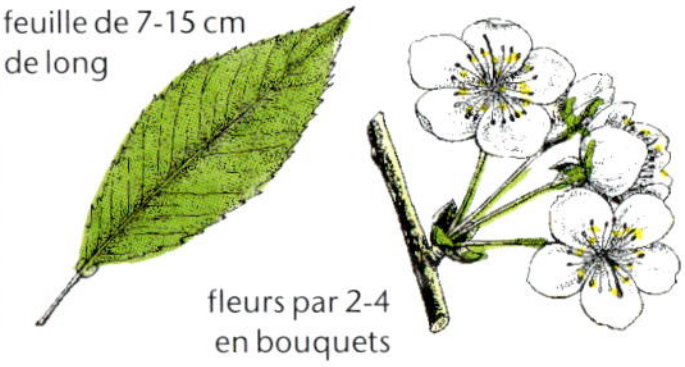

Griottier, cerisier acide

Prunus cerasus · Rosacées

Cet arbre porte une couronne ample et ouverte sur un tronc court ; ses fruits sont des drupes lisses et rouges, très acides. ✪ avril-mai

Arbre à feuilles caduques, atteignant 8 m de haut ; écorce brun rougeâtre, légèrement brillante.

Feuilles alternes, 3-8 cm de long, rugueuses, pas ou peu de glandes nectarifères verdâtres à l'insertion du pétiole. **Fleurs** apparaissant en même temps que les feuilles ; par 2-6 en bouquets sur un long pédoncule, 5 pétales ronds, blanc immaculé.

Répartition : sols légers, argileux, quelque peu sableux. Originaire du S.-E. de l'Asie ; plusieurs variétés sont plantées en Eur. moy.

À savoir ! Des variétés connues : la cerise de Montmorency et la Reine-Hortense.

Cerisier du Japon

Prunus serrulata · Rosacées

Les grandes fleurs, généralement doubles, ne se développent pas en cerises comestibles. ✪ avril-mai

Arbre à feuilles caduques, atteignant 10 m de haut ; couronne dense, très ramifiée ; écorce brun rougeâtre à rayures transversales brun cuivre. **Feuilles** alternes, pétiolées, 6-15 cm de long, fortement dentées en scie, se terminant souvent en pointe. **Fleurs** apparaissant peu avant le feuillage, par 3-7 en panicules ombelliformes, bractées vertes ou rougeâtres, pétales roses ou rougeâtres.

Répartition : à l'origine dans des forêts de montagne. Indigène au Japon ; en Eur. comme plante d'ornement.

À savoir ! Ce ligneux des parcs et jardins est une espèce aux innombrables variétés.

Merisier à droite : fruits

Griottier

Cerisier du Japon

Cerisier à grappes

Prunus padus · Rosacées

Les fleurs blanches, agréablement odorantes, sont réunies en grappes retombantes ou remontantes, atteignant 15 cm de long. ✿ avril-mai

Arbre à feuilles caduques, atteignant 15 m de haut, à couronne conique, étroite, voûtée et aux rameaux retombants, sur un tronc mince; écorce brun foncé à noirâtre. **Feuilles** alternes, pétiolées, elliptiques, pointues, avec 1-3 glandes nectarifères verdâtres à leur base, vert foncé mat. **Fleurs** apparaissant en même temps que les feuilles, généralement groupées par 20-40 en grappes; jusqu'à 2 cm de diamètre, blanc immaculé, finement dentées. **Fruit** drupe sphérique, environ 8 mm de diamètre, rouge-noir.

Répartition : terres inondables humides dans des zones alluviales aux sols profonds, riches. Presque partout en Eur., mais clairsemé par endroits; souvent planté dans des parcs et le long d'avenues; plante d'ombre; en montagne (dans les Alpes jusqu'à 1600 m d'altitude) généralement arbustif.

À savoir ! Les fruits ont un goût frais et légèrement amer, mais on peut tout de même en préparer des confitures ou des jus. Les êtres humains les récoltaient et les consommaient déjà à l'Âge de la pierre, comme l'attestent des restes de noyaux retrouvés dans des sites de l'époque.

feuilles de 5-9 cm de long et de 3-7 cm de large

Cerisier tardif

Prunus serotina · Rosacées

Au printemps, les fleurs blanc immaculé sont regroupées, parfois jusqu'à 40 fleurs, en grappes denses et retombantes, en automne, elles donneront des fruits rouge-noir, amers, comestibles. ✿ mai-juin

Arbre à feuilles caduques, atteignant 20 m de haut, à couronne ouverte et un peu irrégulière sur tronc long et étroit; écorce gris-brun, d'abord à minces rayures transversales, ensuite irrégulièrement crevassée. **Feuilles** pétiolées, elliptiques, plus étroites à l'extrémité; 1-2 glandes nectarifères rouges à la base; finement dentées et à pointe légèrement retroussée; solides et coriaces; face supérieure vert clair à foncé brillant, face inférieure un peu plus pâle. **Fleurs** apparaissant après le feuillage, par 20-40, en grappes atteignant 15 cm de long. **Fruits** drupes jusqu'à 1 cm de diamètre, au noyau lisse.

Répartition : sols légers, peu à moyennement profonds, pas trop arides. Bois clair. Originaire d'Amérique du N. orientale; en Eur. moy. souvent le long de routes ou sur des sites industriels.

À savoir ! Le cerisier tardif est l'un des premiers feuillus nord-américains introduits en Eur., déjà en 1629, dans des jardins anglais. Il est désormais très apprécié par les paysagistes et efficacement utilisé pour consolider des éboulis ou des talus fraîchement remodelés.

feuilles de 5-12 cm de long et de 3-5 cm de large

Cerisier à grappes à droite : fruits

Cerisier tardif à droite : fruits

Bois de Sainte-Lucie

Prunus mahaleb · Rosacées

Arbuste ou petit arbre à feuilles caduques; très décoratif lors de la floraison et de la fructification. ✿ avril-mai

Environ 1-3 m de haut. **Feuilles** à long pétiole, ovales-arrondies, 2-4 cm de long, arrondies à la base, glande nectarifère verdâtre, brièvement pointues à l'extrémité, face supérieure vert foncé brillant. **Fleurs** apparaissant en même temps que le feuillage, réunies en grappes; corolle blanc immaculé; agréablement odorantes. **Fruits** drupes de la taille d'un petit pois, d'abord rougeâtres, puis noires à maturité, légèrement brillantes, comestibles mais au goût peu agréable; maturité dès août.

fruits

Répartition : thermophile, supporte la sécheresse : forêts et bosquets clairsemés sur rocher, sur pentes arides, ensoleillées et pierreuses. De la Péninsule Ibérique à la Méditerranée orientale.

Myrobolan, Prunier-cerisier

Prunus cerasifera · Rosacées

Ligneux à feuilles caduques, très ample; floraison et fructification très décoratives. ✿ mars-avril

Environ 4-8 m. **Feuilles** pétiolées, ovales-lancéolées, jusqu'à 7 cm de long, crénelées ou irrégulièrement dentées en scie, face supérieure vert foncé brillant, glabres. **Fleurs** blanc immaculé, 2 cm de diamètre, isolées sur les pousses courtes. **Fruits** drupes sphériques de 2-3 cm de diamètre, rougeâtres ou brun-rouge, comestibles, jaunes à maturité, dès août.

Répartition : bosquets sur rochers et pentes ensoleillées. Des Balkans au Proche Orient, fréquent comme ligneux ornemental.

À savoir ! Il s'agit probablement de l'espèce sauvage de la Mirabelle.

Cerisier des steppes

Prunus fruticosa · Rosacées

Arbuste à feuilles caduques, sans épines, aux ramifications perpendiculaires et aux branches droites; floraison abondante. ✿ avril-mai

Environ 0,5-1 m de haut. **Feuilles** pétiolées, ovales à elliptiques, pointues, dentées en scie ou crénelées, fermes, 3-5 cm de long, face supérieure brillante, face inférieure glabre. **Fleurs** à long pédoncule, environ 1,5 cm de diamètre, blanches, réunies en ombelles compactes et densément alignées sur les rameaux, pétales quelque peu rognés. **Fruits** drupes sphériques, jusqu'à 1 cm de diamètre, comestibles; rouge corail ou rouge-noir à maturité, dès juin.

Répartition : bosquets et pentes arides, bords de chemins, carrières. Eur. moy. et de l'E., de la vallée du Rhin méridionale au Caucase.

À savoir ! Ses fruits sont appréciés par le gibier.

Amandier nain

Prunus tenella · Rosacées

Arbuste à feuilles caduques, feuillage dense et branches en forme de baguettes, dressées; floraison attrayante. ✿ mars-avril

0,5-1 m de haut, produit des rejets de souche; pousses glabres. **Feuilles** ovales-lancéolées, pointues, fortement dentées en scie, 4-7 cm de long, dressées, deux faces vert clair. **Fleurs** apparaissant généralement avant les feuilles, isolées ou par 2-3 aux aisselles des feuilles, sessiles, rose soutenu, env. 2 cm de diamètre. **Fruits** drupes de la taille d'une cerise, au duvet gris, dures, non comestibles; maturité dès août.

fruit

Répartition : forêts clairsemées, bosquets arides, ourlets de prairies sèches et vignobles. Du S.-E de l'Eur. (basse Autriche) à la Sibérie, aussi comme plante d'ornement.

À savoir ! Les graines des fruits contiennent de l'acide cyanhydrique et sont très toxiques (arôme d'amande amère).

Bois de Sainte-Lucie

Myrobolan, prunier-cerisier

Cerisier des steppes

Amandier nain

Amandier

Prunus dulcis · Rosacées

Les fleurs, généralement rose intense, apparaissent avant le feuillage. ✩ mars-avril

Arbre ou arbuste à feuilles caduques, jusqu'à 6 m de haut, à couronne ample sur un tronc court, souvent courbé. **Feuilles** alternes, 4-12 cm de long, ovales-lancéolées, rétrécies aux deux extrémités, généralement avec un pli en V typique à la base. **Fleurs** solitaires ou par 2, jusqu'à 5 cm de diamètre, généralement rose intense. **Fruits** drupes de 3-4 cm de long, gris-vert, tomenteuses, à la pulpe sèche.

Répartition : préfère les stations ouvertes sur sols légers, drainés. Originaire du Proche Orient; cultivé dans la région méditerranéenne depuis l'Antiquité.

À savoir ! La forme sauvage contient dans ses noyaux (amandes) de l'amygdaline, un glycoside toxique de l'acide cyanhydrique. Les amandes douces de la forme cultivée, presque sans glycoside, servent à préparer le massepain, entre autres.

Abricotier

Prunus armeniaca · Rosacées

Les fleurs blanches à rose pâle apparaissent avant l'éclosion des feuilles; arbre ou arbuste thermophile. ✩ mars-avril

Arbre à feuilles caduques, atteignant 10 m de haut, à couronne ouverte et ample sur un tronc bas. **Feuilles** alternes, à long pétiole, largement ovales à arrondies, pointues à l'extrémité, 5-10 cm de long et jusqu'à 9 cm de large, glabres. **Fleurs** apparaissant avant le feuillage, solitaires ou par 2, presque sessiles, jusqu'à 2,5 cm de diamètre, calice plus court que la corolle. **Fruits** drupes sphériques, veloutées, jaune intense, noyau lisse.

Répartition : stations ensoleillées, ouvertes, sur sols légers, modérément riches. Originaire d'Asie Centrale et de la Chine, nombreuses variétés cultivées dans la région méditerranéenne, résiste aussi dans le nord de l'Eur. moy., mais n'y redevient pas sauvage.

À savoir ! Les fruits sont consommés crus, mais ils sont également distillés.

Pêcher

Prunus persica · Rosacées

Les fruits sphériques au noyau profondément rugueux sont couverts d'une peau veloutée. ✩ mars-avril

Arbre ou arbuste à feuilles caduques, généralement seulement 3-8 m de haut, à couronne ouverte et ample. **Feuilles** alternes, pétiolées, étroitement ovales, 5-15 cm de long, brièvement pointues, finement dentées, lisse, glabres. **Fleurs** apparaissant avant le feuillage, par 1-2, jusqu'à 3,5 cm de diamètre, pétales blanchâtres ou rose intense. **Fruits** drupes sphériques, 4-8 cm de diamètre.

Répartition : sols moyennement profonds, légers, pas trop arides. Probablement originaire de Chine ou d'Asie Centrale. Nombreuses variétés cultivées depuis longtemps, aussi au nord des Alpes.

À savoir ! Les pêchers sont désormais répandus sur toute la Planète. Avec le temps, l'aspect des individus redevenus sauvages perd les caractéristiques typiques de leur variété et se rapproche de celui de la forme sauvage.

Prunier

Prunus domestica · Rosacées

Il en existe plus de 2000 variétés aux fruits très différents mais toujours à noyau lisse. ✩ avril-mai

Arbre à feuilles caduques, atteignant 15 m de haut; couronne ouverte et étroite sur un tronc droit et mince. **Feuilles** alternes, en bouquets sur les pousses courtes, pétiolées, obovales, 3-8 cm de long, finement crénelées à dentées en scie, pubescentes sur les deux faces, puis face supérieure glabre. **Fleurs** apparaissant en même temps que le feuillage, par 2-3, sur un court pédoncule, jusqu'à 4 cm de diamètre, blanc immaculé; marge irrégulièrement dentée. **Fruits** drupes arrondies à allongées, 2-7 cm de long.

Répartition : sols glaiseux et sableux moyennement profonds, modérément riches en nutriments à riches en azote. Origine incertaine; cultivé sur presque tous les continents.

À savoir ! Prunes, quetsches, Reine-Claudes ou mirabelles : ce ne sont que quelques variétés. En lisière de forêt ou sur des jachères poussent également des individus redevenus sauvages.

Amandier

Abricotier

Pêcher

Prunier

Alisier blanc, alouchier

Sorbus aria · Rosacées

Les fruits rouges, souvent un peu velus, sont farineux et restent longtemps sur l'arbre en automne. ✰ mai-juin

Arbre à feuilles caduques, atteignant 12 m de haut; couronne ample, arrondie et écorce grise, finement écailleuse. **Feuilles** alternes, non divisées, à court pétiole; limbe de 6-9 cm de long, ovale-lancéolé, taillé en biseau à la base, irrégulièrement et doublement denté en scie, face supérieure vert foncé brillant, face inférieure densément couverte de poils argentés. **Fleurs** jusqu'à 1,5 cm de diamètre, blanc immaculé ou crème, en panicules ombelliformes bombés. **Fruits** jusqu'à 1,5 cm de long, ovales.

Répartition : préfère les sols légers, chauds, secs, modérément acides ou calcaires, en bordure de bosquets et de forêts; bois clair. De l'Afrique du N. par la Péninsule Ibérique aux Balkans septentrionaux; dans les Alpes jusqu'à 1500 m d'altitude; fréquemment planté dans les parcs ou le long d'avenues.

À savoir ! Grâce à la face inférieure tomenteuse, les feuilles perdent moins d'eau par évapotranspiration. En temps de disette, les fruits, fades, mous et farineux, ont été séchés et moulus pour produire de la farine. L'automne, ils sont à peine mangés par les oiseaux et les petits mammifères, mais constituent une importante réserve de nourriture pour les animaux qui passent l'hiver.

Proche **Sorbier de Mougeot** *Sorbus mougeotii*, feuilles légèrement lobées, face inférieure tomenteuse, blanche, 8-12 paires de nervures latérales; en automne, fruits rouge luisant, de 1 cm de diamètre, comestibles si on les cuit; semble être un croisement entre l'alisier blanc et le sorbier des oiseleurs; rare dans les Vosges, l'Allgäu, S. des Alpes.

Alisier nain, sorbier petit néflier

Sorbus chamaemespilus · Rosacées

Petit arbuste à feuilles caduques, plutôt rare, au branchage lâche; floraison et fructification très attrayantes. ✰ juin-juil.

Généralement à peine 1-2 m de haut. **Feuilles** à court pétiole, 3-7 cm de long, elliptiques, base en biseau ample ou arrondie, émoussées ou à pointe piquante, dentées en scie, face supérieure glabre et brillante, face inférieure vert bleuté et finement pubescente. **Fleurs** d'environ 1 cm de diamètre, roses à rougeâtres, en panicules ombelliformes denses, blanches, velues. **Fruits** du type des pommes, petits, allongés, rouge-orange intense ou brun-rouge, comestibles mais très farineux; maturité dès août.

feuilles de 3-7 cm de long

Répartition : forêts de conifères, ceinture de pins couchés, bosquets de rhododendrons, prairies à aulne vert. Hautes montagnes d'Eur., Forêt Noire, Vosges, Jura; rare comme ligneux d'ornement.

À savoir ! Comme chez d'autres espèces de ce genre, les fruits mûrs de l'alisier nain n'ont étonnamment que peu de succès auprès des petits animaux, à la fin de l'été et en automne. Ce n'est que l'hiver et au début du printemps qu'ils les consomment volontiers, car le froid dégrade l'acide parascorbique, amer et légèrement toxique. La cuisson des fruits permet d'atteindre le même effet.

Proche **Sorbier à larges feuilles** *Sorbus latifolia*, grand arbuste ou petit arbre à couronne conique et aux pousses brun olive brillant. Feuilles de 7-9 cm de long, lobées et fortement dentées en scie. Fleurs blanc jaunâtre, env. 12 mm de diamètre, en panicules ombelliformes; fruit brun-rouge. Présent surtout en Eur. du S. (du Portugal à la France).

Alisier blanc

Alisier nain, sorbier petit néflier

Physocarpe

Physocarpus opulifolia · Rosacées

Arbuste à feuilles caduques, avec une écorce striée et à floraison et fructification attrayantes. ✲ mai-juin

Atteint 3 m de haut; pousses brunâtres, glabres. **Feuilles** alternes, à long pétiole, 2-8 cm de long, ovales-arrondies, généralement à 3-5 lobes irréguliers, émoussés et dentés en scie; face inférieure presque glabre. **Fleurs** d'env. 1 cm de diamètre, blanches à rose pâle, généralement en panicules ombelliformes pendants, style et calice peu tomenteux, étamines pourpres.

Répartition : sous-bois de forêts de feuillus clairsemées, lisières forestières et bosquets alluviaux humides. Originaire d'Amérique du N., du Québec à l'Arkansas; ligneux d'ornement.

À savoir ! Malgré son abondante production de fruits, jusqu'à présent le physocarpe n'est pas redevenu sauvage ou naturalisé.

Pyracantha

Pyracantha coccinea · Rosacées

Arbuste toujours vert, ramifié, aux branches horizontales et aux pousses courtes, épineuses. ✲ mai-juin

De 1-3 m de haut. **Feuilles** à court pétiole, ovales-lancéolées, mesurent 5-8 cm sur les pousses longues et 2-4 cm sur les pousses courtes, coriaces, émoussées ou à courte pointe épineuse, dentées; face sup. vert foncé brillant, face inf. claire. **Fleurs** en grappes ombelliformes, dressées, environ 1 cm de diamètre, crème à jaune rougeâtre. **Fruits** du type de la pomme, de la taille d'un petit pois, sphériques, rouge-orange ou rouge soutenu, comestibles; maturité dès sept.

Répartition : lisières, bosquets, haies. Eur. du S.-E., de l'Italie à la mer Noire par les Balkans; plante ornementale, en plusieurs variétés.

À savoir ! Les feuilles restent sur l'arbre en hiver, sans changer de couleur.

Dryade à huit pétales, chênette, thé suisse

Dryas octopetala · Rosacées

Arbuste nain toujours vert, à l'aspect herbacé, aux branches couchées et rampantes, s'étalant en tapis. ✲ mai-août

N'atteint que 10 cm de haut; ramifications de 0,5-1 m de long. **Feuilles** alternes mais groupées en rosettes, à long pétiole, jusqu'à 3 cm de long, elliptiques, cordées à la base, pointues à l'extrémité, fortement crénelées, coriace; face supérieure ridée, vert soutenu, face inférieure densément couverte de poils argentés, marge généralement enroulée; stipules amples, soudées au pétiole. **Fleurs** solitaires, à long pédoncule, jusqu'à 4 cm de diamètre, généralement 8 pétales blanc immaculé à crème, brun feutré à l'extérieur. À maturité, le style s'allonge en une arête plumeuse, les **fruits** se font ainsi transporter par le vent (petite photo); maturité dès juil.

Répartition : peuplements d'arbustes nains de la toundra arctique, moraines, affleurements rocheux, pâturages et cônes de déjections calcaires au-dessus de la limite supérieure des forêts; en Eur. du N. plutôt sur des sols acides. Espèce arctique-alpine, hautes montagnes d'Eur., d'Asie du N. et d'Amérique du N. Aussi comme plante ornementale dans des rocailles.

À savoir ! Plante peu exigeante sur sa station, pour autant qu'elle ait assez de lumière. Son métabolisme n'est actif que quelques semaines par année, mais la plante peut dépasser les 100 ans. Durant le bref été arctique ou de haute montagne, la caractéristique corolle à 8 pétales suit le soleil comme une antenne parabolique et assume une fonction de collecteur de chaleur et d'attrayante place d'atterrissage pour les insectes butineurs.

Physocarpe

Pyracantha

Dryade à huit pétales, chênette, thé suisse

Aubépine monogyne, aubépine à un style

Crataegus monogyna · Rosacées

Grand arbuste ou petit arbre à feuilles caduques et à couronne ample; pousses tomenteuses, ensuite glabres; épines robustes, droites, jusqu'à 2 cm de long.
✿ mai-juin

Formes variées, environ 3-5 m de haut. **Feuilles** à long pétiole, lobées, 3 à 7 lobes profonds, dont les incisions dépassent le milieu du limbe; lobes pointus, finement dentés en scie seulement à l'extrémité; face supérieure vert foncé, glabre, face inférieure bleutée, touffes de poils aux embranchements des nervures. **Fleurs** blanches, 8-15 mm de diamètre, groupées par 5-6 en corymbes, odeur intense et désagréable de triméthylamine et de poisson, nombreuses étamines aux anthères rouges, ovaire à un seul style, long. **Fruit** du type de la pomme, de la taille d'un petit pois, à un noyau, rouge, non comestible; maturité dès sept.

Répartition : haies, bosquets, lisières forestières, pentes rocheuses, de la plaine à environ 1500 m d'altitude en montagne. Eur. moy. et du S., Scandinavie méridionale, Caucase, Proche Orient, Afrique du N.; plusieurs formes ornementales, fréquent.

À savoir! Des extraits de feuilles, de fleurs et de fruits sont utilisés en médecine pour renforcer le cœur et pour faire baisser la tension artérielle. Autrefois, le bois, relativement dur, était employé pour fabriquer des manches d'outils et pour le tournage. Il produit des hybrides fertiles avec l'aubépine épineuse. Les fruits sont une importante source de nourriture pour les animaux en hiver.

Aubépine épineuse, aubépine à deux styles

Crataegus laevigata · Rosacées

Grand arbuste ou petit arbre à feuilles caduques, aux ramifications horizontales et à couronne ample; épines robustes et droites, atteignant 2,5 cm de long.
✿ mai-juin

Port arborescent, environ 10 m de haut. **Feuilles** alternes, obovales, 3-5 cm de long, 3 à 5 lobes irréguliers ou profondément crénelées, les lobes atteignent presque le milieu du limbe; face supérieure glabre, vert foncé, face inférieure bleutée, d'abord pubescente seulement le long des nervures. **Fleurs** pédonculées, blanc immaculé, à l'odeur désagréable, nombreuses en panicules ombelliformes, toujours à 2-3 longs styles. **Fruit** du type de la pomme, rouge écarlate, un peu anguleux, au moins 2 noyaux; maturité dès août; reste sur l'arbre en hiver.

Répartition : haies, bosquets, forêts clairsemées de feuillus et de conifères, jardins. Eur. moy., du N.-O. et du N.-E., au sud jusqu'aux Balkans et aux Appenins; fréquent comme arbre d'ornement.

À savoir! Une forme de jardin appréciée est la 'Paul's Scarlet'. Elle se distingue par ses fleurs doubles, sans pollen, aux pétales exubérants rouge carmin, en panicules ombellifomes très fournis. Les deux espèces d'aubépines sont des ligneux de haies exceptionnels qui supportent très bien la taille. La floraison et la maturité des fruits, très luxuriantes, ne sont pas uniquement décoratives : fleurs et fruits fournissent également de la nourriture à de nombreuses espèces animales (insectes, oiseaux chanteurs, petits mammifères).

Aubépine monogyne à droite : fruits

Aubépine épineuse en bas à droite : fruits

Amélanchier

Amelanchier ovalis · Rosacées

Arbuste à feuilles caduques, très ramifié et à couronne dense sur tronc mince; jeunes pousses couvertes de poils, ensuite brun olive brillant. ✿ avril-mai

Environ 1-3 m de haut. **Feuilles** alternes, à long pétiole, 2,5-5 cm de long, largement ovales, arrondies aux deux extrémités; face supérieure vert mat et glabre, face inférieure jaunâtre et d'abord tomenteuse, ensuite glabre avec des restes de poils aux aisselles. **Fleurs** par 3-6 en grappes terminales, apparaissant bien avant les feuilles; 5 pétales, longs, étroits, blanc immaculé. **Fruits** du type des pommes, noir bleuâtre, couverts d'une couche pruineuse; surmontés des restes des sépales étalés; comestibles, de saveur agréable; à maturité dès août.

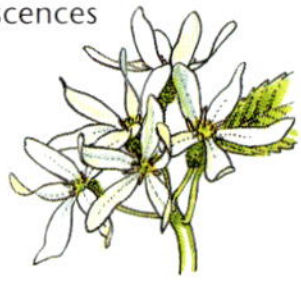
inflorescences

Répartition : bosquets sur rochers, pentes raides et ensoleillées, ourlets de prairies mi-sèches, chênaies et pinèdes clairsemées, sur roche calcaire (s'enracine dans les fissures) et pionnier sur sols vierges. Eur. moy., du S. et de l'E., dans les Alpes méridionales jusqu'à à 2000 m d'altitude; région méditerranéenne et Asie Mineure.

À savoir! Cet arbuste sauvage indigène, décoratif, est une source de nourriture et d'abri importante pour les oiseaux. Ses fruits bleuâtres, pruineux, sont piqués par les oiseaux, surtout par les grives, et l'espèce est ainsi propagée, car les oiseaux rejettent souvent les graines non digérées loin de l'endroit où ils ont mangé les fruits.

Amélanchier de Lamarck

Amelanchier lamarckii · Rosacées

Ligneux à feuilles caduques, à plusieurs troncs, aux branches dressées et irrégulièrement ramifiées; pousses couvertes de poils soyeux; coloration automnale éclatante. ✿ avril-mai

Atteint environ 10 m de haut. **Feuilles** alternes, à pétiole toujours pubescent, 4-10 cm de long, elliptiques lancéolées, arrondies ou faiblement cordées à la base, rétrécies dans leurs tiers supérieur, finement dentées en scie, rouge cuivré à l'éclosion et face inférieure soyeuse, ensuite glabres et vert foncé mat, jaune éclatant à rouge carmin l'automne. **Fleurs** apparaissant en même temps que le feuillage, en grappes généralement retombantes, pétales blanc immaculé, tomenteuses, 9-14 mm de long. **Fruits** du type de la pomme, environ 1 cm de diamètre, aux restes de sépales dressés, pourpre intense à bleu-noir à maturité, pruineux, comestibles, saveur agréable; dès juin.

Répartition : forêts et bosquets, ourlets sur sols légers, modérément arides à frais et riches. Originaire de l'est de l'Amérique du N.; apprécié comme ligneux ornemental en Eur. moy., y est redevenu sauvage ou naturalisé par endroits.

À savoir! L'amélanchier du Canada *A. canadensis*, semblable, s'en distingue par ses pousses glabres et ses feuilles elliptiques, plus petites (juste 3-5 cm de long), aux nombreuses nervures secondaires. Source précieuse de nourriture et de sites de nidification pour l'avifaune indigène; les fruits mûrs sont piqués surtout par les grives.

Amélanchier à droite : fruits

Amélanchier de Lamarck à gauche : coloration automnale

Corête du Japon
Kerria japonica · Rosacées

Arbuste ornemental à feuilles caduques, très ramifié, branches longues et dressées, en forme de baguettes, vertes. ✩ mai-juin

forme sauvage

Environ 0,5-2 m de haut; rameaux sans lenticelles, verts, à moelle blanchâtre. **Feuilles** pétiolées, ovales lancéolées, pointues; face supérieure vert intense et glabre, face inférieure claire et légèrement pubescente. **Fleurs** solitaires ou en petits bouquets à l'aisselle des feuilles, à l'extrémité des pousses, jusqu'à 3 cm de diamètre, 5 pétales jaune or; parfois une seconde floraison en sept.-oct.

Répartition : sous-bois de forêts de feuillus clairsemées. Originaire de l'Asie de l'E. (Chine); fréquent en Eur. comme arbuste ornemental.

À savoir ! La forme cultivée, stérile, ne redevient pas sauvage, mais se reproduit par rejets de souche. Du point de vue écologique, la forme sauvage a plus de valeur.

Spirée à feuilles de saule
Spiraea salicifolia · Rosacées

Arbuste à feuilles caduques, très ramifié, aux branches dressées ou arquées et retombantes. ✩ juin-juil.

Environ 1-2 m de haut; pousses anguleuses. **Feuilles** pétiolées, lancéolées, semblables à celles des saules, à petites stipules, inégalement dentées en scie, glabres; face supérieure vert mat, face inférieure un peu plus claire. **Fleurs** nombreuses en panicules dressées terminales, atteignant 10 cm de long, sépales retroussés, corolle à 5 pétales blanc rougeâtre.

feuilles jusqu'à 7 cm de long

Répartition : lisières de forêts, bosquets, rives de fossés, de rivières, et torrents de montagne. Originaire de l'Asie de l'E.; fréquent en Eur. comme plante d'ornement, redevient parfois sauvage ou naturalisé.

À savoir ! Cette espèce est idéale pour consolider les talus, par ses racines à forte croissance.

Spirée à feuilles d'orme
Spiraea chamaedryfolia · Rosacées

Arbuste à feuilles caduques, généralement très ramifié, n'attire le regard que lors de l'abondante floraison. ✩ mai-juin

inflorescence

1,5 m de haut; pousses anguleuses. **Feuilles** alternes, 4-6 cm de long, elliptiques à ovales, pointues, amplement taillées en biseau à la base, presque glabres. **Fleurs** 6-8 mm de diamètre, blanches, nombreuses en grappes ombelliformes légèrement bombées, environ 4 cm de diamètre, sépales retroussés, pétales ronds. **Fruit** enflé, dès sept.

Répartition : forêts, bosquets de moyenne montagne frais et humides. Alpes du S.-E., Carpates, Balkans, Sibérie.

Dans la même aire de répartition pousse la **spirée estivale** *S. decumbens*, n'atteignant que 0,5 m de haut. Ses fleurs se trouvent toujours à l'extrémité des pousses longues.

Spirée du Japon
Spiraea japonica · Rosacées

Arbuste buissonnant à feuilles caduques, aux branches et rameaux dressés; floraison abondante et très décorative. ✩ juin-août

feuilles jusqu'à 10 cm de long

N'atteint que 0,5-1,5 m de haut. **Feuilles** alternes, à pétiole court, elliptiques, pointues chez certaines formes cultivées, taillées en biseau à la base, doublement dentées en scie; face supérieure vert mat, face inférieure bleuâtre, glabre. **Fleurs** 7 mm de diamètre, en corymbes aplatis, jusqu'à 15 cm de diamètre, rose soutenu ou pourpre.

Répartition : bancs de sable et de gravier, dunes. Originaire du Japon; nombreuses variétés cultivées, redevenu sauvage par endroits et de plus en plus volontairement naturalisé.

À savoir ! Supporte la pénombre et le gel. Ne revêt quasiment aucun intérêt pour la faune indigène, sauf pour les insectes nectarivores (mouches et abeilles sauvages).

Corête du Japon variété ‘Pentiflora’

Spirée à feuilles de saule

Spirée à feuilles d’orme

Spirée du Japon

Groseillier des Alpes

Ribes alpinum · Saxifragacées

Arbuste compact à feuilles caduques, sans épines ni aiguillons, aux petites feuilles groupées en bouquets et aux pétioles dotés de glandes ciliées. ✿ avril-mai

N'atteint que 1-2 m de haut; pousses gris clair, glabres, vieille écorce se détachant en bandes. **Feuilles** alternes, triangulaires à arrondies ou cordées, 3-5 cm de large, 3 à 5 lobes, grossièrement dentées, face supérieure vert mat, face inférieure un peu brillante, glabre, éclosion précoce au printemps. **Fleurs** dioïques, jaune verdâtre, à 4 ou 5 pétales, 5-9 mm de diamètre, en grappes dressées, insignifiantes, jaune-vert, inflorescences ♂, 2-3 cm de long, 10 à 30 fleurs, inflorescences ♀ courtes, au maximum 5 fleurs, pétales clairement plus courts que les sépales. **Fruits** Baies sphériques, rouge écarlate, très fades; maturité dès août.

Répartition : bosquets, forêts clairsemées ou ombragées, gorges, lisières forestières, forêts alluviales de plaine et pentes pierreuses de montagne, sur sols légers, humides. Eur. moy. et du N., montagnes d'Eur. du S. et du S.-O., Asie du N. et de l'E. Le nom est quelque peu trompeur, car cet arbuste est présent aussi en plaine, bien qu'éparpillé. **LR**

À savoir ! Le groseillier des Alpes supporte la pénombre et, étonnamment, aussi la pollution atmosphérique. Plusieurs variétés, parfois au feuillage coloré ou au port réduit, sont donc souvent plantées dans des haies, le long de routes dans de grandes villes ou dans des zones industrielles. Les fleurs de cette espèce sont toujours hermaphrodites, mais elles n'ont un fonctionnement hermaphrodite que dans de rares. En effet, le développement de la fleur favorise le plus souvent soit l'ovaire soit les étamines.

Groseillier des rochers

Ribes petraeum · Saxifragacées

Petit arbuste à feuilles caduques, généralement très ramifié, sans épines ou aiguillons, sans odeur particulière au froissement. ✿ avril-mai

Port de 1-2 m; pousses robustes, brun-gris, glabres. **Feuilles** alternes, à long pétiole, arrondies, jusqu'à 10 cm de large, en bouquets sur les pousses courtes; 3 grands lobes et 2 petits, parfois pas très marqués, dentées en scie; face inférieure (surtout le long des nervures) un peu pubescente, à bord cilié , face supérieure plutôt rugueuse. **Fleurs** rougeâtres, généralement à 5 pétales, 4-9 mm de diamètre, par 10-15 en grappes denses sur un long pédoncule; les pétales, courts, sont dépassés par les sépales, longs et en forme de cloche. **Fruits** baies sphériques, rouges, comestibles, mais extrêmement acides; à maturité dès juin.

Répartition : forêts de montagne, gorges, éboulis, mégaphorbiaies; généralement sur sols humides mais drainés, légers, faiblement acides. Des Pyrénées aux Carpates en passant par les Alpes, Afrique du N. (Atlas) et jusqu'en Sibérie de l'E.; très rare en moyenne montagne et en plaine, dans les Alpes par endroits au-dessus de 2000 m d'altitude.

À savoir ! A probablement généré plusieurs variétés de groseilliers cultivés. Selon l'aire de répartition, il devrait se situer dans les moyennes montagnes septentrionales (Vosges, Forêt Noire) en tant que relique de l'époque glaciaire. Contrairement au groseillier des Alpes, son proche parent, ses fleurs sont toujours hermaphrodites. Peu voyantes, elles offrent cependant du nectar abondant aux pollinisateurs et sont butinées par les hyménoptères et les diptères, plus rarement par les papillons de nuit.

Groseillier des Alpes

Groseillier des rochers

Groseillier rouge

Ribes rubrum · Saxifragacées

Petit arbuste buissonnant à feuilles caduques, aux branches dressées; feuilles cordées, fleurs jaune-vert, insignifiantes. ✿ avril-mai

Environ 1-2 m de haut; pousses glabres. **Feuilles** alternes, à long pétiole, 3 à 5 lobes, à base cordée ou tronquée, jusqu'à 7 cm de large, grossièrement dentées en scie, lobes pointus; face inférieure d'abord duveteuse, ensuite glabre. **Fleurs** jaune verdâtre ou rougeâtres, par 10-20 en grappes d'abord dressées, puis retombantes, anthères séparées par un large élément médian, bourrelet pentagonal au fond du calice. **Fruits** baies sphériques, de la taille d'un petit pois, rouge écarlate, comestibles, juteuses, acidulées; maturité dès juin.

Répartition : forêts alluviales, bosquets de gorges et bosquets riverains sur sols humides à détrempés, argileux, riches. Eur. de l'O. et Eur. moy. occidentale et, absent en plaine; plusieurs variétés cultivées et très répandu comme fruitier.

À savoir ! Le groseillier rouge, aux nombreuses variétés, appelé aussi groseillier à grappes, est désormais considéré comme une espèce aux nombreuses sous-espèces qui regroupe également *Ribes sylvestris* d'Eur. de l'O. et le **groseillier en épi** *R. spicatum*, une variété scandinave et d'Eur. de l'E. Toutes ces variétés produisent de nombreux fruits rouges (petite photo). Les individus redevenus sauvages sont difficiles à distinguer des vraies formes sauvages.

Cassis

Ribes nigrum · Saxifragacées

Arbuste à feuilles caduques aux rameaux robustes; toutes les parties de la plante dégagent une odeur forte et désagréable lorsqu'elles sont froissées. ✿ avril-mai

Environ 1-2 m de haut; pousses duveteuses. **Feuilles** alternes, en bouquets sur les pousses courtes, long pétiole, jusqu'à 10 cm de large, arrondies ou anguleuses, à 3 lobes grands et 2 petits, face supérieure glabre, face inférieure couverte de glandes jaune or (petite photo). **Fleurs** insignifiantes, jaune verdâtre, généralement à 5 pétales, ceux-ci mesurant la moitié de la longueur des sépales; 4-9 mm de diamètre, par 4-10 en grappes allongées. **Fruits** baies jusqu'à 1 cm de diamètre, sphériques, noires, juteuses, comestibles; maturité dès juin.

Répartition : bosquets alluviaux, forêts marécageuses, bosquets riverains humides, préfère les sols à humidité variable à détrempés, humiques, argileux et glaiseux, supporte temporairement l'humidité stagnante. Eur. moy. et de l'E., naturalisé en Eur. du N. et du N.-O.; de nombreuses variétés sont désormais plantées comme fruitiers et sont redevenues sauvages par endroits (de façon instable).

À savoir ! Cultivé depuis le XVIe s. Fruits riches en vitamines, utilisé également en médecine. Les individus redevenus sauvages ne sont pas faciles à distinguer de la forme sauvage.

Groseillier rouge

Cassis

Groseillier doré

Ribes aureum · Saxifragacées

Arbuste à feuilles caduques, sans épines; périanthe (pétales et sépales) jaune or. ✿ avril-mai

Environ 1-2 m de haut. **Feuilles** à long pétiole, arrondies, 3-5 cm de long, profondément divisées en 3 lobes, brillantes, rouge vin l'automne. **Fleurs** rougeâtres au centre, par 5-15 en grappes buissonnantes, parfum agréable. **Fruits** baies de la taille d'un petit pois, noires, comestibles; maturité dès juin.

Répartition : bosquets alluviaux, terrains riverains, sur sols légers et humiques. Originaire d'Amérique du N. (Californie); fréquent comme arbuste ornemental, n'est redevenu sauvage que par endroits.

Groseillier à fleurs

Ribes sanguineum · Saxifragacées

Arbuste ornemental à feuilles caduques, à l'écorce brun rougeâtre et aux fleurs attrayantes. ✿ avril-mai

Jusqu'à 4 m de haut; pousses avec poils glanduleux. **Feuilles** alternes, ovales, cordées à la base, 5-10 cm de long, 3 à 5 lobes, face supérieure quelque peu ridée, face inférieure densément couverte d'un duvet gris, odorantes au froissement. **Fleurs** hermaphrodites, rose soutenu, par 10-20 en grappes arrondies, jusqu'à 7 cm de long, pédoncules couverts de glandes. **Fruits** baies noires, couvertes d'une pruine bleutée, jusqu'à 1 cm de diamètre, non comestible; maturité dès juin.

Répartition : forêts de montagne riches en arbustes, bosquets clairsemés. Originaire de la côte pacifique d'Amérique du N. (Californie); fréquent en Eur., nombreuses variétés d'ornement plantées dans les parcs et jardins.

Groseillier à maquereaux

Ribes uva-crispa · Saxifragacées

Arbuste sauvage à feuilles caduques, dressé, plutôt ramifié; rameaux fortement épineux; aiguillons jusqu'à 1 cm de long, en 1 ou 3 parties et très piquants. ✿ avril-mai

Seulement 0,5-1,5 m de haut; pousses densément tomenteuses. **Feuilles** alternes, généralement à l'aisselle des longs aiguillons, souvent en bouquets, arrondies, cordées à la base, 3 à 5 lobes, profondément crénelées ou dentées, face inférieure légèrement pubescente. **Fleurs** surtout hermaphrodites, parfois aussi unisexuées, généralement par 1-3 en épis, insignifiantes, verdâtres ou vert-pourpre. **Fruits** baies arrondies, jusqu'à 2 cm de diamètre, verdâtres, hirsutes, translucides et striées dans la longueur; maturité dès juil.

Répartition : forêts alluviales, bosquets clairsemés, haies sauvages, pentes sèches, ensoleillées, généralement sur sols riches en azote, en montagne jusqu'à environ 1400 m. Eur. moy., du S. et de l'O., absent en Scandinavie septentrionale, naturalisé à plusieurs endroits, de l'Afrique du N. et du Proche Orient à la Chine du N.-E.; fréquent comme fruitier, en plusieurs variétés.

À savoir ! Les nombreuses variétés sont très similaires les unes aux autres; le **groseillier des jardins** apprécié comme fruitier, est apparu dès le XVIIe s. par croisement de plusieurs espèces américaines de *Ribes*. Cette variété a également été décrite sous le nom scientifique de *R. grossularia*, un nom qui dérive des premières mentions... françaises du ‚groselier', dans un livre de psaumes du XIIe s. Les individus cultivés redevenus sauvages ne sont pas toujours faciles à distinguer de la plante sauvage indigène – cette dernière n'étant en plus pas très fréquente.

Groseillier doré

Groseillier à fleurs

Groseiller à maquereaux à droite : fruits

Tilleul à grandes feuilles

Tilia platyphyllos · Tiliacées

Contrairement au tilleul à petites feuilles, qui lui ressemble, le tilleul à grandes feuilles présente des touffes de poils blancs aux embranchements des nervures, sur la face inférieure des feuilles cordées, asymétriques à la base.
✩ juin

Arbre à feuilles caduques, jusqu'à 40 m de haut, à couronne ample, arrondie, dense sur tronc long et droit; écorce d'abord gris foncé ou gris-brun finement fissurée en réseau, ensuite densément couverte de côtes et crevasses; chez les individus âgés, également nodosités épaisses. **Feuilles** alternes, à long pétiole, 7-12 cm de long, cordées mais légèrement asymétriques, pointues à l'extrémité, crénelées à dentées, face supérieure vert clair mat, face inférieure un peu plus pâle. **Fleurs** n'apparaissant qu'après le feuillage, par 2-6 en panicules retombants; l'axe de la fleur est soudé à une étroite aile du milieu à la base; périanthe blanc jaunâtre, 20-25 étamines, style non tomenteux. **Fruits** secs sphériques, à peine 1 cm de diamètre, durs, duvet gris, 3-5 côtes saillantes.

Répartition : sols drainés, riches en nutriments et alcalins, légers, de forêts de gorges aux sous-bois herbeux; espèce indicatrice des hêtraies à tilleuls de montagne; Bois d'ombre. De l'Eur. du S.-O. à celle du S.-E. (mer Noire) en passant par l'Eur. moy., n'est naturellement absent que des Îles Britanniques et de la Scandinavie, mais y a été naturalisé; fréquemment planté pour la sylviculture, dans les parcs ou le long d'avenues.

À savoir! Le tilleul à grandes feuilles ne forme pas de peuplements monospécifiques, contrairement aux hêtres et aux chênes, mais accompagne habituellement diverses associations végétales forestières. Sa couronne imposante en fait un arbre apprécié sur les places et le long d'allées. Il peut atteindre l'âge de 1000 ans. Bien qu'il s'agisse d'une espèce plutôt montagnarde, contrairement à son proche parent le tilleul à petites feuilles (⇨ p. 280), on le trouve désormais loin de sa véritable aire de répartition.

Le bois, blanc jaunâtre, plutôt tendre et flexible, est excellent à travailler, pour sa texture homogène. Il est donc très apprécié pour la sculpture, pour la fabrication d'instruments de musique et de modèles. Le liber, solide et résistant, a été utilisé naguère pour tresser des nattes, des cordes et comme ligature dans le jardinage. Les fleurs de tilleul, en plus des huiles essentielles, contiennent également des flavonoïdes, des tannins et des mucilages. Ils sont utilisés pour préparer des tisanes médicinales, comme fébrifuge lors de refroidissements, et pour activer préventivement les défenses naturelles de l'organisme. Dans l'homéopathie, elles servent à combattre les allergies et les troubles dus au rhumatisme. Les fleurs sont toujours récoltées avec l'aile vert pâle. Cette dernière sert à l'envol des fruits à maturité et à leur propagation. Un autre produit très prisé est le miel de tilleul. Il contient le nectar des fleurs, mais aussi le miellat sucré sécrété par les pucerons.

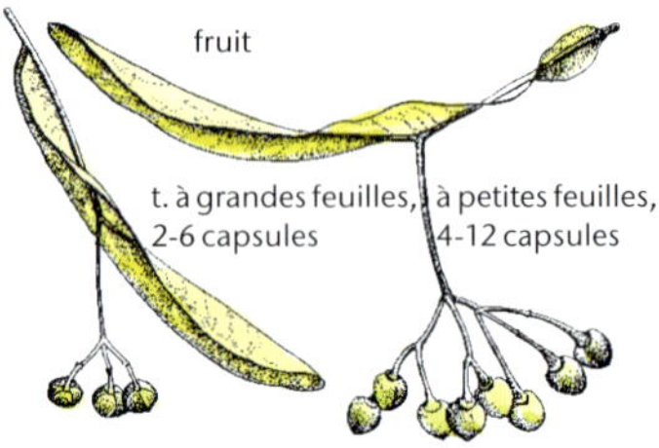

Tilleul à grandes feuilles en bas à gauche : inflorescence, en bas à droite : fruits

Tilleul à petites feuilles

Tilia cordata · Tiliacées

Les fleurs, généralement par 4-12, en panicules retombantes munies d'une bractée allongée, apparaissent bien après celles de son proche parent, le tilleul à grandes feuilles. ✿ juin-juil.

Arbre à feuilles caduques, jusqu'à 30 m de haut, à couronne dense, ample et voûtée, sur tronc robuste, droit. **Feuilles** alternes, à long pétiole, arrondies en cœur à la base et légèrement asymétriques, jusqu'à 8 cm de long, plus grandes sur les gourmands, dentées en scie; face supérieure vert foncé, face inférieure bleutée, munie de touffes de poils brunâtres aux embranchements des nervures principales (caractère distinctif par rapport au tilleul à grandes feuilles, ⇨ p. 278). **Fleurs** apparaissant après le feuillage, blanchâtres. **Fruits** secs sphériques, seulement quelque 6 mm de diamètre, à paroi relativement mince, généralement glabres.

Répartition : sols frais, chauds l'été, alcalins, profonds, surtout en association dans diverses chênaies; occasionnellement en peuplements monospécifiques. De l'Eur. du S.-O. (Pyrénées) à l'Oural, en Scandinavie seulement dans la partie méridionale, absent d'Irlande et d'Écosse, du S. des Balkans et des grandes îles de Méditerranée; dans les Alpes jusqu'à 1500 m d'altitude.

À savoir ! L'aire de répartition naturelle du tilleul à petites feuilles est deux fois plus étendue que celle du tilleul à grandes feuilles. Au N.-E. et à l'E., il s'étend davantage dans les zones à climat continental. Ce n'est que lorsqu'il pousse isolé qu'il développe sa couronne dense, à la forme pittoresque. En forêt, la couronne reste plutôt étroite. De plus, l'arbre ne fleurit chaque année que lorsqu'il est isolé.

La qualité du bois et les propriétés médicinales sont équivalentes chez les deux espèces. Les tilleuls sont sensibles à la pollution atmosphérique et disparaissent dès lors de plus en plus des zones habitées, alors que dans la nature ils peuvent dépasser 1000 ans, comme l'attestent plusieurs tilleuls commémoratifs. Le tilleul s'enracine profondément et résiste donc aux vents tempétueux.

Proche **Tilleul de Hollande** *Tilia × vulgaris*, croisement spontané entre le tilleul à grandes feuilles et celui à petites feuilles, se trouvant dans la même aire de répartition; feuilles relativement grandes, comme chez le tilleul à grandes feuilles, à la face inférieure vert-gris bleuté (photo) comme chez le tilleul à petites feuilles; touffes de poils jaunâtres aux embranchements des nervures; fruits de quelque 8 mm de diamètre, vaguement anguleux et tomenteux; dépasse les parents tant dans le port (jusqu'à 40 m) que dans l'exubérance de la couronne. Attire donc le regard sur les places et les parcs où il est planté.

Tilleul à petites feuilles en bas à droite : fleurs

Tilleul argenté

Tilia tomentosa · Tiliacées

La face inférieure des grandes feuilles cordées et arrondies est toujours couverte d'un duvet blanc, qui lui a donné son nom; les longues bractées ressemblent à du parchemin. ✿ juil.

Arbre à feuilles caduques, jusqu'à 30 m de haut, à couronne régulière, étroite ou voûtée, sur tronc robuste; écorce d'abord gris verdâtre, ensuite brun-gris, plus tard, à l'âge avancé, marquée de fissures et sillons réguliers. **Feuilles** alternes, à long pétiole, 7-12 cm de long, un peu asymétriques; dentées, les pointes tournées vers l'avant, sans arêtes; pointe courte; face supérieure d'abord légèrement couverte de poils rêches, ensuite progressivement glabre et vert foncé, face inférieure sans touffes de poils aux embranchements des nervures; jaune or l'automne. **Fleurs** apparaissant après le feuillage, par 6-9 en panicules ombelliformes retombants; portent des étamines fertiles et d'autres stériles. **Fruits** secs allongés, généralement seulement par 3; quelque 6 mm de diamètre, légèrement côtelés; l'axe de l'infrutescence est soudée à la bracteé jusqu'à la base.

Répartition : sols moyennement profonds, riches, généralement calcaires, secs, pierreux et glaiseux, de forêts mixtes de feuillus; rarement en peuplements monospécifiques. De l'Eur. du S.-E. au Proche Orient, mais planté dans des parcs et le long d'allées bien en dehors de son aire naturelle de répartition.

À savoir! Parmi les tilleuls les plus fréquents chez nous, le tilleul argenté est celui qui fleurit le plus tard. Ses fleurs très odorantes attirent de nombreux hyménoptères, notamment les bourdons. Cependant, les abeilles et les bourdons indigènes ne supportent pas son nectar, probablement à cause de sa composition en sucres différente des tilleuls indigènes : après le repas sucré, ils titubent longtemps au sol et finissent par mourir.

Contrairement aux autres espèces indigènes apparentées (le tilleul à grandes et celui à petites feuilles), le tilleul argenté est relativement insensible à la pollution atmosphérique et à la sécheresse estivale. Pour cela, il est souvent planté dans les villes, le long d'allées et dans les parcs. Souvent, ces individus ne sont pas « authentiques », mais il s'agit de greffes sur tilleul à petites feuilles, comme l'atteste l'écorce différente dans la partie inférieure du tronc, par rapport à celle de la couronne.

Proche **Tilleul argenté pleureur** *Tilia petiolaris*, souvent décrit comme une sous-espèce du tilleul argenté; s'en différencie par les feuilles à long pétiole (5-6 cm), souvent mollement retombantes, la couronne relativement étroite aux rameaux retombants et la bractée spatulée à l'infrutescence; comme l'espèce ci-dessus, il est originaire de l'Eur. du S.-E. ou du Proche Orient; il est souvent planté surtout dans les parcs urbains en Eur. moy. et du S.; son aspect est aussi décoratif que celui du tilleul argenté; se colore également de jaune or l'automne.

Tilleul argenté en haut à droite : fleurs, en bas : fruits

Mûrier noir

Morus nigra · Moracées

Les fruits, ressemblant à des meurons, passent du blanc au pourpre, puis au violet-noir; les feuilles, longues jusqu'à 20 cm, sont profondément cordées.
✩ mai-juin

Arbre à feuilles caduques, jusqu'à 18 m de haut, à couronne ample sur tronc court mais souvent très épais et tordu; écorce brun foncé, d'abord lisse, ensuite striée et noueuse. **Feuilles** alternes, jusqu'à 20 cm de long, profondément en cœur à la base, brève pointe, dentées et irrégulièrement lobées à la base (parfois seulement unilatéralement), face supérieure couverte de poils rêches, face inférieure duveteuse ou glabre. **Fleurs** pl. monoïque, fleurs insignifiantes, vert pâle, groupées en courts épis compacts aux aisselles des feuilles; inflorescences ♂ au pédoncule plus long que les ♀. **Fruits** mûres jusqu'à 2,5 cm de long, d'abord blanches, ensuite rouges, noires à maturité, très juteuses.

Répartition : de préférence sur sols calcaires, légers, pierreux sur pentes ensoleillées. Probablement originaire d'Asie centrale mais cultivé depuis longtemps et souvent redevenu sauvage; planté aussi en Eur. moy., dans des régions au climat clément (régions viticoles).

À savoir ! Le mûrier noir était déjà cultivé comme fruitier dans la région méditerranéenne et au Proche Orient dans l'Antiquité. Depuis le XVIe s., il a de plus en plus été planté aussi en Eur. moy., surtout dans les cours des monastères et des paroisses.

Les mûres rouge-noir, très douces et juteuses, sont issues de la transformation du périanthe. Du point de vue botanique la mûre est une infrutescence d'akènes à une graine, enveloppés d'une pulpe juteuse. Elles ne sont comestibles qu'à pleine maturité. Dans l'aire naturelle de répartition, on en prépare des confitures, des gelées, des jus ou du cidre. Le jus, rouge foncé, est parfois utilisé pour couper des vins rouges pas très teintés.

Le bois du mûrier, solide et foncé, était utilisé jadis pour des travaux de menuiserie fine (marqueterie), tandis que le bois des racines, très veiné, était utilisé pour le tournage (pipes et figures d'échiquier).

Mûrier blanc

Morus alba · Moracées

Les fruits verdâtres se développent en fruits blancs à rose clair, fades. ✩ mai-juin

Arbre à feuilles caduques, jusqu'à 15 m de haut. **Feuilles** alternes, entières ou à plusieurs lobes irréguliers, face supérieure lisse. **Fruits** blancs.

Répartition : planté dans des jardins et allées. Originaire de Chine; introduit en Eur. moy. par l'élevage du ver à soie, qui se nourrit exclusivement de ses feuilles.

inflorescence

Mûrier noir

Mûrier blanc à droite : fruits

Nerprun des Alpes
Rhamnus alpina · Rhamnacées

Arbuste sauvage à feuilles caduques, étroit, peu ramifié, sans épines et aux branches remontantes. ✲ mai-juil.
Environ 1-3 m de haut; pousses finement pubescentes à glabres; bourgeons hivernaux à écailles couvrantes. **Feuilles** alternes, jusqu'à 10 cm de long, elliptiques à largement ovales, arrondies aux deux extrémités ou légèrement cordées à la base, finement dentées, souvent à pointe courte; face supérieure vert foncé, face inférieure claire et faiblement pubescente le long des nervures, 7-20 paires de nervures latérales légèrement arquées. **Fleurs** généralement dioïques, à 4 pétales, jaune verdâtre, insignifiantes, en bouquet aux aisselles des feuilles. **Fruits** drupes bleu-noir, toxiques; graines jaune brillant; maturité dès juil.

fruits

Répartition : bosquets, lisières forestières, ourlets de bosquets riverains, pentes rocheuses sèches, ensoleillées. Montagnes d'Afrique du N.-O. et Eur. du S., des Pyrénées aux Balkans; occasionnellement planté comme arbuste ornemental.
À savoir ! Le nom scientifique du genre *Rhamnus* se rapporte à Dioscoride (Ier s. ap. J.-C.) et comprend plusieurs arbustes épineux du pourtour méditerranéen. Dans les maquis de ce territoire, on trouve également des espèces à feuilles toujours vertes, comme le **Nerprun faux olivier** *R. oleoides*, à petites feuilles, ou le **Nerprun alaterne** *R. alaternus*, à feuilles épineuses.

Nerprun nain
Rhamnus pumila · Rhamnacées

Arbuste nain (rampant) très ramifié, très petit et sans épines. ✲ mai-juil.
Atteint 20 cm seulement, petits troncs noueux. **Feuilles** alternes, pétiolées, 1-3 cm de long, en bouquets aux extrémités des rameaux, ovales lancéolées, arrondies à l'extrémité, taillées en biseau à la base. **Fleurs** à 4 pétales, jaune verdâtre, insignifiantes, hermaphrodites ou unisexuées; **Fruits** drupes sphériques, bleu-noir, légèrement brillantes, toxiques. Maturité dès juil.
Répartition : fissures dans les rochers, rochers calcaires ensoleillés, dans les Alpes jusqu'à 2350 m d'altitude. Parfois planté dans des rocailles.

Nerprun des rochers
Rhamnus saxatilis · Rhamnacées

Arbuste sauvage à feuilles caduques, fortement épineux, écorce brun-rouge et feuilles étroites. ✲ avril-mai
Seulement 0,5-2 m de haut; pousses finement tomenteuses. **Feuilles** (presque) opposées, 1-3 cm de long (clairement plus petites que chez le nerprun purgatif ⇨ p. 108), elliptiques, face supérieure vert clair, légèrement brillante. **Fleurs** à 4 pétales, jaune clair, en bouquet aux aisselles des feuilles. **Fruits** drupes noir brillant, toxiques; maturité juil.-sept.
Répartition : pentes rocheuses à calcaire et dolomie, sol graveleux de rivières alpines, bosquets, lisières, pinèdes clairsemées. En Eur. des Pyrénées aux Balkans et dans les régions préalpines.

inflorescence

Nerprun des Alpes en bas à droite : fruits pas mûrs

Nerprun nain

Nerprun des rochers

Hibiscus de Syrie

Hibiscus syriacus · Malvacées

Arbuste à feuilles caduques aux branches dressées, pousses velues, ensuite de plus en plus glabres; fleurs très grandes et voyantes. ✰ juin-sept.

Quelque 2-3 m de haut. **Feuilles** alternes, pétiole de 2-5 cm de long, 5-10 cm de long, en forme de losange, généralement à 3 lobes vagues, aux pointes émoussées, vert-gris, face inférieure avec des poils étoilés isolés, mais généralement glabres. **Fleurs** 4-6 cm de diamètre, solitaires, insérées aux aisselles des feuilles à l'extrémité des rameaux, calice en forme de cloche, en 7 à 9 parties, corolle en forme d'entonnoir évasé avec 5 pétales non soudés, blancs, roses, bleutés ou violets.

Répartition : bosquets alluviaux fluviaux, forêts. Originaire du S. et de l'E. de l'Asie (pas de Syrie!); nombreuses variétés cultivées, en Eur. du S. naturalisé par endroits.

À savoir ! Le motif finement rayé et la tache foncée à l'intérieur de la fleur servent à diriger les insectes (généralement les bourdons) qui apprécient l'abondante production de pollen de la plante. Comme chez toutes les Malvacées, les étamines sont soudées en une sorte de colonne centrale. Lorsque les anthères diffusent le pollen, le style et le stigmate divisé en plusieurs parties, sont encore enfouis dans cette structure en colonne. Ensuite, le style s'étire. Ce décalage rend l'auto-pollinisation plus difficile. L'hibiscus de Syrie, appelé aussi mauve en arbre, est la seule espèce de ce genre qui résiste au gel en Eur. moy.

fruits

Ciste à feuilles de sauge

Cistus salvifolius · Cistacées

Arbuste à feuilles toujours vertes ou caduques, très ramifié; pousses et rameaux densément couverts de poils étoilés; fleurs très grandes et blanches. ✰ avril-juin

Environ 0,3-1 m de haut. **Feuilles** alternes, pétiolées, entières, 1-4 cm de long, largement ovales à elliptiques, pointues ou émoussées à l'extrémité, taillées en biseau, rétrécies ou légèrement cordées à la base, ridées, densément couvertes de poils étoilés sur les deux faces, leur donnant un aspect vert-gris. **Fleurs** à long pédoncule, 4-5 cm de diamètre, solitaires ou en petits bouquets aux aisselles des bractées semblables à des feuilles, sépales irréguliers, 2 plus grands, cordés, enveloppent les deux autres, ovales et plus petits; 5 pétales, blanc immaculé, jusqu'à 2 cm de long, arrondis ou légèrement rognés à l'extrémité, étamines très nombreuses. **Fruits** capsules à 5 côtes; maturité dès août.

Répartition : bosquets, garrigues, maquis. Tout le pourtour méditerranéen jusqu'au Caucase, S. de la France et S.-O. de la Suisse.

À savoir ! L'abondante production de pollen est appréciée des papillons primitifs comme les Adélidés (petite photo à gauche), qui possèdent encore un appareil masticatoire. Les cistes sont des plantes indicatrices des maquis et garrigues sèches et ensoleillées des côtes méditerranéennes. En Eur. moy., pas suffisamment résistants au gel.

Proche Le **ciste à feuilles de peuplier** *C. populifolius*, aux feuilles pointues, cordées à la base; le **ciste à feuilles de laurier** *C. laurifolius* aux feuilles en forme de losange.

Hibiscus de Syrie

Ciste à feuilles de sauge

Arbousier

Arbutus unedo · Éricacées

Ligneux toujours vert au tronc courbé; écorce d'abord brun rougeâtre, ensuite plutôt brun-gris, se détachant en écailles avec l'âge. ✰ déc.-mars

Environ 3-5 m de haut (en forme arborescente, 10 m). **Feuilles** alternes, en bouquet aux extrémités des rameaux, pétiole rougeâtre et pubescent, limbe de 5-10 cm de long et jusqu'à 5 cm de large, elliptiques-lancéolées, entières à finement dentées, glabres, coriaces; face supérieure vert foncé brillant, face inférieure pâle. **Fleurs** pédonculées, calice court, verdâtre, corolle en forme d'outre, semblable à celle du muguet, crème, à pointes courtes, retroussées, groupées en panicules retombantes. **Fruits** de quelque 2 cm de diamètre, boursouflés, rouge intense; comestibles; maturité dès juil.

Répartition : sols secs, peu profonds, pierreux, pauvres en calcaire, chênaies clairsemées, forêts toujours vertes et maquis, souvent près des côtes; également planté comme arbuste d'ornement dans son aire naturelle de répartition. Région méditerranéenne occidentale, le long de la côte atlantique jusqu'en Irlande.

À savoir ! Constitue une espèce indicatrice de la végétation méditerranéenne à feuilles coriaces, avec le chêne vert, l'olivier, la bruyère arborescente et autres ligneux. Fleurit l'hiver. Les baies mûrissent dès l'été, d'abord jaune-orange, ensuite rouge intense. Elles rappellent des fraises. Vers la fin de la saison, la période de maturité se recoupe avec le début de la floraison. Leur saveur fade à acidulée ne les rend pas particulièrement appétissantes (le nom de l'espèce, *unedo* signifie d'ailleurs « je n'en mange qu'une »), on en prépare cependant dans de nombreux endroits des confitures ou des liqueurs.

Arbousier de Chypre

Arbutus andrachne · Éricacées

Arbuste toujours vert, très ramifié ou crochu; écorce des jeunes branches lisse, couleur cacao à roux. ✰ fév.-avril

Environ 3-5 (10) m de haut; l'écorce se détache en larges lambeaux avec l'âge. **Feuilles** alternes, 5-10 cm de long et jusqu'à 6 cm de large au milieu, ovales lancéolées, brièvement pointues, régulièrement dentées ou presque entières, coriaces, jeunes pousses pubescentes, autrement vert-gris, pétiole de 1-1,5 cm de long. **Fleurs** nombreuses en panicules dressées, corolle entre sphérique et en forme d'outre, crème. **Fruits** jusqu'à 1,5 cm de diamètre, jaune-orange intense à maturité, surface boursouflée; comestibles; maturité dès juil.

Répartition : bosquets toujours verts, maquis, lisières forestières clairsemées, jachères, bords de chemins, pentes rocheuses, généralement sur substrat calcaire. Région méditerranéenne orientale, Crète, à l'O. jusqu'en Albanie; occasionnellement aussi planté comme ligneux ornemental.

À savoir ! Dans la partie commune de leurs aires de répartition, cette espèce produit un hybride fertile avec l'arbousier. Il a l'écorce brun-orange et les autres caractères se situent entre ceux des deux espèces parentes.

Autrefois, en Grèce, le bois solide servait à la fabrication de flûtes; aujourd'hui, il est employé dans la production de charbon de bois et la menuiserie. Dans certaines régions, on prépare une eau-de-vie à base de ses fruits, fades et douceâtres.

Arbousier à gauche : fleurs et fruits pas mûrs, à droite : fruits mûrs

Arbousier de Chypre

Chêne pédonculé

Quercus robur · Fagacées

Les branches étalées et noueuses portent des feuilles aux lobes caractéristiques. En automne, l'arbre porte des glands ovales enchâssés dans une cupule au long pédoncule. ✿ avril-mai

Arbre à feuilles caduques, atteignant 40 m de haut, à couronne ample, haute, devenant irrégulière avec l'âge, aux branches robustes et tortueuses; tronc généralement ramifié à peu de distance du sol, contrairement au chêne rouvre, proche parent (⇨ p. 294); écorce gris clair à brun clair, déjà sillonnée chez les jeunes individus par un dense réseau de crevasses et de fissures; jeunes rameaux gris verdâtre ponctués de petites verrues de liège. **Feuilles** alternes, à pétiole court ou presque sessiles, 10-12 cm de long et jusqu'à 8 cm de large, obovales, à 5-7 lobes et sinus arrondis inégaux, incisant le limbe jusqu'au milieu environ, pas exactement symétriques (différence importante avec le chêne rouvre); limbe muni de deux oreillettes à sa base; face supérieure vert foncé mat, face inférieure claire, glabre. **Fleurs** pl. monoïque; fleurs apparaissent en même temps que les feuilles ou peu avant; verdâtres et insignifiantes; chatons ♂ de 2-4 cm de long, à nombreuses fleurs, pendant mollement en bouquets aux extrémités des rameaux; fleurs ♀ petites, groupées par 1-5 en épi pédonculé et dressé. **Fruits** glands ovales, atteignant 2 cm de long; entourés à la base d'une cupule écailleuse, peu profonde; groupés par 2-3 sur un long pédoncule; d'abord verts, puis brun-rouge à maturité, striés longitudinalement de vert ou brun foncé lorsqu'ils sont frais.

glands dans une cupule un peu aplatie, sur un long pédoncule

Répartition : sols frais, modérément acides à calcaires, profonds et légers, surtout dans des dépressions fluviales, de la plaine à la zone de colline. Du Portugal au N. de l'Espagne en passant par toute l'Eur. moy- et du N.-O. jusqu'au sud de la Scandinavie; de plus, dans les Apennins et les Balkans septentrionaux jusqu'à la région de la mer Noire et le Caucase; jusqu'à environ 1000 m d'altitude dans les Alpes du nord.

À savoir ! Le nom de l'arbre est dû aux longs pédoncules des glands. La forme des feuilles et du port du chêne pédonculé correspond à celle du chêne primitif d'Odin, noueux, qui est entré dans toutes sortes de représentations symboliques, parfois douteuses. Il peut atteindre environ 1000 ans (plus rarement davantage : dans la Westfalie il en existe un exemplaire d'environ 1400 ans), mais la croissance en hauteur s'arrête déjà vers 150 ans.

À la surface des feuilles de chêne se développent souvent des galles caractéristiques, excroissances du limbe qui se développent en réaction à la ponte de certains arthropodes; certaines galles, sphériques, évoquent la forme d'une petite pomme; on extrayait naguère de ces galles très colorées et riches en tannins les composants de l'encre rouge. Les substances contenues dans l'écorce des jeunes arbres ont été utilisées pendant longtemps pour tanner les peaux. Les glands, nourrissants, ont été utilisés pour engraisser les cochons; du point de vue botanique, ils font partie des noix.

Le bois du chêne pédonculé, solide, est utilisé principalement pour fabriquer des meubles; il ne peut pas être distingué de celui du chêne noir. Ses vaisseaux atteignant un calibre de 0,4 mm, reconnaissables à l'œil nu sur la pièce coupée, le classent dans les bois à zones poreuses. Le long du tronc, l'eau n'est transportée que par les 3-5 cernes extérieurs.

Chêne pédonculé en bas à droite : fruits

Chêne rouvre, chêne noir

Quercus petraea · Fagacées

Contrairement au chêne pédonculé, le tronc du chêne rouvre est droit et non ramifié jusqu'à la partie supérieure de la couronne ; les glands sont entourés d'une cupule sessile. ✿ avril-mai

Arbre à feuilles caduques, 30-40 m de haut, à grande couronne voûtée, souvent irrégulière, sur un tronc droit, assez long ; écorce d'abord lisse et glabre, gris à gris-brun, puis très réticulée sur les branches principales et le tronc. **Feuilles** alternes, pétioles atteignant 2,5 cm de long ; limbe de 8-12 cm de long et jusqu'à 5 cm de large, obovale, se rétrécit en biseau à la base, arrondi à l'extrémité, plutôt régulier et presque symétrique, avec 5-9 lobes et sinus arrondis ; face supérieure vert foncé mat, face inférieure claire, glabre. **Fleurs** pl. monoïque, fleurs apparaissent en même temps que les feuilles, mais 2 semaines plus tard que chez le chêne pédonculé ; chatons ♂ pendant mollement aux extrémités des rameaux, vert jaunâtre lors de la production du pollen ; fleurs ♀ par 1-5 en inflorescence sessile, c.-à-d. sans pédoncule. **Fruits** glands, contrairement à ceux du chêne pédonculé (⇨ p. 292) sans stries longitudinales verdâtres ou brunes ; ils sont plantés d'un quart jusqu'à un tiers dans une cupule sessile ou à pédoncule très court ; arrivent à maturité encore pendant la première année.

Répartition : cette espèce aimant la chaleur et la sécheresse se trouve surtout sur des sols légers, profonds à moyennement profonds, pierreux et calcaires, dans les régions aux hivers cléments. Forme des peuplements monospécifiques ou mixtes dans les régions collinéennes et de basse montagne, jusqu'à environ 700 m d'altitude ; dans les Alpes du S. jusqu'à 1300 m. Le chêne rouvre est l'espèce dominante des chênaies à charme. Du N. de l'Espagne aux Îles Britanniques et au S. de la Scandinavie, dans les Apennins et les Balkans jusqu'en Bulgarie, fréquent partout en Eur. moy. ; souvent également planté comme essence sylvicole ou dans les parcs.

À savoir ! Le chêne pédonculé et le chêne rouvre sont très apparentés et, dans leur aire de répartition commune, produisent des hybrides fertiles, dont les caractères se situent entre ceux des deux parents. Ces formes de transition ont été la raison pour laquelle Carl von Linné, le « père de la systématique botanique », au XVIIIe s. n'a pas décrit ces deux chênes comme espèces distinctes.

Le chêne rouvre peut atteindre 500 à 800 ans. Isolé, il développe des branches jusqu'à la base du tronc, tandis que dans un boisement serré il ne les développe qu'en haut. La partie inférieure des troncs, dépourvue de branches, est particulièrement recherchée pour les travaux de placage. En sylviculture, on replante donc les sous-bois des peuplements de chêne rouvre par du hêtre ou d'autres essences qui supportent l'ombre.

Le bois à zones poreuses est très recherché pour sa résistance, sa densité et sa solidité, notamment pour la fabrication de meubles et de fûts de chêne pour la vinification. Ses pores sont si grands qu'on peut les voir à l'œil nu sur une coupe. Il s'agit de la section des vaisseaux qui transportent l'eau (trachées). Ceux-ci se forment chaque année dans le bois de printemps.

Chêne rouvre, chêne noir en bas à droite : fruits

Chêne chevelu

Quercus cerris · Fagacées

Impossible de le confondre, avec ses glands à cupule couverte d'écailles pointues, mesurant jusqu'à 1 cm de long. ✿ avril

Arbre à feuilles caduques, peut atteindre 35 m de haut; couronne d'abord pyramidale et ample, ensuite voûtée et quelque peu irrégulière, sur un long tronc; écorce striée déjà chez les jeunes arbres, ensuite de plus en plus déchirée en plaques. **Feuilles** alternes, pétiolées; limbe de 8-12 cm de long et de 5-8 cm de large, ovale-lancéolé, irrégulièrement lobé, à incisions inégales; pubescentes et rugueuses à l'éclosion, ensuite glabres, restent tout de même rugueuses; face supérieure vert foncé, face inférieure vert-gris; restent sur les rameaux après la décoloration, jusqu'au printemps suivant. **Fleurs** pl. monoïque; chatons ♂ pendant mollement, jusqu'à 8 cm de long, jaunâtres lors de la production du pollen; fleurs ♀ par 1-4, à pédoncule très court, terminales. Les **fruits** (glands) ne mûrissent que l'année suivant la floraison.

Répartition : sols riches, de la plaine à la moyenne montagne vers 800 m d'altitude. Forme des peuplements monospécifiques ou en association avec d'autres chênes en Eur. méridionale, de la France au S. des Alpes jusqu'en Asie Mineure; absent de la Péninsule Ibérique, de Corse et de Sardaigne; occasionnellement planté comme essence sylvicole ou dans des parcs, en dehors de son aire naturelle de distribution.

À savoir ! Trait particulier de cette espèce : les écailles filamenteuses des bourgeons, qui persistent jusqu'à l'éclosion des nouvelles feuilles. Le bois du chêne chevelu, dur et solide, contrairement à celui du chêne pédonculé et du chêne noir, n'est utilisé que rarement pour la fabrication de meubles, car plus difficile à travailler et se contractant davantage au séchage. Dans son aire de distribution, son bois servait à la construction de traverses de chemins de fer et de parties d'outils agricoles.

Proche **Chêne de Hongrie** *Quercus frainetto*, atteint 25 m de haut, feuilles obovales, en oreillettes à la base, 6-10 lobes inégaux sur chaque côté, dont les plus grands sont eux-mêmes sinués ou dentés, face supérieure vert foncé, face inférieure vert-gris très légèrement pubescente; glands dans le calice jusqu'au milieu; Eur. du S.-E., par endroits cultivé en sylviculture; arbre décoratif fréquent.

feuilles jusqu'à 20 cm de long

Chêne pubescent *Quercus pubescens*, jusqu'à 20 m de haut, cependant souvent à plusieurs troncs et au port arbustif, couronne ample et irrégulière; feuilles alternes, irrégulièrement lobées, pubescentes après l'éclosion, ensuite deviennent glabres sur la face supérieure; de la France à l'Asie Mineure par l'Italie et les Balkans, stations chaudes, arides.

Chêne tauzin *Quercus pyrenaica*, jusqu'à 20 m de haut, aspect semblable au chêne chevelu mais les bourgeons sont sans écailles filamenteuses; feuilles sinuées, inégalement incisées, en biseau ou légèrement en oreillettes à la base, face supérieure vert foncé à vert-gris, face inférieure au duvet jaunâtre; les pousses ne se développent que dès début juin; forêts de montagne d'Eur. du S.-O.; en Eur. moy. dans des parcs.

feuilles de 6-12 cm de long

feuilles de 8-20 cm de long

Chêne chevelu en bas à gauche : fruits verts, en bas à droite : fruits mûrs

Chêne rouge

Quercus rubra · Fagacées

L'automne venu, cet arbre se fait remarquer par la coloration rouge vif de son feuillage et par ses gros glands arrondis, placés dans une cupule aplatie. ✩ mai

Arbre à feuilles caduques, jusqu'à 5 m de haut. **Feuilles** de 10-25 cm de long, pointues, 3-5 lobes pointus de chaque côté, face supérieure vert foncé mat, face inférieure vert pâle avec des touffes de poils bruns, pétiolées.

Répartition : forêts de la zone de colline et de montagne. Amérique du N. orientale, de la Nouvelle-Écosse au Texas ; en Eur., fréquent comme essence sylvicole ou dans les parcs.

À savoir ! Comme presque toutes les espèces de chênes nord-américaines, le chêne rouge se colore en automne de rouge carmin ou vermillon.

feuille automnale

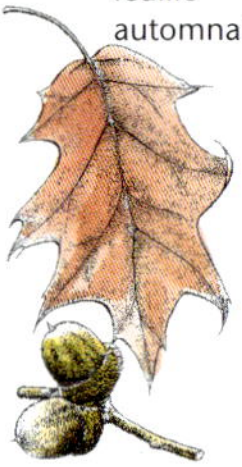

Proche **Chêne écarlate** *Quercus coccinea*, feuilles sinuées profondément incisées, jusqu'à 15 cm de long, face inférieure avec des touffes de poils bruns, rouge vif en automne ; Amérique du N. orientale ; en Eur. cultivé dans les parcs.

feuille automnale

Chêne des marais *Quercus palustris*, feuilles de 8-15 cm de long, 2-4 lobes amples de chaque côté, à 3 pointes, face supérieure vert foncé brillant, face inférieure avec des touffes de poils gris, rougeâtres l'automne ; glands par 1-2 dans la cupule ; Amérique du N. orientale et moyenne ; en Eur., planté dans les parcs.

Chêne vert

Quercus ilex · Fagacées

Les feuilles coriaces, vert foncé, restent jusqu'à 3 ans sur les rameaux de cet arbre toujours vert, dont les fruits grillés sont comestibles. ✩ avril-mai

Peut atteindre 25 m de haut ; couronne dense, ample, sur un tronc généralement court ; écorce noirâtre, striée-côtelée. **Feuilles** alternes, coriaces, persistantes, 4-10 cm de long et jusqu'à 5 cm de large, ovales-lancéolées, arrondies à la base, pointues, pétiolées ; à bord enroulé, entières ou à dents épineuses ; face supérieure d'abord tomenteuse, ensuite glabre, face inférieure grise, duveteuse. **Fleurs** pl. monoïque ; chatons ♂ vert jaunâtre, pendant mollement ; fleurs ♀ par 1-3, petites, insignifiantes.

feuilles entières, au bord légèrement ondulé

Répartition : sols riches en humus, profonds, généralement aussi calcaires, légers. Pourtour méditerranéen occidental, Afrique du N. et de l'O., de la plaine à la montagne (au S. de l'Espagne, jusqu'à 1100 m, dans l'Atlas jusqu'à plus de 2200 m), espèce principale des forêts toujours vertes à chêne vert.

À savoir ! Les forêts à chêne vert du pourtour méditerranéen ont été désertifiées depuis l'Antiquité suite à leur surexploitation. À leur place pousse désormais un maquis arbustif. Le bois dense et lourd du chêne vert a été utilisé autrefois pour la construction.

Chêne rouge coloration automnale

Chêne vert en haut à droite : fruits verts, en bas à droite : fruits mûrs

Chêne-liège

Quercus suber · Fagacées

L'écorce très épaisse et crevassée entoure un tronc souvent courbé, portant une couronne ample et voûtée. ✩ avril-mai

Toujours vert, jusqu'à 15 m de haut. **Feuilles** alternes, coriaces, de 4-7 cm de long, ovales, entières à ondulées ou bordées de petites dents épineuses; pétiolées; face supérieure lisse et vert foncé, face inférieure blanchâtre tomenteuse. **Fleurs** pl. monoïque; chatons ♂ jusqu'à 4 cm de long, jaune clair, en bouquets denses; fleurs ♀ courtes, dressées, insignifiantes. Fruits (glands) couverts jusqu'à la moitié par la cupule.

Répartition : sols pierreux, arides, modérément riches, au climat chaud. Pourtour méditerranéen occidental. Cultivé aussi en dehors de son aire de distribution originelle pour la production de liège.

À savoir ! Afin de produire le liège, les peuplements naturels de chêne-liège sont éclaircis et laissés dans un état semi-naturel, où se développent des habitats riches en espèces. La première récolte d'écorce, de quelque 5-8 cm d'épaisseur (petite photo en bas), se développant à l'extérieur de l'écorce proprement dite, a lieu chez les arbres d'environ 20 ans ; ensuite, elle se renouvelle tous les 6-12 ans. La production de liège n'est pas une exclusivité du chêne-liège, mais est particulièrement développée chez cette espèce. Les parois cellulaires des cellules du liège sont tellement empreintes de subérine qu'elles en deviennent imperméables.

Tulipier

Liriodendron tulipifera · Magnoliacées

Les fleurs, ressemblant à des tulipes et apparaissant après le feuillage, et les feuilles presque carrées à long pétiole sont les caractéristiques de cette espèce. ✩ avril-mai

Arbre à feuilles caduques, atteignant 40 m de haut, à couronne ample et dense; écorce grise à brunâtre, à motif réticulé régulier chez les anciens individus. **Feuilles** alternes, 10-20 cm de long, à 4 lobes; face supérieure vert éclatant, face inférieure assez claire, glabre, l'automne jaune or ou orange vif. **Fleurs** de 4-5 cm de diamètre, vert bleuâtre à l'extérieur de la base et à la pointe, jaune clair entre-deux, orange soutenu au fond. **Fruits** brun clair, à l'allure de cônes.

Répartition : sols de pente, humides mais drainés, moyennement profonds à profonds et riches. Originaire d'Amérique du N. orientale, de la Nouvelle-Angleterre au N. de la Floride, de la plaine à la montagne, dans les Appalaches jusqu'à 1200 m d'altitude. Souvent cultivé en Eur. dans des parcs ou grands jardins.

À savoir ! Les fleurs rappellent des tulipes jaunes. Comme chez ces dernières, elles ne sont pas formées de pétales et sépales mais de 6 tépales identiques. Les parties de la fleur ne sont pas rangées en cercles mais forment une spirale autour de l'axe de la fleur - un caractère évolutif très archaïque.

Chêne liège

Tulipier

Platane hybride

Platanus × hispanica · Platanacées

L'écorce, d'abord brun-gris ou gris clair uni, se détache en plaques minces, de la taille d'une main, laissant des taches jaunes. ✿ mai

Arbre à feuilles caduques, peut atteindre 30 m de haut, rarement 40 m ; couronne ample, haute, voûtée, sur un tronc épais et droit ; pousses vert pâle à brunâtres, duveteuses-tomenteuses. **Feuilles** alternes (contrairement aux érables, ressemblants, à feuilles opposées), 15-20 cm de long et jusqu'à 25 cm de large, palmées, 3 à 5 lobes, les supérieurs en triangles amples, irrégulièrement dentés ; semblables à celles de l'érable plane (⇨ p. 146) ; solides et presque coriaces ; longs pétioles ; face supérieure vert foncé, face inférieure pubescente, du moins le long des nervures principales et aux embranchements de celles-ci ; l'automne, les feuilles tombent sans changement de couleur particulier. **Fleurs** pl. monoïque ; fleurs apparaissant en même temps que le feuillage, insignifiantes mais nombreuses, en 2 parties sphériques, pendantes, généralement à long pédoncule ; **fruits** atteignant 3-4 cm d'épaisseur à maturité, pédoncule jusqu'à 15-20 cm de long ; restent longtemps sur les rameaux.

Répartition : préfère les sols moyennement profonds à profonds, à l'humidité variable. Très fréquent en Eur. moy., dans les parcs et le long de routes.

À savoir ! Celui que l'on appelle platane est généralement un hybride entre le platane d'Orient et celui d'Occident, ou alors une variété de culture de l'une de ces deux espèces. L'hybride se distingue par ses fleurs disposées par paires, tandis que chez ses parents, elles sont solitaires ou groupées par trois.

Dans un climat urbain, le platane hybride croît normalement et est stable. Par son feuillage ample et dense, il fournit une ombre très appréciée en été. Dans certaines régions, on taille les branches de telle sorte que la couronne prenne un aspect de parasol aplati, comme on le fait aussi avec les tilleuls. Le feuillage est infecté occasionnellement par un champignon et se dessèche en prenant une teinte brun pâle. Les feuilles, issues de bourgeons de remplacement, qui les remplacent se développent normalement.

Proche **Platane d'Orient** *Platanus orientalis*, écorce se détachant en grosses plaques, feuilles profondément incisées par 5 à 7 lobes, dépassant le milieu du limbe ; fleurs et fruits, sphériques, généralement groupés par trois ; originaire de Turquie et des Balkans, souvent planté dans le S. de l'Eur. pour l'ombre ; rare au N. des Alpes, seulement dans de grands parcs.

Platane d'Occident *Platanus occidentalis*, tronc ramifié généralement déjà à faible hauteur en plusieurs branches robustes ; écorce se détachant en petites écailles ; feuilles entières, à 3 lobes, amples mais peu incisés, le lobe central est toujours plus large que long ; fleurs et fruits sphériques généralement solitaires ; sols humides sur les berges de cours d'eau ou de lacs, en Amérique du N. centrale et occidentale ; en Eur. planté occasionnellement dans des parcs.

Platane hybride

Figuier

Ficus carica · Moracées

Les figues, qui sécrètent du latex lorsqu'on les cueille, sont fixées par un court pédoncule aux aisselles des feuilles sinuées-palmées. ✫ mars-juil.

Arbre ou arbuste à feuilles caduques, atteignant 10 m de haut, à couronne ample sur un court tronc noueux et tordu; écorce d'abord brun-gris, claire et lisse, ensuite de plus en plus brune et ridée. **Feuilles** alternes, à pétiole de 5-8 cm de long, limbe de 20-30 cm de long et presque autant de large, coriace, 3 à 5 lobes ouverts vers l'avant et vaguement dentés; face supérieure pubescente, face inférieure pâle et velue seulement le long des nervures principales. **Fleurs** très petites, contenues dans une inflorescence verdâtre en forme d'outre, munie d'une ouverture étroite pour offrir un passage aux pollinisateurs. **Fruits** (figues) verts, violets ou noirs, insérés aux renflements charnus des axes de l'inflorescence.

Répartition : sols pierreux, arides, chauds dans des bosquets sur pentes rocheuses. Originaire de l'Asie du S.-O., cultivé depuis l'Antiquité sur le pourtour méditerranéen, désormais répandu sur toute la Planète.

À savoir ! La forme sauvage du figuier est monoïque, tandis que les formes cultivées sont généralement dioïques. Une forme cultivée, mais connue comme figuier sauvage, ne donne pas de fruits comestibles mais produit le pollen nécessaire à leur développement. Ce dernier n'est transporté vers les fleurs femelles des figuiers domestiques que par une petite guêpe de la famille des Cynipidés. Par ailleurs, il y a désormais des variétés de figuier qui produisent des fruits comestibles même sans pollinisation.

Copalme d'Amérique

Liquidambar styraciflua · Hamamélidacées

Les feuilles, semblables à celles de l'érable, sont alternes, sentent bon et se colorent de rouge carmin en automne. ✫ mai

Arbre à feuilles caduques, atteignant 25 m de haut; tronc droit, couronne d'abord conique, ensuite ovale aux branches relativement horizontales; rameaux caractéristiques, parcourus de lambeaux liégeux. **Feuilles** alternes, 10-15 cm de long, généralement à 5 lobes allongés; en forme d'étoile; longs pétioles; face supérieure vert foncé brillant, aspect automnal très décoratif. **Fleurs** insignifiantes, verdâtres (♂) ou jaunâtres (♀), en capitules sphériques. **Fruits** à capsules, sphériques, 2-3 cm de diamètre, épineux, ligneux.

Répartition : Sols à l'humidité variable, profonds, alluviaux ou de vallée, situation ensoleillée; espèce pionnière fréquente dans les clairières forestières. Originaire d'Amérique du N. sud-occidentale; fréquemment planté dans les parcs et le long d'avenues.

À savoir ! Le bois fraîchement coupé contient une résine agréablement odorante sous l'écorce; naguère, on en fabriquait de la gomme à mâcher. Cette résine balsamique, appelée « Styrax » confère son nom à la plante.

En Amérique du N., le bois, solide et clair, est utilisé pour la construction d'intérieurs, de meubles, de caisses et de fûts. L'automne, cet arbre se colore pendant longtemps, passant du vert au jaune orangé et au rouge intense, jusqu'à un brun-violet profond.

Les jeunes arbres sont sensibles au gel. Les fruits restent souvent durant tout l'hiver sur l'arbre.

Figuier à droite : fruits

Copalme d'Amérique

Vigne

Vitis vinifera · Vitacées

Arbuste à feuilles caduques, grimpant à l'aide de longues vrilles ramifiées (= inflorescences modifiées) ; un bourgeon sur trois n'a ni vrille ni inflorescence.
✫ juin

Port de 10-20 m. **Feuilles** à long pétiole, globalement arrondies à cordées, à 3 ou 5 lobes étroitement dentés, face supérieure glabre ; face inférieure densément pubescente ; jaune-or ou rouge intense l'automne, selon les variétés. **Fleurs** insignifiantes, jaune verdâtre, faiblement odorantes, nombreuses, en panicules dressées ou arquées, insérée à la base des jeunes pousses ; les pétales et les sépales tombent très tôt ; les fleurs de la forme sauvage sont unisexuées (sur plantes dioïques) ; dans les vignes cultivées, elles sont principalement hermaphrodites. **Fruits** baies sphériques à allongées, chez la forme sauvage de la taille d'un petit pois, bleu-noir, au goût acide ; dans les vignes cultivées vert-jaune, brun-rouge ou bleu-violet, selon les variétés ; à maturité dès sept.

Répartition : la forme sauvage est une liane s'accommodant même de la pénombre des forêts alluviales très structurées, sur sols profonds, alcalins, calcaires et argileux. Eur. moy. du S.-E. et du S., surtout sur le pourtour méditerranéen ; plusieurs variétés cultivées. La forme sauvage indigène est inscrite dans les **LR**.

À savoir ! La forme sauvage, souvent décrite aussi comme espèce à part sous le nom de *V. sylvestris* est désormais devenue extrêmement rare au N. des Alpes, car ses habitats naturels ont disparu et les ravageurs introduits d'Amérique du N. au XIXe s. (mildiou, phylloxéra) en ont endommagé les peuplements. Les humains en récoltaient les baies et en faisaient des préparations déjà au Néolithique, comme l'attestent les pépins de raisins trouvés dans des fouilles effectuées sur des sites colonisés d'Eur. moy. septentrionale. La vigne indigène est une

espèce souche importante, dans le tableau complexe des variétés de vignes actuellement cultivées ; elle a été sélectionnée et cultivée déjà depuis la Haute Antiquité, par exemple en Asie Mineure. Comparées à la vigne sauvage, les variétés cultivées, généralement définies comme des sous-espèces, développent des rameaux plus robustes, des feuilles plus velues et, surtout, des baies plus grosses et plus juteuses aux multiples nuances de couleurs. Aujourd'hui, chaque paysage viticole est caractérisé par ses variétés principales.

Proche **Vigne américaine** *Vitis labrusca*, pousses tomenteuses, vrilles et inflorescences sur tous les bourgeons, sans interruption ; feuilles arrondies, jusqu'à 16 cm de large, divisées en 3 à 5 lobes peu marqués ou en 3 pointes, finement dentées, incision étroite à la base, face supérieure vert foncé mat, face inférieure d'abord grise, ensuite brune, tomenteuse ; fruits violet foncé, chez les formes cultivées aussi verdâtres. Vigne sauvage importante, répandue sur toute la Planète pour le croisement des vignes cultivées, provenant d'Amérique du N.-E., plantée occasionnellement aussi en Eur.

Vigne

Vigne vierge du Japon

Parthenocissus tricuspidata · Vitacées

Arbuste grimpant à feuilles caduques, pouvant monter très haut le long de murs verticaux; vrilles de seulement 2-3 cm de long, pourvues de crampons. ✿ juil.-août

Plus de 20 m de haut. **Feuilles** de 10-20 cm de long, à long pétiole; soit non divisées et ovales, amples, à 3 lobes grossièrement dentés, soit triofoliées, à folioles à court pétiolule, les deux latéraux ovales asymétriques et le central obovale; face supérieure du limbe brillante, glabre, face inférieure vert mat et juste un peu pubescente le long des nervures; au débourrage bronze à vert rougeâtre, l'automne jaune-orange éclatant à rouge écarlate intense. **Fleurs** petites, insignifiantes, verdâtres, en corymbes terminaux ou insérés aux aisselles des rameaux courts peu feuillus. **Fruits** baies bleu-noir, jusqu'à 8 mm de diamètre, pruineuses, non comestibles; à maturité dès oct.

Répartition : bosquets alluviaux et le long de cours d'eau, forêts mixtes de montagne, humides. Indigène en Asie de l'E. (Japon, Chine, Corée); fréquemment plantée en plusieurs variétés pour verdir des façades, s'accommode aussi des grandes villes.

À savoir ! Après la germination, les premières feuilles qui succèdent aux cotylédons sont trifoliées, tandis que les suivantes sont lobées. Bien que ces plantes fructifient abondamment en milieu urbain et que les oiseaux chanteurs en mangent les fruits, cette espèce ne redevient sauvage que relativement rarement et ne s'acclimate pratiquement pas.

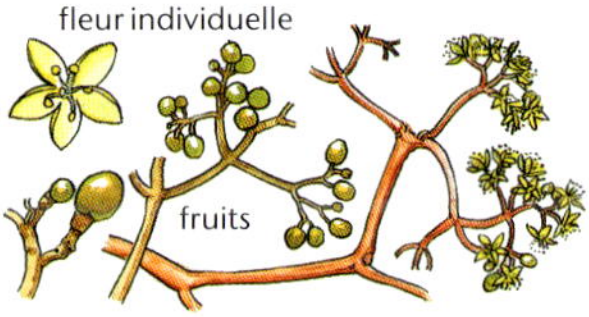

Vigne vierge à cinq feuilles

Parthenocissus inserta · Vitacées

Arbuste grimpant à feuilles caduques; vrilles à 2-5 ramifications latérales, minces et en forme de spirales, sans crampons ou avec des crampons très faiblement développés. ✿ juin-juil.

N'atteint que 6 à 10 m de haut; les terminaisons des rameaux s'ancrent aux petites aspérités du support ou s'amplifient légèrement dans les fissures, en créant un ancrage performant. **Feuilles** alternes, palmées en 5 parties; folioles à pétiole très court ou inexistant, atteignant 10 cm de long, ovales, terminées en pointe allongée, taillées en biseau à la base, grossièrement crénelées, glabres, brillantes sur les deux faces, face supérieure vert terne, face inférieure bleutée, l'automne rouge carmin éclatant. **Fleurs** insignifiantes, verdâtres. **Fruits** baies de la taille d'un petit pois, bleu-noir, pruineuses, non comestibles à cause de la teneur en acide oxalique et légèrement toxiques; fruits à maturité en oct. Source de nourriture importante pour les oiseaux.

Répartition : associations de tout type dans les lisières forestières, berges de cours d'eau et remblais, murailles et ruines, préfère les sols peu compacts, calcaire-argileux et relativement riches. Originaire d'Amérique du N.-O.; cultivée comme plante ornementale et redevenue sauvage dans des zones alluviales, acclimatée par endroits.

Proche ***P. quinquefolia***, petite espèce indigène d'Amérique du N.-E., souvent plantée pour couvrir des façades, plusieurs variétés; vrilles en 5-12 ramifications, disposées régulièrement sur 2 rangs, crampons bien développés; feuilles à face supérieure un peu rêche, face inférieure vert mat. Occasionnellement décrite comme espèce unique, **Vigne vierge** (*P. quinquefolia* au sens large) avec l'espèce *P. inserta*, ci-dessus, dont elle est difficile à distinguer.

Vigne vierge à trois becs en bas à droite : crampon

Vigne vierge à cinq feuilles en haut à droite : crampons, en bas à droite : fruits

Alisier

Sorbus torminalis · Rosacées

Les feuilles rigides, semblables à celles de l'érable, divisées en 6-10 lobes amples, se colorent de jaune éclatant ou de rouge intense en automne. ✿ mai-juin

Arbre ou arbuste à feuilles caduques, atteignant 20 m de haut; couronne allongée et aérée; écorce gris foncé, d'abord lisse, ensuite rugueuse, finement écailleuse et fissurée. **Feuilles** alternes, à long pétiole, largement ovales, sinuées, irrégulièrement dentées; face supérieure vert foncé brillant, face inférieure d'abord finement pubescente, ensuite glabre et brillante. **Fleurs** jusqu'à 1,5 cm de diamètre, crème, réunies en corymbes ombelliformes. **Fruits** jusqu'à 1,5 cm de diamètre, sphériques allongés, rouge-brunâtre clair, ponctués de verrues claires ou foncées.

Répartition : sols chauds, arides, peu profonds, bosquets sur rocher et chênaies clairsemées. De l'Afrique du N.-O. et l'Eur. de l'O. jusqu'au Caucase, absent de l'Eur. septentrionale; occasionnellement cultivé comme ligneux d'ornement ou le long de routes.

À savoir ! L'alisier est l'une des rares espèces du genre très varié *Sorbus* qui n'a pas tendance à produire des hybrides, contrairement à l'alisier blanc.

Les fruits de l'alisier, peu visibles, sont comestibles. Autrefois, ils ont été utilisés, moulus, pour remplacer le pain, comme les baies de l'aisier blanc. De plus, ils ont été utilisés dans la médecine populaire pour soigner les maladies de l'intestin, grâce à leur teneur en tanins. Le bois, solide et dense, a été employé, entre autres, pour fabriquer des flûtes et des instruments de précision.

Finalement, cet arbre au feuillage automnal éclatant, jaune brillant à rouge intense, très décoratif, éveille de plus en plus l'intérêt des paysagistes.

Alisier de Suède

Sorbus intermedia · Rosacées

Arbre à feuilles caduques, de taille moyenne, au tronc droit et court et à couronne arrondie, régulière. ✿ mai-juin

Peut atteindre 15 m de haut; bourgeons verdâtres à brunâtres, collants, pousses gris-rose mat, duveteuses-tomenteuses. **Feuilles** de 5-9 cm de long, face supérieure vert brillant, face inférieure grise, tomenteuse; largement ovales, clairement sinuées par 3-7 lobes de chaque côté, lobes aux bords irrégulièrement mais finement dentés, partie inférieure du limbe presque pennée, 7-9 paires de nervures. **Fleurs** blanches, environ 1,3 cm de diamètre, en corymbes ombelliformes de 8-10 cm de diamètre, pétales ronds, étamines rose clair, généralement 2 styles. **Fruits** petits, env. 1 cm de diamètre, ovales, rouge écarlate à chair jaune, à maturité dès août.

Répartition : forêts, bosquets, bosquets champêtres. Originaire du S. de la Suède, du Danemark, du S. de la Finlande et des Pays Baltes. Très souvent planté dans les parcs et le long d'avenues, car il s'est avéré particulièrement robuste le long des axes de communication. Est redevenu sauvage et s'est acclimaté à plusieurs endroits.

À savoir ! Les représentants du genre *Sorbus* produisent facilement des hybrides. Il existe des croisements entre l'espèce décrite ci-dessus et le sorbier des oiseleurs (*S. aucuparia*) ou l'alisier blanc (*S. aria*). Certains auteurs en présument aussi le croisement avec l'alisier (*S. torminalis*). Puisque l'alisier de Suède contient tous les chromosomes de ses parents (34 + 34, soit 68, au lieu des 34 usuels), il constitue une espèce allotétraploïde. La probable participation d'une troisième espèce parentale en fait un rare exemple de triple hybride tétraploïde. Bien qu'il ne produise pas de pollen fertile, il développe des fruits capables de germer sans être pollinisés. Ce processus reproductif s'appelle apomixie.

Alisier à droite : fruits

Alisier de Suède

Houx

Ilex aquifolium · Aquifoliacées

Arbuste, plus rarement arbre, toujours vert, très ramifié et au feuillage dense; feuilles à dents épineuses; pousses vertes, glabres, striées longitudinalement. ✫ mai-juin

fleur

Port arbustif, 1-5 m de haut; au port arborescent jusqu'à 10 m; écorce lisse, grise. **Feuilles** alternes, 5-9 cm de long, pétiolées, très coriaces et raides, persistantes, ovales-lancéolées, pointues, arrondies à la base; les deux côtés sont pourvus de 5 longues épines ou davantage, reliées par une marge plus ou moins profondément lobée (chez les individus âgés, l'ondulation est moins marquée et les dents moins épineuses), face supérieure vert foncé brillant, face inférieure vert clair mat. **Fleurs** dioïques, à 4 pétales blancs ou rosés, insignifiants. **Fruits** à noyau de la taille d'un petit pois, sphériques, rouge écarlate, à plusieurs graines, toxiques; à maturité dès oct.

Répartition : forêts et bosquets de feuillus clairsemés. Eur. de l'O. atlantique, pourtour méditerranéen occidental et central, Afrique du N., Proche-Orient. Des variétés dont la forme des feuilles s'écarte quelque peu de la forme sauvage sont souvent cultivé dans des parcs et jardins. **LR**

À savoir ! Le houx est le seul feuillu indigène toujours vert. La forme arborescente ne se développe généralement que chez les individus isolés. Les fleurs offrent du nectar aux hyménoptères et les fruits sont piqués par les grives. Malgré sa stratégie de défense, le feuillage est souvent brouté par le gibier, surtout l'hiver. Le bois, dense, lourd qui se laisse bien polir, était employé autrefois pour revêtir des manches de couteaux, dans la marqueterie, comme support pour les gravures, ainsi que pour des instruments de musique et des cannes. Dans l'ébénisterie, il remplace le bois d'ébène, car il absorbe très bien les laques foncées.

Lierre

Hedera helix · Araliacées

Arbuste rampant ou grimpant à l'aide de crampons, toujours vert; fleurs très nombreuses; fruits, noir mat, toxiques. ✫ sept.-oct

Peut atteindre environ 20 m de haut; pousses tomenteuses, à poils étoilés à 4-12 pointes; tronc principal souvent présent, sinon touffu et à rameaux pendants. **Feuilles** de deux formes : sur les rameaux stériles, feuilles à 3-5 lobes, cordées à la base, à face supérieure vert foncé brillant, réticulée de veines blanchâtres; sur les rameaux florifères, feuilles en forme de losange ou ovales, taillées en biseau à la base, vert foncé brillant, en hiver face supérieure vert-noir et face inférieure rougeâtre. **Fleurs** à 5 pétales, insignifiantes, nombreuses, en ombelles pédonculées, corolles vert jaunâtre, glande nectarifère en forme d'anneau. **Fruits** baies sphériques, aplaties sur le haut, toxiques; maturation le printemps suivant.

fleur

feuille de pousse fleurie

Répartition : forêts et bosquets, forêts alluviales, carrières de pierres et ruines, cimetières et jardins. Très répandu en Eur. moy., de l'O. et du S., jusqu'en moyenne montagne (environ 1800 m), dans le nord seulement jusqu'au S. de la Suède.

À savoir ! Le lierre possède deux sortes de racines : le système racinaire usuel, qui lui fournit les sels minéraux et l'eau du sol, et les crampons, structures spéciales qui lui permettent de grimper. La floraison inhabituellement tardive assure du nectar automnal aux insectes. Les fruits, toxiques pour l'être humain, sont mangés par les oiseaux. Le lierre peut atteindre plus de 400 ans.

Houx

Lierre en haut à droite : fleurs, en bas à droite : fruits mûrs

Clématite des haies

Clematis vitalba · Renonculacées

Arbuste grimpant, à feuilles caduques, très ramifié (liane), aux rameaux flexibles, s'enroulant sur la gauche; forme des rideaux denses, pendants. ✩ juin-sept.
Grimpe sur plus de 10 m de haut; tronc mesurant jusqu'à 2 cm d'épaisseur; écorce brun-gris clair, se détachant en longues lanières étroites; les jeunes rameaux sont régulièrement hexagonaux et striés dans la longueur. **Feuilles** jusqu'à 25 cm de long, opposées, à long pétiole, imparipennées, à 5-7 folioles très éloignées les unes des autres et atteignant 5 cm de long; entières ou dentées en scie, glabres; vert foncé mat sur la face supérieure, face inférieure plus claire. **Fleurs** inflorescences insérées aux aisselles des feuilles, panicules lâches, à long pédoncule, 4 tépales étroits, blanc crème, à l'allure de pétales. À maturité des **fruits** (dès oct.), le style se développe en une longue arête argentée et plumeuse, servant à propager les akènes (fruits) par le vent.

Répartition : fréquente dans les lisières forestières, les berges de cours d'eau, les bosquets champêtres et les remblais. Très répandue en Eur. moy. et de l'O., de la plaine à des altitudes supérieures à 1500 m.

À savoir! La clématite des haies est l'une des rares lianes indigènes et l'une des rares Renonculacées ligneuses. Ses feuilles opposées et composées sont plutôt atypiques dans cette famille. À contre-jour, les fruits argentés sont très décoratifs. Les bosquets denses de cette espèce offrent de bonnes places de nidification et de bonnes cachettes aux petits oiseaux.

Clématite des Alpes

Clematis alpina · Renonculacées

Arbuste grimpant, liane, à feuilles caduques, aux rameaux flexibles, semblables à des cordes, s'enveloppant sur la gauche. Forme des rideaux denses. ✩ mai-juin
Ne grimpe que jusqu'à 2-3 m de haut. **Feuilles** à long pétiole, imparipennées ou biternées; 3 folioles à pétiolule court ou sessiles, de 5 cm de long et 2 cm de large, lancéolées, pointues, en biseau à la base, grossièrement dentées en scie, face inférieure légèrement pubescente; pétioles rigides et souvent retournés en vrille autour du support. **Fleurs** grandes, très voyantes, 2-4 cm de diamètre, à long pédoncule, pendantes, terminales, solitaires, insérées aux aisselles des feuilles sur les pousses courtes; corolle à 4 (rarement 5) tépales en clochette ou étalés, bleu clair ou violette, rarement blanche; à maturité (dès sept.) le style s'allonge en une arête plumeuse (petite photo).

Répartition : sols acides en pénombre, forêts de montagne aux sous-bois herbeux, dans des bosquets de rhododendron et d'arbustes couchés et sur les éboulis recouverts de mégaphorbiaies. Dans les Alpes et les Carpates jusqu'à environ 2400 m d'altitude, s'infiltre rarement dans la zone préalpine; en Eur. du N. seulement aux pétales jaunâtres à bleu pâle. **LR**

À savoir! À l'intérieur de la corolle bleue se trouvent une dizaine de glandes à nectar blanches : ce sont des étamines transformées. Les fleurs sont une source considérable de pollen et de nectar; elles sont appréciées des hyménoptères et des papillons.

Clématite des haies fruits mûrs

Clématite des Alpes

Clématite des montagnes

Clematis montana · Renonculacées

Arbuste grimpant à feuilles caduques, formant de denses bosquets en rideau et qui s'enroule autour de son support par ses pétioles transformés en vrilles. ✩ mai-juin

Elle grimpe avec des rameaux minces et glabres jusqu'à environ 7 m (rarement 12 m) de haut. **Feuilles** à long pétiole, toujours imparipennées, à 3 folioles; sur les pousses courtes, aussi en rosettes; folioles de 3-10 cm de long, pointues, arrondies à la base, dentées en scie, rarement à marge entière, parfois profondément incisées en lobes, glabres sur les deux faces. **Fleurs** d'environ 3-6 cm de diamètre chez la forme sauvage; chez les formes cultivées, jusqu'à 8 cm de diamètre, par 1-5 sur les rameaux de l'année précédente; à 4 tépales blancs ou roses, très écartés les uns des autres, légèrement tomenteux. **Fruits** (akènes) glabres, à style court et plumeux; à maturité dès oct.

Répartition : forêts et bosquets des étages altitudinaux inférieurs de l'Himalaya; en Eur. exclusivement dans les jardins. Plusieurs variétés; certaines, à floraison abondante et aux grandes fleurs, du groupe connu comme Montana, sont répandues dans le monde entier comme arbustes d'ornement.

À savoir ! Comme chez toutes les espèces de *Clematis*, la corolle est composée de tépales, une caractéristique qui apparaît également chez les espèces de Renonculacées herbacées. Par contre, les glandes à nectar que l'on observe chez la clématite des Alpes (⇨ p. 314) manquent chez les autres espèces. Les étamines, disposées en bouquet, sont une source de pollen importante pour les hyménoptères comme les abeilles et les bourdons.

Clématite « Jackmanii »

Clematis × jackmanii · Renonculacées

Arbuste grimpant à feuilles caduques, aux pousses brun-rouge et aux grandes fleurs très voyantes. ✩ juil.-août

Peut atteindre 4 m de haut. **Feuilles** pennées, à 3 folioles; folioles entières, légèrement pubescentes, seulement sur la face inférieure. **Fleurs** d'environ 10-12 cm de diamètre, pourpre foncé à violet, à 4 (rarement 6) grands tépales ouverts, obovales.

Répartition : arbuste décoratif fréquent. Très répandu en Eur.

À savoir ! La variété cultivée est un croisement entre la **Clématite à grandes fleurs**, *C. lanuginosa* d'Asie de l'E. et la **Clématite bleue**, *C. viticella*, indigène en Eur. du S. jusqu'au Proche-Orient. Plusieurs variétés du parent européen aux fleurs de 3-5 cm de diamètre, rose pourpre à violettes, sont également cultivées.

Clématite odorante

Clematis flammula · Renonculacées

Arbuste grimpant à feuilles caduques, aux rameaux flexibles et aux fleurs blanches, insignifiantes, en panicules. ✩ juil.-sept.

Grimpe jusqu'à environ 5 m de haut. **Feuilles** en général bi-pennées, à 5 folioles atteignant 4 cm de long, les inférieures lancéolées, souvent par 3 ou lobées, arrondies à la base, les autres dentées, face supérieure brillante, les folioles supérieures généralement simples. **Fleurs** blanches, 2-3 cm de diamètre, en panicules atteignant 25 cm de diamètre, insérées aux aisselles des feuilles supérieures.

Répartition : forêts, bosquets dans des plaines arides et chaudes. Du pourtour méditerranéen au Proche-Orient central; arbuste d'ornement occasionnel, en Eur. moy. ne résiste pas à l'hiver.

À savoir ! Les fleurs, décoratives, dégagent une forte odeur d'amande amère

Clématite des montagnes à gauche : forme sauvage, à droite : forme cultivée

Clématite « Jackmanii »

Clématite odorante

Noyer

Juglans regia · Juglandacées

Cet arbre imposant a des feuilles pennées atteignant 40 cm de long; dès octobre, il se charge de fruits à noyau verts, de diamètre pouvant atteindre 5 cm, contenant les noix. ✿ avril-mai

Arbre à feuilles caduques, atteignant 25 m de haut, à couronne ample et voûtée; écorce d'abord lisse et grise, ensuite profondément fissurée et gris-brun. **Feuilles** à 5-9 folioles coriaces mesurant jusqu'à 12 cm de long, sentant la térébenthine quand on les froisse. **Fleurs** pl. monoïque; fleurs ♂ dans des chatons de 3-10 cm de long, vert-jaune; fleurs ♀ insignifiantes, jaune clair, en inflorescences terminales sur les jeunes rameaux. **Répartition :** préfère les sols profonds, riches, calcaires. À l'origine, seulement des Balkans à l'Asie du S.-O.; depuis l'époque romaine, amplement diffusé aussi au nord des Alpes et fréquemment planté comme arbre d'ornement ou fruitier; désormais aussi aux États-Unis.

feuille imparipennée, 20-40 cm de long

À savoir ! Du point de vue botanique, une noix n'est pas une noix, mais le noyau d'un fruit à la pulpe verte. La partie comestible est une graine riche en huiles. Le bois, brun-roux, aux veines foncées, est utilisé pour le placage. Le noyer a été introduit en Eur. moy., au-delà des Alpes, par les Romains.

Proche **Noyer noir**
Juglans nigra, longues feuilles, 9-17 folioles, face inférieure duvetée-tomenteuse. Indigène de la partie est d'Amérique du N.; chez nous, occasionnellement planté dans les parcs.

Ptérocarier du Caucase

Pterocarya fraxinifolia · Juglandacées

La particularité de cet arbre pittoresque est ses fruits mesurant jusqu'à 3 cm de diamètre, qui rappellent des oreilles d'éléphant. ✿ avril-mai

Arbre à feuilles caduques, atteignant 20 m de haut, à couronne épaisse, voûtée; tronc court, épais, aux branches principales robustes; souvent à plusieurs troncs; écorce grise, réticulée et à crevasses longitudinales; gros bourgeons d'hiver, brun rouille ou cannelle.

♀

Feuilles alternes, imparipennées (parfois manque la foliole terminale), 20-45 cm de long, 7-27 folioles de 5-12 cm de long, sessiles, dentées, pointues, face supérieure vert foncé et glabre, face inférieure pubescente le long de la nervure centrale; jaune or l'automne. **Fleurs** pl. monoïque; les inflorescences apparaissent avec le feuillage; chatons ♂ jaunâtres, 8-12 cm de long; fleurs ♀ jusqu'à 15 cm de long, verdâtres, atteignent env. 50 cm à maturité. **Répartition :** sols riches, légers des forêts de montagne. Du Caucase à l'Iran septentrional; en Eur. moy., planté dans des parcs ou le long d'avenues dans les régions aux hivers cléments; craint le gel tardif.

À savoir ! Le ptérocarier du Caucase est unique, par ses fruits ailés situés sur l'axe de l'inflorescence, considérablement long. Contrairement aux noix du noyer, ses fruits sont de véritables noix, car la graine est complètement entourée d'une coque ligneuse.

Noyer La chair verte éclate sur l'arbre.

Ptérocarier du Caucase

Sorbier des oiseleurs

Sorbus aucuparia · Rosacées

Les fruits ronds, jusqu'à 8 mm de diamètre, attirent de nombreux oiseaux et sont comestibles, cuits, malgré leur goût légèrement amer. ✿ mai-juin

15-20 m de haut, à feuilles caduques; couronne irrégulière, plutôt ouverte, arrondie ou ovale; écorce d'abord brun-gris, ensuite au motif rayé, marqué par des verrues liégeuses (lenticelles); écailleuse chez les vieux arbres. **Feuilles** alternes, à long pétiole, imparipennées, l'ensemble du limbe atteint 20 cm de long et 11 cm de large; 9-17 folioles, chacune jusqu'à 6 cm de long et 2 cm de large, entières seulement sur le tiers inférieur, très dentées à l'extrémité, face supérieure presque glabre, face inférieure densément pubescente ou glabre; l'axe des folioles rainuré dans la longueur; coloration automnale orange soutenu à rouge sanguin. **Fleurs** d'environ 1 cm de diamètre, nombreuses, en corymbes ombelliformes; pétales blanc crème, nombreuses étamines; sentent légèrement le poisson; occasionnellement, une deuxième floraison survient vers la fin de l'été. **Fruits** rouge corail.

Répartition : sols riches, frais, acides à modérément alcalins, glaiseux ou pierreux; ligneux aimant la lumière. Très répandu du N. de l'Espagne au Caucase; absent dans l'Eur. du S.; dans les Alpes, jusqu'à environ 2000 m d'altitude; souvent planté comme arbre ornemental dans des parcs et jardins ou le long d'avenues : autant décoratif lors de la floraison que lorsque les fruits sont mûrs.

À savoir ! Les petits fruits à plusieurs pépins ne sont pas de vraies baies mais appartiennent aux fruits du même type que ceux des pommes. Ils font le bonheur des oiseaux chanteurs, en particulier des grives, des étourneaux, des pinsons et même des rouges-gorges. D'où le nom de sorbier des oiseleurs. Mais de nombreux petits mammifères, p. ex. les loirs et les écureuils, en apprécient les fruits rouge écarlate. Cependant, ils ne se prêtent que moyennement à la cueillette, car ils contiennent des tanins au goût désagréable. Toutefois, cette espèce comporte de nombreuses variétés, comme le **cormier** ou **sorbier domestique**, dont les fruits sont dépourvus de tanins et se distinguent par une teneur élevée en vitamines. Cette variété a été découverte en Moravie au début du XIXe s. par un berger. Il observa que les oiseaux commençaient très tôt à piquer les fruits de certains sorbiers et, lorsqu'il en goûta, se rendit compte qu'ils n'avaient pas de goût âpre, contrairement aux autres sorbiers des oiseleurs. Les descendants de cette variété locale sont désormais plantés partout, surtout en montagne, où les conditions climatiques ne sont pas idéales pour les autres arbres fruitiers.

En montagne, les sorbiers des oiseleurs atteignent l'âge de 150 ans. Le bois résistant et qui se fend difficilement est utilisé pour le placage et la fabrication de meubles. Autrefois, le charbon à base de bois de sorbier était employé dans la fabrication de la poudre explosive.

Le nom du sorbitol dérive du nom scientifique du genre *Sorbus*. Il s'agit d'un édulcorant présent dans toutes les parties de cette plante. Il est utilisé entre autres dans les sucreries, pour la prévention des caries.

Sorbier des oiseleurs en haut à droite : fleurs, en bas : coloration automnale

Sophora du Japon

Sophora japonica · Fabacées

Les fruits, très toxiques, à gousse profondément rétrécie entre les graines, sont pendus comme des colliers de perles aux rameaux sans épines. ✫ août-sept.

Arbre à feuilles caduques, atteignant 25 m de haut, à couronne ample, arrondie, parfois en plusieurs parties; écorce brun-gris foncé, plissée et creusée de larges sillons chez les arbres âgés. **Feuilles** alternes, entières, à long pétiole, imparipennées, 7-17 folioles ovales; face supérieure vert foncé mat, face inférieure bleutée et finement pubescente; les pousses n'apparaissent que tard et les feuilles tombent précocement. **Fleurs** en panicules dressées jusqu'à 25 cm de long (grappes composées); fleur au calice blanc verdâtre et à la corolle blanc-jaune. **Fruits** (gousses) de 5-8 cm de long, ne s'ouvrant pas. Toxiques.

Répartition : forêts de montagne sur sols légers, modérément riches, drainés. Originaire d'Asie du S.-O.; fréquent comme arbre décoratif et planté le long d'avenues.

À savoir ! Grâce à sa résistance aux sécheresses estivales prolongées, cet arbre est souvent planté le long d'allées urbaines au S. de la France et en Angleterre. La médecine traditionnelle chinoise en utilise les fleurs, l'écorce et les graines.

feuilles jusqu'à 25 cm

fruits et fleurs

Virgilier à bois jaune

Cladrastis lutea · Fabacées

Cet arbre se fait remarquer par ses feuilles imparipennées atteignant 30 cm de long, au milieu desquelles pendent des fruits à gousse rétrécie, de 10 cm de long. ✫ mai-juin

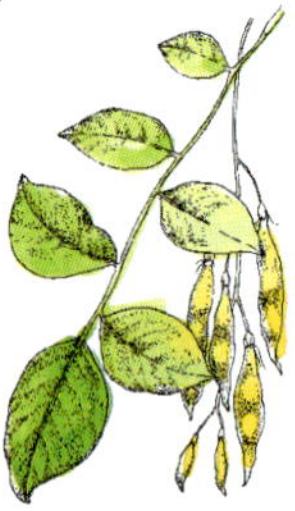

Arbre à feuilles caduques, atteignant 15 m de haut, à couronne arrondie; écorce lisse, grise. **Feuilles** alternes, atteignant 30 cm de long, 7-11 folioles d'env. 6 cm de long, à court pétiolule, entières, disposées de façon décalée sur le pédoncule principal; coloration automnale jaune éclatant. **Fleurs** nombreuses, en grappes pendantes de 25-30 cm de long, blanches, rarement rougeâtres, à l'odeur agréable.

Répartition : sols calcaires, frais, profonds; supporte l'ombre. Originaire de la partie orientale de l'Amérique du N.; de plus en plus planté en Eur. dans les parcs et le long d'avenues.

À savoir ! Cet arbre particulièrement décoratif ne fleurit que de façon irrégulière, tous les 3-5 ans, même dans sa région d'origine. Son bois jaunâtre fournit un colorant textile.

Proche **Mimosa argenté** *Acacia dealbata*
Fabacée toujours verte, atteignant 12 m de haut, à couronne ample; feuilles plusieurs fois pennées : 10-12 paires de pennules comportant chacune 30-40 paires de folioles plus petites, de 3-4 mm de long, vert bleuâtre; fleurs petites, jaune clair, en grandes panicules; originaire de l'Australie du S.-O. et de Tasmanie, fréquent comme arbre décoratif sur le pourtour méditerranéen.

Sophora du Japon à gauche : en fleur, à droite : fruits

Virgilier à bois jaune

Robinier faux acacia

Robinia pseudoacacia · Fabacées

Les fleurs papilionacées blanches à calice jaunâtre forment de longues grappes blanches et voyantes, de 15 cm de long, d'où se développent les longs fruits à gousse. ✰ mai

Arbre à feuilles caduques, atteignant 25 m de haut, à couronne ouverte et lâche, irrégulière ou se développant sur un côté; tronc se ramifiant souvent très tôt en branches principales; écorce d'abord lisse et brunâtre, ensuite profondément crevassée, boursouflée et striée dans la longueur. **Feuilles** alternes, imparipennées, à pétiole d'environ 3 cm de long, limbe atteignant 25 cm de long et 10 cm de large; 11-17 folioles d'environ 3 cm de long, entières, à court pétiolule, ovales, face supérieure vert mat à lumineux, face inférieure vert-gris clair, glabre; stipules habituellement transformées en longs aiguillons pointus. Les feuilles n'apparaissent que tard le printemps, mais le changement de coloration (elles virent au jaune) et la chute automnale en sont retardés d'autant. **Fleurs** nombreuses, en grappes pendantes; chaque fleur mesurant jusqu'à 2 cm de long; agréablement odorantes. **Fruits** gousses de 5-10 cm de long, coriaces, brun clair ou foncé, plates, un peu rétrécies entre les graines; restent longtemps sur les rameaux. Toxiques.

Répartition : préfère les sols riches, légers, profonds. Originaire de la partie orientale de l'Amérique du N. (de la Nouvelle-Angleterre jusqu'à la Géorgie); introduit dans plusieurs régions d'Eur. et du reste du monde et souvent planté dans les parcs ou le long d'avenues.

À savoir! Les colons anglais ont découvert cette espèce en 1607 dans la région de l'actuelle Jamestown (Virginie). Le jardinier de la cour de Louis XIII, Jean Robin, l'a introduite en France vers 1640. En son honneur, Linné a appelé le genre *Robinia*, en 1753.

Les fleurs, décoratives et riches en nectar, attirent particulièrement les abeilles et leur permettent de produire un miel très clair. Les belles feuilles, semblables à celles du vrai acacia, s'abaissent à la tombée de la nuit et referment leurs folioles. Cette caractéristique est partagée avec beaucoup de représentants herbacés de cette famille. Toutes les parties de la plante, mais surtout les graines, contiennent des alcaloïdes et sont toxiques, surtout pour les chevaux.

Les premiers colons d'Amérique du N. utilisèrent le bois, solide et résistant, pour le bâtiment. Plus tard, on en a fabriqué des manches d'outils et des engins sportifs (poignées de javelots, barres parallèles, rames, parois d'escalade), mais aussi des marches d'escaliers et des parquets.

Aujourd'hui on connaît beaucoup de variétés de *Robinia* utilisées dans le jardinage, parmi lesquelles certaines ont un feuillage jaune ou des feuilles simples. La variété le plus souvent plantée le long des avenues est une forme stérile à la couronne dense et arrondie. La forme sauvage est souvent plantée sur des éboulis et des sols meubles, car non seulement elle offre une bonne protection contre l'érosion mais elle contribue également à améliorer la qualité du sol, grâce à ses mycorhizes. Ces dernières constituent en une association entre certains champignons du sol et les racines de l'arbre. Les hyphes pénètrent dans les racines et s'y installent en symbiose avec la plante, en lui fournissant des composés azotés.

Robinier faux acacia en bas : fruits

Févier à trois épines

Gleditsia triacanthos · Fabacées

L'écorce du tronc et des branches porte parfois des bouquets de longues épines, rigides et ramifiées; les fleurs sont groupées en grappes pendantes. ✿ juin-juil.

Arbre à feuilles caduques, atteignant 40 m de haut, à couronne étroite et lâche; branches relativement minces; écorce brun-gris foncé, d'abord lisse, ensuite fissurée en plaques. **Feuilles** alternes, pennées ou doublement pennées, avec 20-30, respectivement 8-14 folioles; ces dernières mesurent 2 cm de long, sont ovales, légèrement dentées en scie à l'extrémité, glabres, vert clair brillant. **Fleurs** en grappes pendantes, jaune-verdâtre; fleurs ♂ jaunâtres; fleurs ♀ insignifiantes. **Fruits** gousses atteignant 40 cm de long et 3 cm de large, coriaces, brun foncé, légèrement hélicoïdales.

Répartition : sols alluviaux humides, légers, riches sur les berges des cours d'eau. Originaire de la partie centrale de l'Amérique du N. (de l'Ontario au Texas); une forme sans épines est souvent cultivée dans les parcs ou le long d'avenues en Eur.

À savoir ! Les fruits de grande taille contiennent une pulpe douceâtre, appréciée du bétail et des petits animaux dans ses régions d'origine. Les grosses graines servaient à créer des colliers de perles éphémères.

Caroubier

Ceratonia siliqua · Fabacées

Les grappes de fleurs à l'allure de chatons, insérées directement sur les branches ou sur le tronc, attirent le regard. Cet arbre toujours vert est généralement dioïque. ✿ août-oct.

Toujours vert, jusqu'à 10 m de haut, à couronne dense et arrondie, sur un tronc court et épais; écorce d'abord lisse, ensuite fissurée dans la longueur. **Feuilles** alternes, paripenneés, à 6-8 folioles ovales, dures, face supérieure vert foncé brillant, face inférieure vert-gris. **Fleurs** petites et insignifiantes, sans pétales. **Fruits** gousses mesurant jusqu'à 20 cm de long, en forme de faux.

Répartition : sols pierreux calcaires, secs, peu profonds, légers. Originaire de la région méditerranéenne orientale; désormais cultivé sur l'ensemble du pourtour méditerranéen, avec l'amandier, l'olivier ou le pistachier; apprécié dans les jardins pour l'ombre qu'il procure.

À savoir ! Les gousses brun chocolat contiennent une chair comestible, agréablement douce, pauvre en graisses et riche en glucides; on en prépare un succédané de chocolat diététique. Le jus est fermenté pour produire une boisson alcoolisée et les fruits verts sont utilisés comme fourrage pour le bétail.

Les graines brun luisant, toutes de taille identique, pesant presque exactement 0,18 g, ont été utilisées autrefois comme unités de poids pour peser l'or et les bijoux et sont à l'origine du mot «carat». En temps de disette, elles ont servi comme succédané de café. Aujourd'hui elles sont employées, moulues, comme liant alimentaire dans les sucreries (farine de caroube).

Févier à trois épines

Caroubier à droite : gousses

Ajonc d'Europe

Ulex europaeus · Fabacées

Arbuste toujours vert, aux rameaux vert foncé, perpendiculaires, hérissés; tous les rameaux se terminent par une épine piquante, rigide. ✿ fév./mars-juil.

Généralement 0,5-2 m de haut. **Feuilles** seulement sur les jeunes plantes, trifoliées; plus tard, les feuilles se transforment en épines piquantes, solides mais souples, d'environ 1 cm de long. **Fleurs** jaune or, à pédoncule court, odeur douce et agréable, jusqu'à 2 cm de long, par 1-3 aux aisselles des épines ou de minuscules stipules. **Fruits** gousses ovales, brun-noir, ligneuses, jusqu'à 2 cm de long, densément velues, clairement plus longues que le calice; maturité juil.-août

Répartition : forme des peuplements dans les landes côtières, forêts de feuillus clairsemées, lisières, versants, sols chauds, sablonneux et pierreux. Eur. de l'O. atlantique, du N. de l'Espagne aux Îles britanniques, en Scandinavie méridionale probablement introduit; planté à plusieurs endroits comme protection contre le vent, haie vivante entre les pâturages ou pour consolider des dunes.

À savoir ! Les graines brun brillant sont pourvues d'un appendice jaune, contenant de la graisse (petite photo). Les fourmis récoltent ces fruits, attirées par ce délicieux appendice, et répandent ainsi l'espèce. Toutes les parties de la plante sont toxiques pour l'être humain. Autrefois, on extrayait un colorant jaune des fleurs : il servait à teindre les textiles. Les feuilles transformées en épines protègent la plante des animaux qui la broutent. Elles dissuadent les brebis et les bovins, mais pas les lapins, les chevaux ni les chèvres.

Ajonc nain, petit ajonc

Ulex minor · Fabacées

Arbuste à feuilles caduques, modérément ramifié, aux branches rigides très épineuses. ✿ juil.-oct.

Environ 30-80 cm de haut; rameaux roux-brun, pubescents, striés dans la longueur; presque tous les rameaux latéraux sont transformés en épine. **Feuilles** épines pointues, souples, peu piquantes, de 1-1,5 cm de long. **Fleurs** jaune clair à jaune citron, environ 11 mm de long, par 1-2 aux aisselles des épines, calice et style velus, ailes aussi longues que la carène. **Fruits** gousses de 7-8 mm de long, pubescentes, un peu plus courtes que le calice, généralement à 4 graines; à maturité seulement dès le mois de mars de l'année suivante.

Répartition : falaises et landes côtières, bosquets arides, jachères, ourlets. Région méditerranéenne occidentale, Péninsule Ibérique, O. de la France, Îles Anglo-Normandes et Îles Britanniques occidentales; rarement cultivé.

Ajonc de Le Gall

Ulex gallii · Fabacées

Arbuste à feuilles caduques, très ramifié, dressé, très épineux; rameaux vert foncé et rigides. ✿ août-déc.

N'atteint que 0,5-1 m de haut; épines jusqu'à 4 cm de long, courbées, striées ou à peine rayées. Toutes les **feuilles** sont transformées en épines souples, densément réparties. **Fleurs** jaune-orange, env. 1,2 cm de long, ailes pliées, un peu plus longues que la carène. **Fruits** gousses pubescentes, habituellement à 6 graines; maturité le printemps suivant.

Répartition : landes modérément arides, versants, falaises côtières, ourlets; sur sol acide. Seulement en Eur. du N.-O., centre de la France, Îles Anglo-Normandes, à l'E. jusqu'en Belgique.

Ajonc d'Europe

Ajonc nain, petit ajonc

Ajonc de Le Gall

Petit cytise pourpre

Chamaecytisus purpureus · Fabacées

Petit arbuste à feuilles caduques, au tronc souterrain rampant. ✿ mai-juin

Environ 30-60 cm de haut; pousses anguleuses et striées dans la longueur; rameaux vert-gris. **Feuilles** alternes, pétiolées, trifoliées, folioles elliptiques, vert foncé, jusqu'à 2 cm de long. **Fleurs** jusqu'à 2,5 cm de long, corolle pourpre, étendard plus foncé au milieu; par 1-3 aux aisselles des feuilles de l'année précédente. **Fruits** à gousses étroites; dès août.

Répartition : peuplements d'arbustes nains, landes, prairies maigres ouvertes, falaises, pinèdes. Alpes du S. et du S.-E., Balkans; fréquent dans les jardins.

À savoir! Parfois cette espèce décorative est classée dans le genre *Cytisus*.

Petit cytise couché

Chamaecytisus supinus · Fabacées

Arbuste ample, à feuilles caduques, sans épines, aux branches montantes et aux rameaux dressés. ✿ mai-juil./août

Maximum 15-50 cm de haut; pousses de section arrondie, à poils blancs, ébouriffées. **Feuilles** alternes, pétiolées, trifoliées, folioles jusqu'à 4 cm de long, en général densément tomenteuses sur les deux faces. **Fleurs** jaune clair à jaune vif, grandes, jusqu'à 1,5 cm de long, étendard avec une tache brun-rouge, par 2-8 dans des grappes terminales ou par 1-2 aux aisselles des feuilles. **Fruits** gousses densément velues; dès août.

Répartition : pentes ouvertes, rocheuses, jachères, bosquets alluviaux, forêts clairsemées, pâturages maigres, généralement sur sol aride et calcaire ou glaiseux. Eur. du S. et Eur. moy. méridionale; souvent planté comme arbuste ornemental, ne redevient pas sauvage.

Cytise

Chamaecytisus ratisbonensis · Fabacées

Petit arbuste à feuilles caduques, sans épines, aux branches couchées ou montantes, à section arrondie. ✿ avril-juin

Jusqu'à 50 cm de haut; jeunes pousses couvertes de poils gris. **Feuilles** alternes, à long pétiole, trifoliées, folioles de 1-2 cm de long, face inférieure densément velue. **Fleurs** jaune clair, tache brunâtre sur l'étendard, plus long que la carène et les ailes; solitaires ou par bouquets; parfois une deuxième floraison en sept.-oct **Fruits** brun foncé, densément pubescents; à maturité dès août.

Répartition : bosquets et forêts chauds et arides, gazons arides, remblais et carrières; Plante indicatrice des sols maigres. Eur. moy. du S. et du S.-E. jusqu'à l'Oural; rarement planté comme arbuste ornemental.

Cytise à feuilles sessiles

Chamaecytisus sessilifolius · Fabacées

Arbuste à feuilles caduques, densément ramifié, aux rameaux fortement anguleux, verts, glabres. ✿ avril-juin

N'atteint qu'environ 0,3-1,2 m de haut. **Feuilles** alternes, à pétiole très court ou sessiles, folioles atteignant 2 cm de long, ovales, brièvement mucronées à l'extrémité, restent vertes en séchant. **Fleurs** jaunes, d'environ 1 cm de long, groupées par 2-8 aux terminaisons des pousses de l'année; carène légèrement plus courte que l'étendard, recourbée vers le haut. **Fruits** cosses étroites en forme de faux, gris-bruns; dès août.

Répartition : bosquets arides et ensoleillés, forêts de feuillus clairsemées, pentes rocheuses et ourlets. Région méditerranéenne occidentale, de l'Espagne à l'Italie, où il est souvent planté comme arbuste ornemental.

Petit cytise pourpre

Petit cytise couché

Cytise

Cytise à feuilles sessiles

Genêt rayonnant

Genista radiata · Fabacées

Arbuste à feuilles caduques, très touffu, sans épines, aux branches hérissées vert foncé. ✿ mai-juil.

Port jusqu'à 80 cm; rameaux opposés ou verticillés. **Feuilles** opposées (une exception dans ce genre!), brièvement pétiolées, trifoliées, folioles de 0,5-2 cm de long, étroitement lancéolées, pointues, face supérieure glabre, face inférieure velue-soyeuse; chute parfois précoce. **Fleurs** jaune soutenu, jusqu'à 1,5 cm de long, groupées par 2-15 en grappes terminales; épaisses; calice pubescent, en forme de gobelet; pétales légèrement tomenteux sur la partie extérieure. **Fruits** gousses de 1-1,5 cm de long, pubescentes, à maturité dès août.

Répartition : forêts clairsemées de feuillus et de conifères, lisières forestières, bosquets, pentes arides et chaudes, rocheuses et prairies sèches, généralement sur calcaire. Montagnes d'Eur. du S.-O. et du S.-E., du Sud de la France au Péloponnèse; souvent planté comme arbuste décoratif en dehors de son aire naturelle de répartition.

À savoir ! En raison de ses feuilles opposées, cette espèce est parfois classée dans un genre à part.

Proche **Genêt de Salzmann**, *Genista salzmannii* : 30-70 cm de haut, densément ramifié, les branches principales se terminant par de robustes épines de 1-2 cm de long; feuilles simples, jusqu'à 7 mm de long et 3 mm de large; fleurs généralement par 2 aux aisselles des feuilles. Ne se trouve que dans la région méditerranéenne, des garrigues côtières aux montagnes.

Calicotome épineux

Calicotome spinosa · Fabacées

Arbuste à feuilles caduques, dressé, aux rameaux perpendiculaires et aux épines robustes, longues et rigides. ✿ mars-avril.

Environ 1-2 m de haut; pousses faiblement pubescentes, puis glabres; **Feuilles** alternes, pétiolées, trifoliées, folioles jusqu'à 1,5 cm de long, ovales, tombent déjà au début de l'été, noires au séchage; **Fleurs** jaunes, 1,5 cm de long, par 1-4 aux aisselles des feuilles, calice non denté à la floraison; **Fruits** gousses atteignant 4 cm de long, glabres, noir brillant à maturité (dès août).

Répartition : broussailles, maquis, garrigues, bosquets sur falaise, champs ou surfaces incendiées. Ne se trouve que dans la région méditerranéenne occidentale, aussi dans les jardins.

À savoir ! Très semblable, le **calicotome velu**, *C. villosa*, présent dans la région méditerranéenne orientale : rameaux, face inférieure des feuilles et calice velu-soyeux.

Glycine de Chine

Wisteria sinensis · Fabacées

Arbuste grimpant (liane) à feuilles caduques, à la floraison très attrayante, branches atteignant l'épaisseur d'un bras. ✿ juil.-août

Dépasse les 10 m de haut. **Feuilles** jusqu'à 30 cm de long, pennées. **Fleurs** bleu clair à violet, 1-2 cm de long, au parfum agréable. **Fruits** gousses dures; maturité juil.-août. Toxiques.

Répartition : forêts alluviales, bosquets riverains. Originaire d'Asie de l'E. (Chine); plusieurs variétés cultivées (pergolas).

Proche La **glycine du Japon**, *W. floribunda*, également plantée pour la décoration des façades, s'enroule sur la droite, contrairement à la glycine de Chine; pédoncules pubescents, grappes jusqu'à 50 cm de long, fleurissent graduellement jusqu'à l'extrémité; folioles irrégulièrement pointues.

Genêt rayonnant

Calicotome épineux

Glycine de Chine

Genêt à balais

Cytisus scoparius · Fabacées

Arbuste à feuilles caduques, densément ramifié, aux rameaux anguleux, vert foncé, en forme de bâtonnets. ✿ mai-juil. Environ 1-2 m de haut; pousses d'abord légèrement velues-soyeuses, ensuite glabres. **Feuilles** alternes ou en bouquets, trifoliées, folioles d'environ 1 cm de long, ovales-lancéolées, à poils appliqués; les feuilles tombent précocement, celles des rameaux longs supérieurs persistent plus longtemps. **Fleurs** à long pétiole, jaune or, jusqu'à 2,5 cm de long, solitaires ou par 2 aux aisselles des feuilles, en grappes. **Fruits** gousses, jusqu'à 5 cm de long, aplaties, noires à maturité (dès juil.).

Répartition : bords de chemins, talus, lisières forestières, carrières; absent sur calcaire; indicateur fiable des sols modérément acides. Très répandu en Eur. moy. et de l'O., de la Péninsule Ibérique aux Balkans; on rencontre plusieurs variétés cultivées et aux fleurs couleur saumon, carmin ou ivoire.

À savoir! Le genêt à balais peut geler lors d'hivers particulièrement froids et se régénère ensuite par semis. Autrefois on utilisait ses rameaux en forme de baguettes pour lier les balais. Les étamines sont enroulées dans le sens horaire. Lorsqu'un insecte presse sur la carène, cela fait sortir les étamines de la fleur de telle sorte que le polle se colle sur le dos de l'insecte.

Cytise noircissant

Cytisus nigricans · Fabacées

Arbuste à feuilles caduques, sans épines; branches courtes et épaisses, aux rameaux dressés en forme de baguette. ✿ juin-août

Environ 0,3-1 m de haut. **Feuilles** alternes, trifoliées, folioles jusqu'à 3 cm de long, pubescentes. **Fleurs** jaune or, environ 1 cm de long; étendard, ailes et carène de la même longueur; parfum agréable; nombreuses en grappes terminales dressées, atteignant 30 cm de long. **Fruits** gousses droites, 2-3 cm de long, densément couvertes de poils appliqués; à maturité dès sept.

Répartition : forêts clairsemées, ourlets, pentes rocheuses. Eur. moy. du S. et Eur. du S., Alpes; plusieurs variétés cultivées dans les jardins.

À savoir! L'automne (ou après un séchage dans du papier buvard), toutes les parties de la plante se colorent de noir.

Bugrane épineuse

Ononis spinosa · Fabacées

Petit arbuste à feuilles caduques, aux branches assez longues et aux épines piquantes. ✿ juin-août

Port variable, juste 20-60 cm de haut; rameaux généralement en 2 rangées dans la partie médiane, pubescents, brun rougeâtre. **Feuilles** alternes, à pétiole court ou sessiles, trifoliées; peuvent être simples dans la partie supérieure du rameau; folioles jusqu'à 3 cm de long, arrondies ou pointues à l'extrémité, dentées. **Fleurs** à court pédoncule, jusqu'à 1,5 cm de large, par 1-3 sur les pousses courtes épineuses, corolle rose, étendard aux veines foncées, carène en forme de faux. **Fruits** gousses de 1 cm de long, dès août.

Répartition : prairies maigres, gazons semi-arides, pâturages extensifs, ourlets. En Eur. surtout en moyenne montagne, mais isolé, selon les régions; Afrique du N. et Asie de l'O.

Genêt à balais

Cytise noircissant

Bugrane épineuse

Coronille arbrisseau

Coronilla emerus · Fabacées

Arbuste à feuilles caduques, sans épines, très ramifié, dressé; fleurs jaune pâle, en épis pédonculés. ✿ avril-juin

Entre 0,5-2 m de haut; pousses légèrement velues, vertes, striées dans la longueur. **Feuilles** alternes, pétiolées, imparipennées, 7-9 folioles à pétiole court ou sessiles, jusqu'à 2 cm de long, émoussées mais piquantes, vert-gris, d'abord velues. **Fleurs** au parfum agréable, environ 2 cm de long, par 1-2 en grappes longuement pédonculées, recourbées dans le bourgeon, dressées à la floraison. **Fruit** gousse de 1 à 10 cm de long, mais de seulement 3 mm de large, se défait à maturité, dès août. Toutes les parties de la plante sont légèrement toxiques.

Répartition : forêts clairsemées et bosquets. Eur. du S., Afrique du N.

Baguenaudier

Colutea arborescens · Fabacées

Arbuste à feuilles caduques, sans épines, à fleurs jaunes et à gousses enflées. ✿ mai-août

Env. 1-4 m de haut; pousses d'abord pubescentes, ensuite glabres et creuses; écorce se détachant en fibres longitudinales. **Feuilles** alternes, à long pétiole, imparipennées, de 5 à 11 folioles atteignant 3,5 cm de long, extrémité terminée par une pointe fine (mucron). **Fleurs** jaune or, jusqu'à 2 cm de long, à l'étendard strié de rouge foncé; peu nombreuses, en grappes, sur court pédoncule. **Fruits** gousse de 5-8 cm de long, renflée en vessie à maturité et aux parois translucides; maturité dès juil.

Répartition : pentes arides, affleurements rocheux, forêts de feuillus clairsemées, généralement sur sols calcaires arides. Eur. du S. et Eur. moy. méridionale, Afrique du N., Asie de l'O. ; souvent planté le long d'avenues.

Cytise à grappes

Laburnum anagyroides · Fabacées

Arbuste ou arbre (à plusieurs troncs) à feuilles caduques, à l'écorce lisse, verte et striée longitudinalement. ✿ mai-juin

Environ 3-7 m de haut; jeunes pousses velues-soyeuses. **Feuilles** trifoliées, alternes sur les rameaux longs, par bouquets sur les rameaux courts; longs pétioles; folioles atteignant 8 cm de long, ovales-lancéolées, face supérieure vert foncé mat, face inférieure vert-gris et à poils appliqués au début. **Fleurs** jaune clair, jusqu'à 2 cm de diamètre, en grappes pendantes de 10-25 cm de long. **Fruits** gousses aplaties, brun clair, rétrécies entre les graines; maturité dès août. Toutes les parties de la plante sont très toxiques !

Répartition : falaises ensoleillées, chênaies buissonnantes. Du S.-E- de la France aux Balkans en passant par les Alpes du Sud.

Aubours des Alpes

Laburnum alpinum · Fabacées

Arbuste à feuilles caduques, aux rameaux pendants; pousses glabres, épis floraux courts, jaune or. ✿ mai-juil.

1-5 m (si cultivé jusqu'à 8 m) de haut. **Feuilles** trifoliées, folioles jusqu'à 7 cm de long. **Fleurs** pédonculées, jaune or, à l'agréable parfum douceâtre, 1,5 cm de diamètre; nombreuses (jusqu'à 20-40) en grappes pendantes, étroites, d'environ 30 cm de long. **Fruits** gousses, jusqu'à 6 cm de long, brun clair; dès août.

Répartition : pentes ensoleillées, forêts clairsemées, ourlets, sur sol quelque peu humide.

Proche **Cytise de Voss,** *Laburnum × watereri*, croisement fertile entre l'aubours des Alpes et le cytise à grappes. Il est à la base des variétés cultivées, au port vigoureux, très fréquentes à côté des deux espèces parentales.

Coronille arbrisseau

Baguenaudier

Cytise à grappes

Aubours des Alpes

Caragan arborescent

Caragana arborescens · Fabacées

Grand arbuste à feuilles caduques au tronc ramifié, portant des bouquets de fleurs jaune clair et de grandes gousses. ✩ mai-juin

folioles par paires

Environ 4-6 m de haut; écorce vert olive à gris-brun; jeunes pousses finement velues-soyeuses, puis glabres. **Feuilles** alternes, par bouquets sur les pousses courtes, paripennées, 8 à 12 folioles de 1-2,5 cm de long, elliptiques, terminées par courte épine; d'abord pubescentes sur les deux faces, ensuite face supérieure glabre, vert-jaune; petites stipules, parfois épineuses. **Fleurs** à long pétiole, jaune clair, par 1-4 en bouquets sur les rameaux courts, jusqu'à 2,2 cm de long. **Fruits** gousses de 5 cm de long, peu velues; dès août. Légèrement toxiques!

Répartition : lisières, bosquets clairsemés. Originaire d'Asie du N.-E. (Sibérie, Mandchourie); fréquent dans les parcs et le long d'avenues.

Indigo bâtard

Amorpha fruticosa · Fabacées

Arbuste à feuilles caduques; feuilles semblables à celles du robinier, mais sans stipules épineuses. Grandes inflorescences. ✩ juin-août

fruit (noix)

Atteint 1-3 m de haut. **Feuilles** alternes, à long pétiole, jusqu'à 30 cm de long, imparipennées, 9 à 25 folioles. **Fleurs** petites, nombreuses, en grappes terminales de 7-15 cm de long; la corolle n'est composée que de l'étendard, bleu pourpre à bleu-violet; anthères jaunes, libres. **Fruits** 7-9 mm de long, recourbés, glabres, dès août.

Répartition : forêts de feuillus clairsemées, ourlets, prairies, bosquets arides. À l'origine, seulement en Amérique du N. continentale (du Canada à la Floride et au Mexique); planté le long d'avenues en Eur. moy., dans les régions chaudes et sèches, en Eur. du S. par endroits acclimaté; ailleurs peu présent car sensible au gel.

Sumac

Rhus typhina · Anacardiacées

Arbuste ou petit arbre à feuilles caduques, jeunes rameaux densément velus. Inflorescences voyantes. ✩ juin-juil.

Atteint 3-5 m de haut. **Feuilles** alternes, à long pétiole, 30-60 cm de long, imparipennées, 11 à 31 folioles de 5-12 cm de long, lancéolées allongées, pointues, grossièrement dentées en scie; d'abord pubescentes, vert intense, face inférieure gris clair, l'automne rouge carmin à écarlate. **Fleurs** petites, insignifiantes, verdâtres, nombreuses en panicules terminales dressées, jusqu'à 20 cm de long, à l'allure d'épis. **Fruits** drupes rouges couvertes des poils, brun rougeâtre ou brun rouille intense; maturité dès sept.

feuilles imparipennées

Répartition : lisières forestières, bords de chemins, terrain ouvert. Originaire d'Amérique du N. orientale; souvent planté en Eur.; redevenu sauvage sur des remblais.

À savoir! Planté en Europe comme arbre d'ornement depuis le XVIIe s. Plusieurs variétés cultivées avec des folioles différentes. Chez le **Sumac à bois glabre** *R. glabra*, très semblable, les pousses sont glabres, comme son nom l'indique.

Certaines variétés cultivées de sumac ont des feuilles découpées, ressemblant à celles des fougères.

Caragan arborescent

Indigo bâtard

Sumac à droite : coloration automnale

Cormier

Sorbus domestica · Rosacées

Les fruits atteignant 3 cm de diamètre, semblables à de petites pommes ou poires, sont comestibles; ils sont groupés en grappes aplaties ou coniques. ✩ mai-juin

Arbre à feuilles caduques, atteignant 20 m de haut, à couronne ample, arrondie, souvent quelque peu irrégulière et densément ramifiée; écorce d'abord lisse, brun-gris, ensuite comme chez les vieux poiriers, très crevassée et se détachant en écailles quadrangulaires.

Feuilles alternes, à long pétiole, imparipennées, mesurant jusqu'à 25 cm de long et 10 cm de large, 13-21 folioles; ces dernières de 5 cm de long et 2 cm de large, ovales-lancéolées, finement dentées, le tiers inférieur toujours à marge entière (différence importante avec le sorbier des oiseleurs, très proche, ⇨ p. 320 !); face supérieure vert clair, glabre, face inférieure généralement pubescente seulement le long des nervures principales. **Fleurs** d'environ 1,5 cm de diamètre, blanc crème; à l'odeur agréable. **Fruits** du point de vue botanique, ce sont des pommes, à pédoncule long, lavées de vert-jaune ou de rouge brunâtre, plutôt rougies sur le côté exposé au soleil; comestibles.

Répartition : sols modérément arides, généralement calcaires, pierreux, glaiseux ou argileux, régions aux étés chauds; bois clair, seulement en association avec d'autres feuillus thermophiles. Très répandu de l'Afrique du N.-O. à l'Asie Mineure en passant par la Péninsule Ibérique et les Balkans.

À savoir! Les fruits du cormier, agréablement parfumés et de couleur attrayante, rappellent parfois une petite pomme, parfois une petite poire. Ils ne deviennent tendres et doux qu'après une longue conservation, c'est alors qu'on peut enfin les consommer. Par contre, fraîchement cueillis, ils sont fades et acidulés.

Cet arbre, cultivé depuis l'Antiquité, surtout dans la région méditerranéenne, a été un fruitier important pendant des siècles. Au Nord des Alpes, on en utilise encore le jus des fruits dans la préparation du cidre, soit directement, soit lors de l'affinage. Le moût de cormier améliore le goût, mais aussi la conservation du cidre. Dans certaines régions, p. ex. en Alsace, on en distille également une eau-de-vie de fruits, la sorbette.

L'Autriche l'a sacré « arbre de l'année » en 1993 et en 2008. Le cormier est désormais apprécié tant des amis de la nature que des jardiniers. Il est de plus en plus planté comme arbre ornemental. Cependant, la reproduction de l'arbre par les graines s'est révélée très difficile jusqu'à présent, pour des raisons inconnues, et les pertes sont toujours importantes.

Le bois solide et dur du cormier a été utilisé autrefois pour le tournage, par exemple pour le filetage des pressoirs. Comme chez les autres représentants du genre *Sorbus*, les fruits contiennent de l'acide parasorbique. Une transformation chimique mineure permet d'en extraire l'acide sorbique, un conservant alimentaire très utilisé.

Cormier en bas à droite : fruits

Églantier, rosier des chiens

Rosa canina · Rosacées

Arbuste sauvage grimpant, à feuilles caduques ; de forme arrondie lorsqu'il pousse isolément, autrement aux branches peu ramifiées et produisant des rejets ; fleurs rose pâle ou rougeâtres, rarement blanches.

✰ juin-juil.

Environ 1-3 m de haut ; aiguillons de dimensions uniformes, robustes, généralement arqués vers l'arrière et plus longs que la largeur de la surface d'attachement. **Feuilles** pétiolées, 8-12 cm de long, imparipennées, 5 à 7 folioles minces, à court pétiolule, elliptiques, 2-4 cm de long et 2 cm de large, régulièrement dentées en scie, face supérieure vert intense, mate, face inférieure légèrement bleuâtre, glabre ou finement velue-soyeuse ; stipules étroites. **Fleurs** par 1-3 sur un pédoncule court, aux aisselles des feuilles supérieures, 4-6 cm de diamètre, faiblement odorantes. **Fruits** (cynorrhodons) jusqu'à 2,5 cm de long, rouge corail, glabres, comestibles (seulement sans les pépins aux piquants crochus) ; maturité dès sept.

Répartition : c'est le rosier sauvage indigène le plus fréquent en Eur. moy. ; bords de chemins, broussailles, bosquets champêtres, haies, lisières forestières et pâturages maigres ; préfère les sols profonds, riches et éventuellement calcaires. Présent partout en Eur., à l'exception de la Scandinavie septentrionale, Afrique du N. et Asie de l'O. ; souvent cultivé.

À savoir ! Du point de vue botanique, les cynorrhodons sont de faux fruits. Leur chair riche en vitamines n'est pas produite par les parois de l'ovaire, mais par l'épaississement du réceptacle. Les « pépins » poilus qu'il contient sont en fait les vrais fruits, appelés akènes, c'est-à-dire des fruits secs.

Cette espèce est extraordinairement riche en variétés et est désormais classée dans plusieurs sous-espèces difficiles à distinguer. Elle fournit de la nourriture et des habitats à la microfaune depuis la floraison jusqu'à la maturité des fruits. Les galles, à l'aspect de feutre, vert pâle (photo d'en bas), sont dues à une guêpe gallicole et apparaissent également sur d'autres rosiers indigènes sauvages.

Rosier rugueux

Rosa rugosa · Rosacées

Arbuste sauvage et décoratif à feuilles caduques, très ramifié, au feuillage dense et aux aiguillons nombreux ; grandes fleurs. ✰ mai-août

Atteint 1-1,5 m de haut ; rameaux épais, à nombreux aiguillons. **Feuilles** pétiolées, imparipennées, à 5-9 folioles elliptiques, grossièrement dentées en scie, dures, rugueuses ; stipules larges, dentées en scie, aux oreillettes étalées. **Fleurs** rose intense ou pourpre, parfois blanches, jusqu'à 8 cm de diamètre. **Fruits** (cynorrhodons) de 2-3 cm, arrondis, plus larges que longs, mous, rouge écarlate, comestibles (sans les pépins) ; maturité dès août.

Répartition : bosquets, bords de chemins, dunes. Originaire d'Asie de l'E. ; en Eur. moy. redevenu sauvage ou acclimaté, surtout sur les côtes.

À savoir ! Cette espèce a été introduite en Eur. moy. vers 1850 et y est désormais présente en plusieurs variétés dans les parcs et les jardins ; comme elle résiste au vent, elle est souvent plantée comme protection. Arbuste particulièrement apprécié de la microfaune locale.

Églantier, rosier des chiens

Rosier rugueux

Rosier agreste

Rosa agrestis · Rosacées

Rosier sauvage à feuilles caduques et aux rameaux en forme de baguettes; aiguillons clairsemés mais très robustes. ✩ juin

N'atteint que 1-2 m de haut. **Feuilles** à pétiole velu, imparipennées, 5 à 7 folioles de 1,5-5 cm de long, elliptiques à ovales, rétrécies aux deux extrémités, finement dentées, vert brillant; côte médiane sur la face inférieure avec des glandes brun clair à noirâtres, dégageant une agréable odeur de pomme quand on les froisse. **Fleurs** solitaires ou par 2-5, rose pâle à blanches, 3-4 cm de diamètre. **Fruits** (cynorrhodons) jusqu'à 1,5 cm de long, sphériques ou allongés, coriaces, orange; dès août.

Répartition : bosquets, ourlets, bords de chemins; supporte la pénombre mais a besoin de haleur. De l'Afrique du N. et la Péninsule Ibérique à l'Irlande.

Rosier des champs

Rosa arvensis · Rosacées

Rosier sauvage grimpant, à feuilles brillantes, glabres et caduques, aux rameaux arqués retombants. ✩ juin-juil.

Environ 0,5-2 m de haut. **Feuilles** imparipennées, à 5-7 folioles elliptiques, face supérieure vert clair, face inférieure mate et plus claire, dentée en scie ou doublement dentée en scie. **Fleurs** à long pédoncule glabre; 3-5 cm de diamètre, sans parfum particulier, toujours blanches, pétales étalés, sépales retroussés, tombant rapidement lorsque la fleur se fane. **Fruits** (cynorrhodons) sphériques à ovales, 2 cm de long, rouge clair; dès sept.

Répartition : sous-bois des forêts de feuillus proches de l'état naturel, lisières, bosquets, bords de chemins, sur sols profonds glaiseux et calcaires. Eur. moy. du S. et de l'O., de l'Espagne aux Balkans, en montagne jusqu'à environ 1500 m d'altitude; rarement planté comme arbuste d'ornement.

Rosier de France

Rosa gallica · Rosacées

Petit rosier sauvage à feuilles caduques (ou persistantes), dressé, aux branches arquées retombantes. ✩ juin-juil.

N'atteint que 0,5-1 m de haut; rameaux verts; produit de longs rejets; aiguillons de dimensions inégales, souvent droits. **Feuilles** imparipennées, 3 à 5 folioles, coriaces, largement elliptiques, face supérieure brillante. **Fleurs** solitaires, pédoncule glanduleux, jusqu'à 6 cm de diamètre, rouge clair à pourpre foncé, odeur agréable; sépales très découpés. **Fruits** (cynorrhodons) sphériques ou en forme de poire, rouge-brun brique, à poils glanduleux avant la maturité (dès sept.).

Répartition : bosquets, forêts clairsemées, ourlets de gazons maigres et arides. Eur. moy. et du S., Asie Mineure, dans les Alpes jusqu'à 1500 m. **LR**

À savoir ! Souche principale de plusieurs variétés de rosiers cultivés.

Rosier glauque

Rosa glauca · Rosacées

Rosier sauvage à feuilles caduques, dressé, aux pousses rougeâtres à bleu glauque, peu épineux. ✩ juin-juil.

Environ 1-3 m de haut; généralement épineux seulement à la base des rameaux longs. **Feuilles** de 7-12 cm de long, imparipennées, (5) 7 à 9 folioles elliptiques, dentées, jusqu'à 4,5 cm de long, glabres, vert bleuâtre, assez souvent teintées de pourpre. **Fleurs** jusqu'à 3,5 cm de diamètre, rose carmin, blanchâtres au centre, parfum faible; pétales de 1,5 cm de long, plus courts que les sépales, généralement non découpés. **Fruits** (cynorrhodons) sphériques allongés, orange intense à rouge écarlate; maturité dès sept.

Répartition : bosquets, éboulis et décombres. Montagnes d'Eur. moy. et du S., des Pyrénées aux Alpes et aux Carpates jusqu'aux Balkans (Albanie), aussi dans le Jura et les Vosges; Souvent planté comme arbuste ornemental. **LR**

Rosier agreste

Rosier des champs

Rosier de France (Rosier de Provins)

Rosier glauque

Rosier à feuilles pimprenelle

Rosa pimpinellifolia · Rosacées

Rosier sauvage à feuilles caduques, petit mais avec de grandes fleurs, produit des rejets; rameaux densément couverts d'aiguillons et de poils piquants. ✿ mai-juin

Atteint seulement 50 cm de haut. **Feuilles** 4-6 cm de long, pétiolées, imparipennées, 5-11 folioles, le plus souvent 7 ou 9, ces dernières n'atteignant qu'environ 1 cm de long, elliptiques arrondies, dentées en scie, émoussées, glabres sur les deux faces, face supérieure vert mat ou marquée de bronze; nervures presque invisibles; stipules petites et pointues. **Fleurs** solitaires, particulièrement grandes, surtout sur les rameaux latéraux courts; à long pédoncule; 4-6 cm de diamètre, pas complètement déployées, blanc crème, jaunâtre au milieu, très rarement rose pâle; sépales entiers. **Fruits** (cynorrhodons) à style charnu, sphériques mais habituellement légèrement aplatis, env. 1 cm, noirâtres ou brun-noir; à maturité dès août.

Répartition : préfère les sols secs, légers ou pierreux, év. calcaires; bosquets arides, sous-bois de forêts clairsemées, dunes, peuplements d'arbustes nains. Eur., région méditerranéenne, Asie de l'O.; dans les Alpes jusqu'à environ 2000 m d'altitude; variétés cultivées au port élevé et aux fleurs jusqu'à 10 cm de diamètre.

À savoir ! Le rosier à feuilles de boucage est le plus petit rosier indigène et le seul avec des cynorrhodons noirâtres. Sur les dunes côtières, c'est une espèce indicatrice des dunes converties en landes.

Rosier velu

Rosa villosa · Rosacées

Rosier sauvage à feuilles caduques, ramifié, produisant peu de rejets; aiguillons minces et droits. ✿ mai-juil.

0,8-2 m de haut; pousses généralement veloutées. **Feuilles** de 8-9 cm de long, 5 à 7 (9) folioles elliptiques, face supérieure vert-gris, face inférieure densément laineuse-tomenteuse et avec des glandes à légère odeur de résine. **Fleurs** par 1-3 sur des pédoncules épineux, glanduleux; 3-6 cm de diamètre; rose soutenu à rouge carmin. **Fruits** (cynorrhodons) jusqu'à 2,5 cm de long, à épines tendres; à maturité dès août.

Répartition : pentes rocheuses, haies, bosquets, calcophile. Répandu presque partout en Eur.; surtout en Grande-Bretagne.

Rosier cannelle

Rosa majalis · Rosacées

Rosier sauvage à feuilles caduques et à grandes fleurs; rejets et pousses rouge-brun, souvent sans aiguillons. ✿ mai-juin

1-1,5 m de haut. **Feuilles** de 4-9 cm de long, à pétiole duveteux, imparipennées, 5 à 7 folioles de 2-3 cm de long, elliptiques, minces, rapprochées les unes des autres et en partie superposées, face supérieure verte, légèrement bleutée et tomenteuse, face inférieure vert-gris et densément tomenteuse. **Fleurs** blanc-rose à rouge carmin, voyantes, jusqu'à 6 cm de diamètre. **Fruits** (cynorrhodons) sphériques, rouge foncé; dès août.

Répartition : bosquets alluviaux, ruines, carrières. Du S. de la Scandinavie jusqu'aux Balkans septentrionaux.

À savoir ! Cette espèce a été introduite dans la partie orientale de l'Amérique du N. par les colons blancs.

Rosier à feuilles de pimprenelle en bas à droite : fruits

Rosier velu

Rosier cannelle

Rosier rubigineux

Rosa rubiginosa · Rosacées

Rosier sauvage à feuilles caduques, densément ramifié, aux rameaux dressés, ensuite arqués, couverts d'aiguillons recourbés comme des crochets. ✿ mai-juin
Port d'environ 1-3 m. **Feuilles** de 6-8 cm de long, imparipennées, 5 à 7 folioles de 2-3 cm de long et quelque 1,5 cm de large, ovales à arrondies, légèrement pointues; face supérieure vert pâle, face inférieure densément couverte de glandes foncées (glandes subfoliaires), surtout le long de la nervure centrale; dégageant une odeur caractéristique de pomme ou de vin lorsqu'on les froisse, tomenteuses sur les nervures principales. **Fleurs** généralement solitaires ou peu nombreuses, insérées aux aisselles des feuilles; 3-5 cm de diamètre, rose clair ou vif, rarement blanc, odeur agréable; pédoncules et base des fleurs munis de poils glanduleux, sépales incisés. **Fruits** (cynorrhodons) sphériques à allongés, rouge écarlate, un peu coriaces; dès août.
Répartition : bosquets, haies, ourlets arides, préfère le sol calcaire, sablonneux à pierreux. En Eur., très répandu de la Péninsule Ibérique jusqu'aux Îles Britanniques et au S. de la Scandinavie, dans les Alpes, les Balkans, la région de la mer Noire et en Asie de l'O.; introduit en Amerique du N.; cultivé en plusieurs variétés.
À savoir ! Ce rosier était déjà cultivé au XVIe s. Il a été utilisé comme souche pour les croisements de plusieurs sortes de rosiers cultivés.

Rosier des Alpes

Rosa pendulina · Rosacées

Rosier sauvage à feuilles caduques et produisant des rejets; peu ou pas épineux, fleurs rose intense. ✿ mai-août
0,5-2 m de haut; pousses rouge verdâtre. **Feuilles** pétiolées, 10-12 cm de long, imparipennées, 7 à 11 folioles; face supérieure vert bleuâtre, mate, face inférieure plus claire. **Fleurs** jusqu'à 5 cm de diamètre. **Fruits** (cynorrhodons) en forme d'outre, jusqu'à 2,5 cm de long, rouges; dès août.
Répartition : bosquets ouverts et ensoleillés, gazons alpins. montagnes d'Eur. moy. et du S., dans les Alpes jusqu'à 2000 m.
À savoir ! Sa fleur ne produit que du pollen.

Potentille buissonnante

Potentilla fruticosa · Rosacées

Arbuste à feuilles caduques, très ramifié, à l'écorce brun-rouge se détachant en minces lambeaux. ✿ juin-sept.
Jusqu'à 1 m de haut. **Feuilles** à pétiole court, palmées, 3 à 5 folioles; face supérieure vert foncé, face inférieure un peu plus claire, peu ou pas pubescente. **Fleurs** à 5 pétales, jusqu'à 3 cm de diamètre, jaune or.
Répartition : forêts clairsemées, pentes rocheuses, berges, jusqu'à 2000 m d'altitude. Eur. du S.-O. au S.-E. Plusieurs variétés cultivées. Redevenu sauvage par endroits.
À savoir ! Les fleurs portent des glandes à nectar et produisent du pollen en abondance pour les hyménoptères et les papillons.

Rosier rubigineux

Rosier des Alpes

Potentille buissonnante variété 'Ochroleuca'

Ronce, meuron, mûre sauvage

Rubus fruticosus · Rosacées

Robuste arbuste à feuilles caduques ou persistantes, à branches anguleuses et épineuses; les extrémités des pousses forment de nouvelles racines au contact du sol. ✿ juin-juil.

Feuilles à long pétiole, généralement composées, 5 folioles 5-10 cm de long, pétiolées, largement elliptiques, pointues, arrondies à la base, grossièrement et irrégulièrement dentées; face supérieure vert foncé, mate ou légèrement brillante, face inférieure vert clair; pétioles et nervure principale épineux. **Fleurs** à 5 pétales, blanches ou rose clair, groupées en panicules terminales, sur les rameaux de l'année précédente. **Fruits** (mûres), il s'agit en fait d'un ensemble de drupes, juteuses, rouge-noir, se détachant parfois facilement de l'axe de l'inflorescence, comestibles; à maturité dès juil.

Répartition : bords de chemins, jachères, lisières forestières, haies, bosquets, aires de coupes rases et bosquets de campagne, principalement dans des régions aux hivers cléments. Fréquent partout en Eur.; plusieurs variétés à gros fruits sont cultivées.

À savoir ! En Eur. moy., la ronce est une espèce subdivisée en plusieurs centaines de souches, reconnaissables par des caractères minimes : l'évolution de nouvelles espèces se déroule sous nos yeux. Parmi les caractères distinctifs il y a aussi, par exemple, la coloration automnale ou le feuillage toujours vert. Mais l'identification des sous-espèces se trouvant dans les nombreuses branches évolutives est généralement difficile.

variété à 3 lobes

Ronce à feuilles d'ormeau

Rubus ulmifolius · Rosacées

Arbuste toujours vert aux pousses arquées et retombantes, violet rougeâtre, pruineuses; aiguillons droits ou légèrement recourbés, plus de 1 cm de long. ✿ mai-juil.

Environ 1-2 m de haut, pousses jusqu'à 4 m de long. **Feuilles** à 3-5 folioles, très variables; face supérieure vert foncé et généralement glabre, face inférieure légèrement tomenteuse, grise, foliole terminale toujours avec une courte pointe. **Fleurs** jusqu'à 2 cm de diamètre, roses ou violet clair, groupées en inflorescences allongées, généralement sans feuilles. **Fruits** (mûres) composés, gros, noirs; à maturité dès août.

Répartition : bords de chemins, haies champêtres, jachères, bosquets, éboulis, rochers affleurants, berges. Surtout dans la région méditerranéenne, aussi en Eur. de l'O. tempérée.

À savoir ! Fait partie du grand groupe des ronces communes. Forme parfois des haies impénétrables dépassant la taille d'un homme. Représente probablement les nombreux arbustes épineux mentionnés dans la Bible.

Proche **Ronce laciniée**, *Rubus laciniatus* : pousses jusqu'à 4 m de long, variété d'origine inconnue, uniquement cultivée; fleurs blanc-rose en grappes terminales, sépales jusqu'à 2 cm de long, tomenteux, pétales dentés, fruits arrondis, jusqu'à 1,5 cm de diamètre. Introduite à plusieurs endroits en Eur. et Amérique du N.

Ronce, meuron, mûre sauvage en bas à gauche : coloration automnale, en bas à droite : fruits

Ronce à feuilles d'ormeau

Ronce bleuâtre

Rubus caesius · Rosacées

Arbuste à feuilles caduques, aux longues pousses épineuses, pruineuses (bleuâtres), aiguillons plutôt droits et courts, minces, éparpillés. ✩ mai-juin

Environ 1 m de haut. **Feuilles** généralement trifoliées, folioles jusqu'à 9 cm de long, la terminale pétiolée; en forme de losange, grossièrement dentées, vaguement trilobées; folioles latérales presque sessiles, vert clair; stipules étroitement lancéolées. **Fleurs** 2,5 cm de diamètre, blanches, en grappes peu fournies; sépales gris-blanc. **Fruits** (mûres) drupes composées, juteuses, infrutescence comptant peu de fruits (parfois seulement 2) relativement gros, clairement pruineux, bleuâtres, comestibles, cependant acides et peu aromatiques; à maturité dès août.

Répartition : lisières forestières, haies champêtres, bosquets, jachères viticoles, rivages, stations à plantes vivaces. Supporte de longues périodes d'humidité stagnante dans le sol, forme des structures impénétrables dans les zones alluviales occasionnellement inondées. Très répandu en Eur., Asie du N., manque cependant en Asie Mineure.

À savoir ! Les extrémités des rejets qui touchent le sol s'enracinent et produisent une nouvelle plante. C'est de cette façon que se développent des bosquets étendus sur des surfaces en jachère ou au bord de bosquets. Le croisement avec d'autres espèces de ronces est fréquent (⇨ p. 350). Les fruits, pour nous peu savoureux, sont très appréciés des oiseaux. L'épaisse couche pruineuse à la surface des fruits reflète fortement la partie UV de la lumière du jour et fait apparaître les fruits particulièrement voyants et éclatants aux yeux des oiseaux.

Framboisier

Rubus idaeus · Rosacées

Arbuste à feuilles caduques avec pousses dressées ou arquées et retombantes, formant des rejets. ✩ mai-juil.

Hauteur de 0,5-1,5 m; pousses légèrement pruineuses et couvertes d'aiguillons courts et droits, souvent rouge-noir, seulement sur la partie inférieure. **Feuilles** généralement trifoliées, plus rarement à 5 ou 7 folioles de 5-10 cm de long, la terminale plus grande, les latérales sessiles, à face supérieure glabre, face inférieure tomenteuse blanchâtre; nettement dentées en scie, arrondies à la base, finement pointues à l'extrémité. **Fleurs** blanches, généralement un peu penchées, par plusieurs en grappes lâches; sépales tomenteux, réfléchis après la floraison. **Fruits** (framboises) composés de nombreuses drupes arrondies, rouges carmin (rarement jaunâtres), veloutées, se détachent facilement de l'axe conique de la fleur, comestibles, généralement très aromatiques; à maturité dès juil.

Répartition : forêts clairsemées et bosquets, aires de coupe, mégaphorbiaies, talus, rivages, éboulis rocheux, gravières et carrières désaffectées. Fréquent presque partout en Eur., ne manque que dans l'extrême N. et S.-O.; introduit dans la partie orientale d'Amérique du N., nombreuses variétés à bon rendement.

À savoir ! Parmi les nombreuses variétés cultivées, dont certaines ont des fruits jaunes, on rencontre divers framboisiers sauvages nord-américains, par exemple la ronce remarquable, *R. spectabilis*, présente de l'Alaska à la Californie.

La variété cultivée 'Meeker' produit des fruits moyennement gros, coniques.

Ronce bleuâtre

Framboisier en haut à droite : fleurs, en bas à droite : fruits

Érable à feuilles de frêne

Acer negundo · Acéracées

Cet arbre se différencie des autres érables par ses feuilles composées, imparipennées. ✰ mai

Arbre à feuilles caduques, atteint 15 m de haut. **Feuilles** opposées, 7-15 cm de long, imparipennées. **Fleurs** apparaissent avant les feuilles, insignifiantes ; fleurs ♂ en bouquets denses et rougeâtres, fleurs ♀ en grappes pendantes, verdâtres, pollinisées par le vent.

Répartition : sols à humidité variable, zones alluviales de fond de vallée. Originaire d'Amérique du N., fréquent en Eur. dans les parcs.

À savoir ! Arbre à la croissance rapide, s'accommode de l'environnement urbain. Redevient occasionnellement sauvage le long des routes ou des voies ferrées.

Mahonia

Mahonia aquifolium · Berbéridacées

Arbuste décoratif sans épines, aux feuilles vert foncé, coriaces et brillantes, persistantes. ✰ mars-mai

0,5-1,5 m de haut. **Feuilles** imparipennées, à 5-9 folioles elliptiques de 4-8 cm de long, à dents épineuses. **Fleurs** jusqu'à 1 cm de diamètre, jaune or, en grappes dressées. **Fruits** baies pruineuses bleu-noir à maturité, dès sept.

Répartition : bosquets et forêts de montagne ombragés et humides. Fréquent comme arbuste d'ornement, redevient de plus en plus souvent sauvage et acclimaté. Source de nourriture pour les insectes et les oiseaux chanteurs.

Staphilier

Staphylea pinnata · Staphylacées

Arbuste ou petit arbre à feuilles caduques, aux branches épaisses et aux fruits à capsule enflée. ✰ mai-juin

Environ 2-5 m de haut ; rameaux verdâtres, ensuite brun rougeâtre, avec des pores clairs sur l'écorce. **Feuilles** opposées, à long pétiole, atteignant 25 cm de long, 5 à 7 folioles, imparipennées. **Fleurs** à 5 pétales en grappes terminales pendantes ; sépales blanc jaunâtre, légèrement teintés de rouge, difficiles à distinguer des pétales. **Fruits** capsules membraneuses, vert pâle, mesurant jusqu'à 4 cm de long ; à maturité dès sept.

Répartition : forêts mixtes aux sous-bois herbeux, ourlets, aires de coupe, sur sols calcaires. Eur. moy. méridionale, Jura suisse, versant nord des Alpes, Carpates, Balkans.

À savoir ! Les graines mûres claquent à l'intérieur des fruits.

Jasmin d'hiver

Jasminum nudiflorum · Oléacées

Arbuste grimpant à feuilles caduques, à floraison précoce et aux rameaux anguleux, vert foncé. ✰ déc.-avril

Environ 1-3 m de haut. **Feuilles** trifoliées, folioles de 1-3 cm de long, vert intense. **Fleurs** solitaires aux aisselles des feuilles, sur les pousses de l'année précédente, apparaissant avant les feuilles ; jaune clair, 3 cm de diamètre, peu odorantes.

Répartition : bosquets alluviaux et clairsemés. Indigène au N. de la Chine ; cultivé depuis longtemps pour sa belle floraison hivernale.

Proche Le **jasmin buissonnant** *J. fruticans*, au port dressé, a également des fleurs jaunes. Cependant, ses feuilles sont alternes et toujours vertes. Répandu dans la région méditerranéenne et les Alpes méridionales (Tessin, Tyrol du Sud), redevenu sauvage par endroits.

Érable à f. de frêne en haut : inflorescence

Mahonia

Staphilier

Jasmin d'hiver

Marronnier

Aesculus hippocastanum · Hippocastanacées

Au printemps, ses grandes inflorescences se dressent vers le ciel; en automne, on le reconnaît à ses marrons brun foncé enveloppés dans une capsule sphérique, très épineuse. ✿ mai

Fleurs hermaphrodites à la base des inflorescences, mâles dans la partie supérieure. Les deux pétales supérieurs sont plus foncés.

Arbre à feuilles caduques, atteignant 25 m de haut, à couronne haute, dense, régulière sur un tronc généralement court, trapu, parfois un peu tordu; écorce d'abord brun clair et lisse, ensuite progressivement brun foncé à brun-noir et se fissurant en plaques grossières; pousses de l'épaisseur d'un doigt, brunâtres avec des verrues claires à l'allure de liège; gros bourgeons terminaux, très collants avant le débourrage. **Feuilles** opposées; pétiole verdâtre mesurant jusqu'à 20 cm de long, laissant à la chute des feuilles une grande cicatrice triangulaire ou en forme de fer à cheval; limbe atteignant 25 cm de long, palmé, 5 à 7 folioles sessiles, obovales, la partie la plus large dans le tiers antérieur (contrairement au marronnier à feuilles rouges); face supérieure vert foncé, l'automne jaune or soutenu, se dégradent rapidement. **Fleurs** nombreuses en inflorescences épaisses (grappes). **Fruits** capsule de 5-6 cm d'épaisseur, verdâtre, densément hérissée de robustes épines, contenant 1-3 graines brun-rouge brillantes (= marrons).

Répartition : sols glaiseux riches, frais à humides, légers, de forêts de montagne. Originaire des Balkans septentrionaux, désormais planté partout en Eur. comme en Amérique du N.; acclimaté par endroits.

À savoir ! Le marronnier à fleurs blanches est arrivé à Vienne vers 1570, provenant de Constantinople. Pour cela, on a supposé que la Turquie en était la patrie. Ce n'est qu'en 1879 qu'a été découvert un peuplement naturel au N. de la Grèce. Cet arbre facile à cultiver et à la croissance rapide a été planté très tôt dans des parcs de toute l'Eur. pour ses inflorescences imposantes. Le marronnier est désormais l'arbre des places de village, des parcs urbains, des préaux et des cours de restaurants. Il est si populaire que sa provenance exotique en a été oubliée.

Cet arbre doit son nom scientifique à son utilisation officinale traditionelle : en Turquie, il soignait les maladies respiratoires des chevaux. Les marrons mûrs sont légèrement toxiques. Ils contiennent des saponines et des glycosides flavoniques, utilisés pour le traitement des maladies vasculaires. Les fleurs, voyantes, virent au jaune clair dès que la fleur est fanée, pour autant qu'ils produisent encore du nectar. Les jours suivants, lors que la production de nectar diminue, la coloration vire au rouge brique puis au pourpre intense. À ce moment-là, les abeilles et les bourdons arrêtent de visiter les fleurs.

Proche Le **marronnier à fleurs rouges,** *Aesculus* × *carnea* est un croisement entre la variété nord-américaine, généralement arbustive, aux fleurs rouge intense Pavie *(Aesculus pavia)* et le marronnier commun, qui sert généralement de porte-greffe. Bourgeons gris verdâtre, feuilles rugueuses, vert foncé, aux folioles à court pétiolule, taillées en biseau; fleurs en longues grappes dressées, rouge carmin hétérogène, fleurit en avril; fruit à capsule peu ou pas épineuse; en Eur., souvent planté dans des parcs et le long des avenues.

Marronnier

Frêne

Fraxinus excelsior · Oléacées

Sur les rameaux sans feuilles, les bourgeons hivernaux pointus, noirs, se voient de loin; les fleurs insignifiantes apparaissent avant les feuilles, en panicules denses. ✡ avril-mai

Arbre à feuilles caduques, jusqu'à 40 m de haut; écorce d'abord gris clair, lisse, ensuite crevassée. **Feuilles** opposées, jusqu'à 25 cm de long, imparipennées, 9-13 folioles ovales-lancéolées, finement dentées en scie; face supérieure vert mat, face inférieure plus claire et à la nervure principale recouverte de poils brun-rouge. **Fleurs** pl. monoïque ou dioïque; fleurs apparaissent avant le feuillage, verdâtres. **Fruits** samares étroitement ailées, brun clair; restent longtemps sur l'arbre avant d'être emportés par le vent.

Répartition : sols drainés, riches, dans des zones alluviales et des forêts de ravin; bois clair. Présent presque dans toute l'Eur., à l'exception de grandes parties de la Péninsule Ibérique et de la Scandinavie, dans le S. seulement en montagne et dans l'E. jusqu'à la mer Noire; fréquemment planté dans les parcs et le long d'avenues.

À savoir ! Le frêne fait partie des feuillus indigènes au port élevé. Son bois clair et résistant est utilisé pour le placage, les engins de sport, les manches d'outils et des éléments de formes de cintrage.

infrutescence ▽

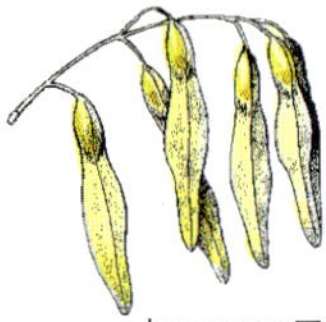

feuilles longues 20-25 cm

bourgeon ▽

Orne, frêne à fleur

Fraxinus ornus · Oléacées

Se différencie du frêne commun par son écorce qui ne présente pas de motifs, et par ses bourgeons hivernaux clairs. ✡ mai-juin

Arbre ou arbuste à feuilles caduques, atteint 25 m, à couronne lâche et arrondie. **Feuilles** opposées, imparipennées, 7-9 folioles ovales-lancéolées, pointues, dentées; face supérieure vert mat, face inférieure à nervure principale couverte de poils bruns. **Fleurs** apparaissent après le feuillage, groupées en panicules denses et pendantes; blanches, au parfum agréable. **Fruits** samares très étroitement ailées.

Répartition : pentes sèches et ensoleillées, modérément riches, sol peu à moyennement profond, calcaire; indicateur important des associations végétales thermophiles d'Eur. du S.-E. Plusieurs îlots de répartition dans l'E. de l'Espagne, le S. de la France, les Alpes du Sud et l'Italie, dans les Balkans et en Asie Mineure; souvent planté comme arbre décoratif dans l'Eur. du S. et l'Eur. moy. méridionale.

À savoir ! Autrefois on récoltait la sève asséchée des troncs coupés, une manne à la saveur douce, et l'on cultivait même l'orne dans des plantations. Par ailleurs, ce glucide, typique de nombreuses Oléacées, n'est pas la manne biblique. L'orne est aussi appelé frêne à fleurs pour ses inflorescences décoratives, pollinisées par les insectes.

inflorescence

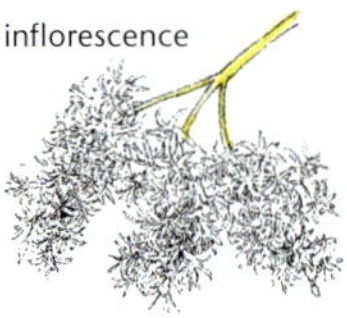

feuilles de 15-20 cm

Frêne en haut à droite : fleurs, en bas à droite : fruits

Orne, frêne à fleurs

Ailante

Ailanthus altissima · Simaroubacées

À la fin de l'été, les grands fruits ailés deviennent rouge intense, ils ressemblent alors à d'exubérants bouquets de fleurs. ✿ juin-juil.

Arbre à feuilles caduques, atteint 25 m de haut, à couronne lâche. **Feuilles** alternes, 40-70 cm de long, nervure principale rougeâtre (axe de la feuille), imparipennées, 11-19 folioles d'environ 5-15 cm de long, ovales-lancéolées, entières; face supérieure vert brillant foncé, face inférieure plus pâle, généralement glabre; dégagent une l'odeur désagréable si on les froisse. **Fleurs** ♂ ou hermaphrodites, insignifiantes, jaune verdâtre, nombreuses en panicules terminales de 15-20 cm de long, lâches. **Fruits** samares ailées des deux côtés, à ailes en forme de langue, de quelque 4 cm de long.

Répartition : sols légers, drainés, modérément riches mais plutôt calcaires dans des régions chaudes; bois clair. Originairement dans des forêts alluviales et sur des sols inondables d'Asie de l'E. (Chine); fréquemment planté dans des parcs et le long d'avenues et désormais introduit et acclimaté à plusieurs endroits d'Eur. et d'Amérique du N.

À savoir !. L'ailante s'est révélé particulièrement résistant à la pollution atmosphérique et aux sécheresses estivales. C'est donc un arbre décoratif urbain prédestiné. L'abondante production de graines, emportées par le vent comme des hélicoptères, a contribué à propager cette espèce sur des terrils, des friches industrielles et le long de grands axes de communication. Lorsqu'il n'a pas de feuilles, l'ailante est reconnaissable à la moelle jaune orangée de ses rameaux.

Savonnier

Koelreuteria paniculata · Sapindacées

Les inflorescences jaune citron dépassent en premier du feuillage, puis c'est au tour des capsules ouvertes des fruits de se montrer ✿ juil.-août

Arbre à feuilles caduques, atteint 15 m de haut, à couronne sphérique ou en coupole et au tronc mince, souvent ramifié en plusieurs troncs. **Feuilles** alternes, 20-35 cm de long; ne sont pas disposées par paires, certaines aussi doublement pennées, 7-17 folioles ovales, 3-8 cm de long, lobées à la base, finement dentées; face supérieure vert foncé, mate, face inférieure un peu plus claire, coloration automnale jaune soutenu. **Fleurs** hermaphrodites, environ 1 cm de diamètre, 4 pétales étroits, jaune citron; nombreuses en panicules dressées ou hérissées atteignant 50 cm de long, lâches. **Fruit** capsule à 3 valves, pointue à l'extrémité, avec sinus de pédoncule, en forme de lampion à maturité, brun-rouge.

Répartition : sols chauds, arides, légers. indigène d'Asie du S.-E. (Japon, Chine, Corée); en Eur. moy., souvent planté dans les parcs.

À savoir ! Le savonnier a été introduit en Eur. vers 1750. En dépit de sa provenance, il est assez résistant à l'hiver. En plus de la forme sauvage, il y aussi quelques variétés cultivées aux folioles très incisées ou carrément sinuées. La connaissance scientifique de cette espèce est due au phytogénéticien allemand Josef Gottlieb Kölreuter.

Les capsules contiennent 3 graines noires, de la taille d'un petit pois, utilisés autrefois pour la confection de chapelets dans les régions catholiques.

Ailante à droite : fruits

Savonnier fruits

Sureau noir

Sambucus nigra · Caprifoliacées

Grand arbuste étalé ou petit arbre à feuilles caduques, tronc à écorce rugueuse; inflorescences voyantes, fruits noirs. ✿ mai-juin

Jusqu'à 9 m de haut; branches et rameaux dressés ou arqués, penchés vers l'extérieur; pousses brun-gris, glabres; rameaux à nombreuses verrues à l'allure de liège, grandes et allongées (lenticelles), et à moelle blanche. **Feuilles** opposées, à long pétiole, 10-25 cm de long, glandes nectarifères vertes, allongées, à leur base (stipules transformées); 5 à 7 folioles imparipennées, presque sessiles, jusqu'à 8 cm de long et 3,5 cm de large, elliptiques, à longue pointe, dentées en scie; face supérieure vert mat, face inférieure glabre et vert clair, à l'odeur aromatique. **Fleurs** petites, aplaties en forme de disque, blanc crème, très nombreuses en grands corymbes ombelliformes atteignant 8 cm de diamètre, au fort parfum, très agréable. **Fruits** baies sphériques rouges puis noirs au jus pourpre, 3-4 mm de diamètre, à pédoncule rouge clair, comestibles; maturité dès août.

Répartition : lisières forestières, bosquets de campagne, rivages et haies, champs, ruines et surfaces rudérales, remblais, talus; suit les colonisateurs; de plus, indicateur fiable d'azote. Très répandu en Eur., en Asie Mineure et dans le Caucase; dans les vallées alpines, jusqu'à environ 1200 m d'altitude; fréquemment planté aussi comme fruitier, comme ligneux d'ornement à feuilles vert-jaune, ainsi qu'en une variété aux feuilles étroites, découpées ou doublement pennées; la variété habituelle est fréquente dans les parcs et jardins.

À savoir ! Ce ligneux revêt une grande importance comme plante médicinale et fruitière. Ses fleurs et fruits séchés sont utilisés contre le catharre et autres troubles des voies respiratoires, ainsi que contre la fièvre. Déjà les hommes du Néolithique en récoltaient les fruits savoureux, comme en attestent les fouilles archéologiques. De nombreuses histoires gravitent autour du sureau. D'après les écritures bibliques, il semble que Judas s'est pendu à un sureau; ce serait la cause de la forte odeur des feuilles. Un champignon du bois qui ne croît presque exclusivement que sur le sureau s'appelle oreille de Judas. Pour les peuples germaniques, cet arbuste était particulièrement sacré; planté près des maisons, il en chassait les mauvais esprits. Son nom germanique (*Holunder*) a été donné en l'honneur de Frau Holle (correspondant à la déesse nordique Frigg).

Les fleurs parfumées sont pollinisées surtout par des mouches et de petits coléoptères qui se déplacent sur les inflorescences. Cependant, le pollen du sureau est surtout emporté par le vent et constitue un déclencheur notoire d'allergies aux pollens. Les bourgeons hivernaux n'ont pas de couche protectrice. Les futures feuilles sont déjà exposées à l'air dès le début de l'automne et endurent la saison froide à moitié épanouies. Les fruits mûrs sont piqués par les oiseaux qui s'occupent dès lors aussi de la propagation de cette espèce.

Proche Le **sureau du Canada,** *S. canadensis* se distingue du sureau noir par ses inflorescences atteignant 25 cm de diamètre et par ses grosses lenticelles, peu nombreuses, sur les rameaux. Il est cultivé occasionnellement comme fruitier.

Sureau noir

Sureau rouge, sureau à grappes

Sambucus racemosa · Caprifoliacées

Arbuste à feuilles caduques, aux branches et aux rameaux dressés ou quelque peu surplombants. ✩ avril-mai

Généralement seulement 1-4 m de haut; peu ramifié, feuillage clairsemé; pousses glabres; écorce gris-brun clair, nombreuses verrues; moelle rouille. **Feuilles** opposées, à long pétiole, 10-25 cm de long, généralement imparipennées à 5 folioles lancéolées étroites, plus fines que chez le sureau noir (⇨ p. 362); face supérieure vert foncé mat, face inférieure bleuâtre et légèrement pubescente; souvent pourpres au débourrage, jaune pâle l'automne; froissées, elles diffusent une odeur désagréable. **Fleurs** petites, jaune clair, apparaissant en même temps que les feuilles, au parfum agréable; très nombreuses en panicules terminales dressées d'env. 5-8 cm de long. **Fruits** baies sphériques, rouge vif, de la taille d'un petit pois, juteuses; dès juil.

Répartition : apprécie les stations ensoleillées ou en pénombre sur sol riche et léger; bosquets clairsemés et forêts de conifères, aires de coupe, ourlets, bosquets champêtres et bords de chemins. Eur. moy. et du S., en Scandinavie seulement si redevenu sauvage après culture; Proche Orient et jusqu'au N. de la Chine; dans les Alpes jusqu'à 1400 m d'altitude.

À savoir ! Selon les régions, cette espèce est appelée également sureau de montagne ou sureau aux cerfs. Les fruits ne sont comestibles qu'après cuisson. Ils ne sont généralement utilisés que pour améliorer la couleur des jus et des compotes. Les pépins sont légèrement toxiques, comme les autres parties de la plante et peuvent provoquer de forts vomissements. Les oiseaux apprécient les fruits. Cette espèce est donc importante pour la protection des oiseaux. La troisième espèce indigène, le yèble ou petit sureau, *S. ebulus*, est une plante vivace.

Agneau chaste, gattilier

Vitex agnus-castus · Verbenacées

Arbuste à feuilles caduques, aux branches et rameaux dressés, quadrangulaires, tomenteux et aux fleurs violettes en inflorescences exubérantes. ✩ juil.-août

Port jusqu'à 3 m. **Feuilles** opposées, palmées, 5 à 7 folioles de 5-10 cm de long, entières; face supérieure glabre, face inférieure grise tomenteuse. **Fleurs** nombreuses en épis terminaux atteignant 30 cm de long, ou aux aisselles des feuilles; corolle jusqu'à 8 mm de long, bilabiée, tubulaire et en forme d'entonnoir, rose ou blanchâtre. **Fruits** drupes de 3-4 cm d'épaisseur, à noyau de la taille d'un grain de poivre, à la saveur âcre et piquante; à maturité dès sept. Toutes les parties de la plante diffusent un parfum fortement aromatique lorsqu'on les froisse.

Répartition : zones alluviales, bancs de sable, lits de rivières, lisières forestières, falaises côtières; préfère les sols calcaires. Région méditerranéenne, de l'Espagne aux Balkans, Crimée et Asie centrale; ne supporte pas les hivers en Eur. moy.

À savoir ! La saveur âcre des fruits, rappelant le poivre (dans certaines régions, ils étaient utilisés à sa place), semble réprimer les pulsions sexuelles, d'où l'adjectif de « chaste » et son autre nom : piment des moines. Ce sont effectivement des moines qui l'ont ramenée de sa région méditerranéenne d'origine en Eur. moy. Les fruits sont également utilisés en médecine, par exemple comme remède contre les troubles de la menstruation.

Dans l'Antiquité grecque, l'agneau chaste était consacré à la déesse de la fertilité Hera. Selon la légende, elle serait née sous cette plante. Aujourd'hui, on trouve désormais l'agneau chaste aussi en Eur. moy., comme plante de balcon dans des jardins d'hiver.

Sureau rouge, sureau à grappes en haut à droite : fleurs, en bas à droite : fruits

Agneau chaste, gattilier

Palmier de Chine

Trachycarpus fortunei · Arécacées

Les panicules aux petites fleurs jaunâtres pendent sous les toupets de feuilles comme d'amples arcs. ✿ mai-juin

Sempervirent, atteint 15 m de haut, tronc étroit. **Feuilles** à pétiole atteignant 1 m de long, limbe en forme d'éventail, de 60-100 cm de long, composé d'environ 25 rayons séparés presque jusqu'à la base. **Fruits** petits, sphériques, bleu-noir à maturité.

Répartition : sols légers, peu profonds et sablonneux. Originaire d'Asie de l'E. (S. de la Chine, Japon, Myanmar), très répandue dans la région méditerranéenne depuis le XIXe s., dans les parcs et le long d'avenues.

À savoir ! En Eur. moy. cette palme attrayante est souvent cultivée dans de gros pots et peut atteindre 5 m de haut.

Dattier des Canaries

Phoenix canariensis · Arécacées

La feuille composée, en toupets grands et épais, comprend 160 à 200 folioles atteignant 50 cm de long. ✿ mars-juin

Sempervirent, atteint 25 m de haut, tronc droit, relativement trapu, sans branches. **Feuilles** 2-5 m de long, vert clair, composées, généralement un peu tordues. **Fleurs** pl. dioïque, fl. petites, jaunâtres, en panicules arquées, retombantes, atteignant 2 m de long. **Fruits** baies jaune brunâtre, presque sans chair, non comestibles.

Répartition : sols pierreux, pauvres en humus, légers. Originaire des Canaries, désormais répandu dans toute la région méditerranéenne dans les parcs et le long d'avenues.

Dattier

Phoenix dactylifera · Arécacées

Les dattes douces à farineuses, atteignant 8 cm de long, contiennent un noyau très dur. ✿ fév.-juin

Toujours vert, atteint 25 m de haut, tronc mince. **Feuilles** en toupets de 30-50, 2-4 m de long, composées, vert-gris, les 140-180 folioles atteignent 40 cm de long. **Fleurs** pl. dioïques, fl. petites, nombreuses en grosses panicules. **Fruits** baies jusqu'à 8 cm de long : les dattes.

Répartition : sols glaiseux sablonneux, légers. Probablement originaire d'Asie de l'O. ; désormais planté partout sous les tropiques et aussi dans la région méditerranéenne.

À savoir ! Afin d'augmenter la production de fruits, dans les plantations on suspend des grappes de fleurs mâles aux plantes femelles (pollinisation par le vent).

Palmier nain

Chamaerops humilis · Arécacées

Les feuilles en forme d'éventail à long pétiole denté et épineux forment un toupet. ✿ avril-juin

Toujours vert, 2-5 m de haut, à un ou plusieurs troncs. **Feuilles** de 50-90 cm de long, à 12-20 rayons vert-gris. **Fleurs** petites, jaunâtres, en grappes. **Fruits** baies brun-rouge, non comestibles.

Répartition : sols arides, pierreux et sablonneux, forme parfois de denses bosquets. Côte méditerranéenne occidentale, manque toutefois en France.

Palmier de Chine inflorescences

Dattier des Canaries fruits

Dattier fruits

Palmier nain inflorescences

Index des espèces

A

Abies alba 46
Abies cephalonica 50
Abies grandis 48
Abies nordmanniana 48
Abies pinsapo 50
Abies procera 50
Abricotier 260
Acacia dealbata 322
Acer campestre 144
Acer heldreichii 142
Acer monspessulanum 144
Acer negundo 354
Acer opalus 148
Acer palmatum 148
Acer platanoides 146
Acer pseudoplatanus 142
Acer rubrum 142
Acer saccharinum 146
Acer saccharum 146
Acer tataricum 150
Aesculus × carnea 356
Aesculus hippocastanum 356
Agneau chaste 364
Ailante 360
Ailanthus altissima 360
Airelle à gros fruits 214
Airelle des marais 214
Airelle rouge 214
Ajonc d'Europe 328
Ajonc de Le Gall 328
Ajonc nain 328
Alisier 310
Alisier blanc 262
Alisier de Suède 310
Alisier nain 262
Alnus cordata 238
Alnus glutinosa 236
Alnus incana 238
Alnus rubra 238
Alnus viridis 240
Alouchier 262
Amandier 260
Amandier nain 258
Amélanchier 268
Amelanchier canadensis 268
Amélanchier de Lamarck 268
Amélanchier du Canada 268
Amelanchier lamarckii 268
Amelanchier ovalis 268
Amorpha fruticosa 338
Andromeda polifolia 216
Andromède à feuilles de polium 216
Araucaria araucana 96
Araucaria du Chili 96
Arbousier 290
Arbousier de Chypre 290
Arbre à cornichons 200
Arbre à perruques 190
Arbre à perruques américain 190
Arbre au caramel 188
Arbre aux couronnes 136
Arbre aux papillons 128
Arbre de Judée 188
Arbutus andrachne 290
Arbutus unedo 290
Arctostaphylos alpina 112
Arctostaphylos uva-ursi 212
Argousier 204
Arole 66
Atriplex portulacoides 166
Aubépine à deux styles 266
Aubépine à un style 266
Aubépine épineuse 266
Aubépine monogyne 266
Aubours des Alpes 336
Aulne blanc 238
Aulne de Corse 238
Aulne glutineux 236
Aulne noir 236
Aulne vert 240
Azalée des Alpes 112
Azalée jaune 212
Azalée pontique 212

B

Baguenaudier 336
Berberis julianae 140
Berberis thunbergii 104
Berberis vulgaris 140
Betula humilis 232
Betula nana 232
Betula pendula 230
Betula pubescens 230
Bois de Sainte-Lucie 258
Bois gentil 192
Bois sent-bon 240
Bonnet de prêtre 120
Bouleau blanc 230
Bouleau nain 232
Bouleau peu élevé 232
Bouleau pubescent 230
Bouleau verruqueux 230
Bourdaine 202
Bruyère à quatre angles 116
Bruyère cendrée 116
Bruyère ciliée 116
Bruyère commune 114
Bruyère des neiges 114
Bruyère vagabonde 116

Buddléia 128
Buddleja davidii 128
Bugrane épineuse 334
Buis 104
Busserole 112
Buxus sempervirens 104

C

Calicotome épineux 332
Calicotome spinosa 332
Calluna vulgaris 114
Camarine noire 216
Camerisier bleu 122
Camerisier des Alpes 122
Camerisier des haies 122
Camerisier noir 122
Canneberge 214
Canneberge à gros atocas 214
Capparis spinosa 172
Câprier épineux 172
Caragan arborescent 338
Caragana arborescens 338
Caroubier 326
Cassis 274
Castanea sativa 242
Catalpa 106
Catalpa bignonioides 106
Cèdre de l'Atlas 78
Cèdre de l'Himalaya 78
Cèdre du Liban 78
Cedrus atlantica 78
Cedrus deodara 78
Celtis australis 248
Cephalotaxus harringtonia 100
Ceratonia siliqua 326
Cercidiphyllum japonicum 188
Cercis siliquastrum 188
Cerisier à grappes 256
Cerisier acide 254
Cerisier des steppes 258
Cerisier du Japon 254
Cerisier sauvage 254
Cerisier tardif 256
Chaenomeles speciosa 180
Chalef changeant 206
Chamaecyparis lawsoniana 84
Chamaecyparis nootkatensis 84
Chamaecyparis obtusa 84
Chamaecyparis pisifera 84
Chamaecytisus purpureus 330
Chamaecytisus ratisbonensis 330
Chamaecytisus sessilifolius 330
Chamaecytisus supinus 330
Chamaedaphné 118
Chamaedaphne calyculata 118
Chamaerops humilis 366
Chamaespartium sagittale 186
Charme 234
Charme-houblon 234
Châtaigner 242
Chêne chevelu 296
Chêne de Hongrie 296
Chêne des marais 298
Chêne écarlate 298
Chêne noir 294
Chêne pédonculé 292
Chêne rouge 298
Chêne rouvre 294
Chêne tauzin 296
Chêne vert 298
Chêne-liège 300
Chênette 264
Chèvrefeuille de Tartarie 124
Chèvrefeuille des bois 124
Chèvrefeuille des jardins 124
Ciste à feuilles de peuplier 288
Ciste à feuilles de sauge 288
Cistus populifolius 288
Cistus salvifolius 288
Citronnier 198
Citrus limon 198
Citrus sinensis 198
Cladrastis lutea 322
Clematis alpina 314
Clematis flamula 316
Clematis montana 316
Clematis vitalba 314
Clematis x jackmanii 316
Clématite 'Jackmanii' 316
Clématite des Alpes 314
Clématite des haies 314
Clématite des montagnes 316
Clématite odorante 316
Cognassier 174
Cognassier de Chine 180
Colutea arborescens 336
Copalme d'Amérique 304
Corête du Japon 270
Cormier 340
Cornouiller blanc 120
Cornouiller mâle 118
Cornouiller sanguin 120
Cornus alba 120
Cornus mas 118
Cornus sanguinea 120
Coronilla emerus 336
Coronille arbrisseau 336
Corylus avellana 228
Corylus colurna 226
Cotinus coggygria 190
Cotinus obovatus 190
Cotonéaster commun 180
Cotoneaster integerrimus 180
Cotonéaster tomenteux 180
Cotoneaster tomentosa 180
Crataegus laevigata 266
Crataegus monogyna 266
Cupressus arizonica 86
Cupressus macrocarpa 88
Cupressus sempervirens 86
Cydonia oblonga 174
Cyprès 86
Cyprès chauve 82
Cyprès d'Hinoki 84
Cyprès d'Italie 86
Cyprès de l'Arizona 86

Cyprès de Lawson 84
Cyprès de Monterey 88
Cyprès de Nootka 84
Cyprès de Sawara 84
Cytise 330
Cytise à feuilles sessiles 330
Cytise à grappes 336
Cytise de Voss 336
Cytise noircissant 334
Cytisus nigricans 334
Cytisus scoparius 334

D

Daphne alpina 194
Daphné camélée 192
Daphne cneorum 192
Daphné des Alpes 194
Daphne laureola 192
Daphne mezereum 192
Daphne striata 192
Daphné strié 192
Dattier 366
Dattier des Canaries 366
Deutzia gracilis 138
Deutzia grêle 138
Diospyros kaki 202
Dryade à huit pétales 264
Dryas octopetala 264

E

Églantier 342
Elaeagnus angustifolia 206
Elaeagnus commutata 206
Elaeagnus multiflora 206
Empetrum hermaphroditum 216
Empetrum nigrum 216
Épicéa 52
Épicéa d'Engelmann 54
Épicéa de Serbie 54
Épicéa de Sitka 56
Épicéa du Colorado 56
Épine noire 252
Épine-vinette 140
Épine-vinette à feuilles persistantes 140
Épine-vinette de Thunberg 104
Érable à feuilles d'obier 148
Érable à feuilles de frêne 354
Érable à sucre 146
Érable argenté 146
Érable champêtre 144
Érable de Montpellier 144
Érable de Tartarie 150
Érable de Virginie 142
Érable des Balkans 142
Érable du Japon 148
Érable plane 146
Érable sycomore 142
Erica carnea 114
Erica ciliaris 116
Erica cinerea 116
Erica tetralix 116
Erica vagans 116
Euonymus alata 134
Euonymus europaea 120
Euonymus latifolia 134
Euonymus verrucosa 134

F

Fagus orientalis 168
Fagus sylvatica 168
Faux buis 190
Févier à trois épines 326
Ficus carica 304
Figuier 304
Filaire à feuilles étroites 128
Forsythia 138
Forsythia × intermedia 138
Fragon piquant 170
Framboisier 352
Frangula alnus 202
Fraxinus excelsior 358
Fraxinus ornus 358
Frêne 358
Frêne à fleur 358
Fusain 120
Fusain à larges feuilles 134
Fusain ailé 134
Fusain verruqueux 134
Fustet 190

G

Genêt à balais 334
Genêt ailé 186
Genêt d'Allemagne 182
Genêt d'Angleterre 182
Genêt d'Espagne 186
Genêt de Salzmann 332
Genêt des teinturiers 184
Genêt poilu 182
Genêt rayonnant 332
Genêt scorpion 182
Genêt sylvestre 184
Genévrier commun 92
Genévrier de Chine 94
Genévrier de Virginie 86, 94
Genévrier nain 94
Genévrier Sabine 94
Genista anglica 182
Genista germanica 182
Genista hispanica 184
Genista pilosa 182
Genista radiata 332
Genista salzmannii 332
Genista scorpius 182
Genista sylvestris 184
Genista tinctoria 184
Ginkgo 102
Ginkgo biloba 102
Gleditsia triacanthos 326
Globulaire à feuilles en cœur 130
Globularia cordifolia 130
Glycine de Chine 332
Glycine du Japon 332
Goumi du Japon 206
Grande pervenche 130

Grenadier 108
Griottier 254
Groseillier à fleurs 276
Groseillier à maquereaux 276
Groseillier des Alpes 272
Groseillier des rochers 272
Groseillier doré 276
Groseillier rouge 274
Gui 110
Gui blanc 110
Gui d'Europe, 110
Gui des conifères 110
Gui doré 110

H

Hamamélis de Chine 250
Hamamélis du Japon 250
Hamamelis japonica 250
Hamamelis mollis 250
Hedera helix 312
Hêtre austral 168
Hêtre d'Orient 168
Hêtre, hêtre blanc 168
Hibiscus de Syrie 288
Hibiscus syriacus 288
Hippophae rhamnoides 204
Hortensia 134
Hortensia grimpant 134
Hortensia paniculé 134
Houx 312
Hydrangea 134
Hydrangea macrophylla 134
Hydrangea petiolaris 134
Hypericum androsaemum 194
Hypericum calycinum 106

I

If 98
Ilex aquifolium 312
Indigo bâtard 338

J

Jasmin buissonnant 354
Jasmin d'hiver 354
Jasminum fruticans 354
Jasminum nudiflorum 354
Juglans nigra 318
Juglans regia 318
Juniperus chinensis 94
Juniperus communis 92
Juniperus sabina 94
Juniperus sibirica 94
Juniperus virginiana 86, 94

K

Kaki 202
Kerria japonica 270
Koelreuteria paniculata 360

L

Laburnum × watereri 336
Laburnum alpinum 336
Laburnum anagyroides 336
Larix decidua 60
Larix kaempferi 60
Laurier des bois 192
Laurier rose 130
Laurier sauce 170
Laurier-cerise 172
Laurus nobilis 170
Lavande vraie 130
Lavandula angustifolia 130
Lédon du Labrador 216
Ledum palustre 216
Lierre 312
Ligustrum ovalifolium 126
Ligustrum vulgare 126
Lilas commun 126
Linnea borealis 140
Linnée boréale 140
Liquidambar styraciflua 304
Liriodendron tulipifera 300
Loiseleuria procumbens 112
Lonicera alpigena 122
Lonicera caerulea 122
Lonicera caprifolium 124
Lonicera nigra 122
Lonicera periclymenum 124
Lonicera tataricum 124
Lonicera xylosteum 122
Loranthus europaeus 110
Lyciet commun 194
Lyciet de Chine 194
Lycium barbarum 194
Lycium chinense 194

M

Magnolia × soulangiana 200
Magnolia à grandes fleurs 200
Magnolia acuminata 200
Magnolia grandiflora 200
Magnolia hybride 200
Mahonia 354
Mahonia aquifolium 354
Malus domestica 176
Malus sylvestris 176
Marronnier 356
Marronnier à fleurs rouges 356
Mélèze d'Europe 60
Mélèze du Japon 60
Merisier 254
Mespilus germanica 174
Métaséquoia 82
Metasequoia glyptostroboides 82
Meuron 350
Micocoulier 248
Millepertuis à grandes fleurs 106
Millepertuis androsème 194
Mimosa argenté 322
Morelle douce-amère 194
Morus alba 284
Morus nigra 284
Mûre sauvage 350
Mûrier blanc 284

Mûrier noir 284
Muscadier de Californie 100
Myrica gale 240
Myrica galé 240
Myricaire 208
Myricaria germanica 208
Myrobolan 258
Myrte 104
Myrtille 214
Myrtus communis 104

N

Néflier d'Allemagne 174
Neprun des Alpes 286
Nerium oleander 130
Nerprun des roches 286
Nerprun nain 286
Nerprun purgatif 108
Noisetier 228
Noisetier de Byzance 226
Nothofagus antarctica 168
Noyer 318
Noyer noir 318

O

Obione faux-pourpier 166
Olea europaea 196
Oléandre 130
Olivier 196
Olivier de Bohème 206
Ononis spinosa 334
Oranger 198
Orme blanc 246
Orme champêtre 244
Orme de montagne 246
Orme de Sibérie 248
Orme lisse 246
Ormeau 244
Orne 358
Osier blanc 158

P

Palmier de Chine 366
Palmier nain 366
Parthenocissus inserta 308
Parthenocissus quinquefolia 308
Parthenocissus tricuspidata 308
Paulownia 106
Paulownia tomentosa 106
Pêcher 260
Petit ajonc 328
Petit cytise couché 330
Petit cytise pourpre 330
Petit genêt d'Espagne 184
Petite pervenche 130
Peuplier baumier 154
Peuplier blanc 152
Peuplier de l'Ouest 154
Peuplier grisard 152
Peuplier hybride euraméricain 154
Peuplier noir 220
Peuplier noir d'Amérique 154
Philadelphus coronarius 136
Phillyrea angustifolia 128
Phoenix canariensis 366
Phoenix dactylifera 366
Physocarpe 264
Physocarpus opulifolia 264
Picea abies 52
Picea engelmannii 54
Picea glauca 56
Picea omorika 54
Picea pungens 56
Picea sitchensis 56
Pin blanc d'Amérique 70
Pin blanc du Japon 72
Pin cembro 56
Pin d'Alep 74
Pin d'Autriche 68
Pin de Harrington 100
Pin de Jeffrey 70
Pin de l'Himalaya 72
Pin de Macédoine 72
Pin de montagne 62, 64
Pin de Murray 70
Pin de Weymouth 70
Pin des Balkans 72
Pin jaune des Montagnes Rocheuses 70
Pin maritime 74
Pin mugo 62
Pin noir 68
Pin noir de Corse ou de Calabre 68
Pin parasol 76
Pin sylvestre 66
Pinus cembra 66
Pinus contorta 70
Pinus halepensis 74
Pinus jeffrey 70
Pinus leucodermis 72
Pinus mugo 62
Pinus mugo ssp. *Mugo* 64
Pinus nigra 68
Pinus nigra ssp. *Laricio* 68
Pinus parviflora 72
Pinus peuce 72
Pinus pinaster 74
Pinus pinea 76
Pinus ponderosa 70
Pinus strobus 70
Pinus sylvestris 66
Pinus wallichiana 72
Pittospore du Japon 170
Pittospore ondulé 170
Pittosporum tobira 170
Pittosporum undulatum 170
Plaqueminier 202
Platane d'Orient 302
Platane hybride 302
Platanus × hispanica 302
Platanus orientalis 302
Podocarpe 100
Podocarpus nivalis 100

Poirier cultivé 178
Poirier sauvage 178
Polygala chamaebuxus 190
Polygale petit buis 190
Pommier cultivé 176
Pommier sauvage 176
Populus × canadensis 154
Populus × canescens 152
Populus alba 152
Populus balsamifera 154
Populus deltoides 154
Populus nigra 220
Populus tremula 218
Populus trichocarpa 154
Potentilla fruticosa 348
Potentille buissonnante 348
Prunellier 252
Prunier 260
Prunier-cerisier 258
Prunus armeniaca 260
Prunus avium 254
Prunus cerasifera 258
Prunus cerasus 254
Prunus domestica 260
Prunus dulcis 260
Prunus fruticosa 258
Prunus laurocerasus 172
Prunus mahaleb 258
Prunus padus 256
Prunus persica 260
Prunus serotina 256
Prunus serrulata 254
Prunus spinosa 252
Prunus tenella 258
Pseudotsuga menziesii 58
Ptérocarier du Caucase 318
Pterocarya fraxinifolia 318
Punica granatum 108
Pyracantha 264
Pyracantha coccinea 264
Pyrus communis 178
Pyrus pyraster 178

Q

Quercus cerris 296
Quercus coccinea 298
Quercus frainetto 296
Quercus ilex 298
Quercus palustris 298
Quercus petraea 294
Quercus pyrenaica 296
Quercus robur 292
Quercus rubra 298
Quercus suber 300
Quercus suber 300

R

Raisin d'ours commun 212
Raisin d'ours des Alpes 112
Redwood de Californie 80
Rhamnus alpina 286
Rhamnus cathartica 108
Rhamnus pumila 286
Rhamnus saxatilis 286
Rhododendron à feuilles de Myrte 210
Rhododendron cilié 210
Rhododendron ferrugineum 210
Rhododendron ferrugineux 210
Rhododendron hirsutum 210
Rhododendron luteum 212
Rhododendron myrtifolium 210
Rhododendron ponticum 212
Rhodothamne ciste nain 112
Rhodothamnus chamaecistus 112
Rhus typhina 338
Ribes alpinum 272
Ribes aureum 276
Ribes nigrum 274
Ribes petraeum 272
Ribes rubrum 274
Ribes sanguineum 276
Ribes uva-crispa 276
Robinia pseudoacacia 324
Robinier faux acacia 324
Romarin 132
Ronce 350
Ronce à feuilles d'ormeau 350
Ronce bleuâtre 352
Ronce laciniée 350
Rosa agrestis 344
Rosa arvensis 344
Rosa canina 342
Rosa gallica 344
Rosa glauca 344
Rosa majalis 346
Rosa pendulina 348
Rosa pimpinellifolia 346
Rosa rubiginosa 348
Rosa rugosa 342
Rosa villosa 346
Rosier à feuilles de Pimprenelle 346
Rosier agreste 344
Rosier cannelle 346
Rosier de France 344
Rosier des Alpes 348
Rosier des champs 344
Rosier des chiens 342
Rosier glauque 344
Rosier rubigineux 348
Rosier rugueux 342
Rosier velu 346
Rosmarinus officinalis 132
Rubus caesius 352
Rubus fruticosus 350
Rubus idaeus 352
Rubus laciniatus 350
Rubus ulmifolius 350
Ruscus aculeatus 170

S

Salix alba 156
Salix alpina 166
Salix appendiculata 224
Salix aurita 224

Salix caprea 222
Salix cinerea 160
Salix daphnoides 162
Salix elaeagnos 162
Salix fragilis 158
Salix glauca 166
Salix helvetica 166
Salix herbacea 164
Salix purpurea 158, 160
Salix repens 162
Salix reticulata 164
Salix retusa 164
Salix serpyllifolia 164
Salix triandra 162
Salix viminalis 158
Salvia officinalis 132
Sambucus canadensis 362
Sambucus nigra 362
Sambucus racemosa 364
Sapin blanc 46
Sapin d'Espagne 50
Sapin de Californie 48
Sapin de Céphalonie 50
Sapin de Douglas 58
Sapin de Nordmann 48
Sapin du Canada 56
Sapin noble 50
Sauge officinale 132
Saule à feuilles de serpolet 164
Saule à feuilles obtuses 164
Saule à oreillettes 224
Saule amandier 162
Saule appendiculé 224
Saule blanc 156
Saule cendré 160
Saule daphné 162
Saule de Suisse 166
Saule des Alpes 166
Saule des vanniers 158
Saule drapé 162
Saule fragile 158
Saule glauque 166
Saule herbacé 164
Saule marsault 222
Saule pleureur 156
Saule pourpré 158, 160
Saule rampant 162
Saule réticulé 164
Savonnier 360
Séquoia 80
Séquoia géant 80
Sequoia sempervirens 80
Sequoiadendron giganteum 80
Seringat 136
Solanum dulcamara 194
Sophora du Japon 322
Sophora japonica 322
Sorbier à larges feuilles 262
Sorbier de Mougeot 262
Sorbier des oiseleurs 320
Sorbier petit néflier 262
Sorbus aria 262
Sorbus aucuparia 320
Sorbus chamaemespilus 262
Sorbus domestica 340
Sorbus intermedia 310
Sorbus latifolia 262
Sorbus mougeotii 262
Sorbus torminalis 310
Spartium junceum 186
Spiraea chamaedryfolia 270
Spiraea decumbens 270
Spiraea japonica 270
Spiraea salicifolia 270
Spirée à feuilles d'orme 270
Spirée à feuilles de saule 270
Spirée du Japon 270
Spirée estivale 270
Staphilier 354
Staphylea pinnata 354
Sumac 338
Sureau à grappes 364
Sureau du Canada 362
Sureau noir 362
Sureau rouge 364
Symphoricarpos albus 128
Symphorine blanche 128
Syringa vulgaris 126

T

Tamaris 208
Tamaris de Russie 208
Tamaris du printemps 208
Tamarix gallica 208
Tamarix pentandra 208
Tamarix tetrandra 208
Taxodium distichum 82
Taxus baccata 98
Thé suisse 264
Thuja occidentalis 90
Thuja orientalis 90
Thuja plicata 88
Thuya d'Occident 90
Thuya géant 88
Thuya oriental 90
Thym commun 132
Thym pouliot 132
Thymus pulegioides 132
Thymus vulgaris 132
Tilia × hollandica 280
Tilia cordata 280
Tilia petiolaris 282
Tilia platyphyllos 278
Tilia tomentosa 282
Tilleul à grandes feuilles 278
Tilleul à petites feuilles 280
Tilleul argenté 282
Tilleul argenté pleureur 282
Tilleul de Hollande 280
Torreya californica 100
Torreya nucifera 100
Torreya porte-noix 100
Trachycarpus fortunei 366
Tremble 218
Troène 126
Troène de Californie 126

Tsuga canadensis 58
Tsuga de l'ouest 58
Tsuga du Canada 58
Tsuga heterophylla 58
Tulipier 300

U

Ulex europaeus 328
Ulex gallii 328
Ulex minor 328
Ulmus glabra 246
Ulmus laevis 246
Ulmus minor 244
Ulmus procera 244

V

Vaccinium myrtillus 214
Vaccinium oxycoccos 214
Vaccinium uliginosum 214
Vaccinium vitis-idaea 214
Viburnum lantana 136
Viburnum opulus 150
Viburnum rhytidophyllum 136
Vigne 306
Vigne américaine 306
Vigne vierge à cinq feuilles 308
Vigne vierge du Japon 308
Vigne vierge grimpante 308
Vinca major 130
Vinca minor 130
Viorne à feuilles ridées 136
Viorne lantane, viorne mancienne 136
Viorne obier 150
Virgilier à bois jaune 322
Viscum album 110
Viscum laxum 110
Vitex agnus-castus 364
Vitis labrusca 306
Vitis vinifera 306

W

Weigela floribunda 136
Weigelia 136
Wisteria floribunda 332
Wisteria sinensis 332

Z

Zelkova carpinifolia 248

Crédits photographiques

Le chiffre avant le point indique la page dans le livre, le chiffre après le point la position de l'image dans la page. L'ordre des images sur une page va de gauche à droite et de haut en bas.

Les photographies sont de E. et M. Pforr à l'exception des illustrations suivantes : O. Angerer : 111.5, 113.2, 125.5, 225.4, 263.5, 311.3, 311.4 ; A. Bärtels : 6, 49.4, 49.5, 55.3, 57.2, 71.1, 73.2, 75.1, 79, 81.3, 91.1, 91.2, 99.3, 101.1, 101.2, 101.3, 103.1, 103.3, 127.4, 139.2, 139.3, 144.3, 147.3, 149.3, 149.5, 155.1, 155.2, 155.3, 155.4, 173.2, 173.3, 189.6, 200.1, 200.2, 203.1, 207.3, 221.1, 225.1, 235.3, 235.4, 247.1, 247.6, 249.2, 249.3, 251.2, 251.4, 257.3, 284.1, 285.1, 297.1, 301.2, 303, 323.1, 323.4, 325.1, 325.3, 327.2, 341.3, 359.5, 361.3, 367.3 ; Siegfried Demuth : 187.2 ; Dr. G. Ewald : 75.2, 77.2, 157.3, 159.2, 179.3, 189.5, 196, 243.3, 245.2, 279.3, 295.4 ; Frank Hecker : 37.1, 37.2 ; Dieter Heß : 141.4 ; iStockphoto / Julia Pivovarova : 45 ; iStockphoto / Tim Pohl : 41 ; K. Jahnke : 163.6, 163.7, 347.2 ; Wolfgang Kawollek : 39 ; Dr. R. König : 49.3, 54.2, 59.4, 62.2, 62.3, 69, 73.3, 75.3, 77.1, 77.3, 83.4, 87, 89.3, 90, 143.3, 155.3, 169.5, 199.2, 227.3, 231.2, 243.2, 257.2, 283.2, 294, 299.4, 301.1, 305.3, 319.3, 319.5, 321.3, 323.2, 340, 355.1, 361.2, 367.1, 367.4 ; R. König, IBIS : 290.2 ; B. P. Kremer : 10, 16, 17, 54.1, 64.2, 64.3, 68, 81.4, 89.1, 92.2, 98,2, 98.3, 111.1, 114.1, 116.2, 118.1, 121.3, 132.1, 209.4, 252, 269.3, 274.2, 307.1, 307.4, 312.1, 316.1, 328.1, 328,2, 329.2, 342.1, 348.3, 350.1, 351.2 ; K. Lauber : 351.5 ; H. E. Laux : 111.6, 122, 135.2, 165.1, 183.1, 183.2, 183.3, 213.1, 217.1, 259.1, 259.4, 335.2 ; A. Limbrunner : 13, 62, 201.1, 235.1, 237.1, 293.1, 320, 377 ; G. Lopez-Gonzales : 163.3, 163.4, 183.4, 209.3, 212.2, 317.4, 329.2, 329.3, 333.2 ; Eberhard Morell : 365.5 ; Th. Muer : 137.2, 176.5, 213.2, 225.2 ; B. Münker : 197.1 ; Helmut Pirc : 305.4 ; H. Reinhard : 51.1, 51.2, 51.3, 57.1, 57.4, 59.1, 73.4, 78, 83.1, 85.1, 89.2, 91.3, 97, 99.1, 103.2, 107.1, 107.2, 107.3, 107.4, 143.1, 143.2, 145.4, 147.4, 149.1, 155.1, 161.2, 174, 175.1, 175.2, 175.3, 177.2, 178, 189.3, 199.3, 203.2, 245.1, 255.4, 261.1, 261.2, 261.3, 261.6, 285.3, 297.2, 305.1, 305.2, 327.3, 327.4, 359.3, 359.4, 361.4, 367.2, 372 ; Christine Schneider : 42 ; H. Schrempp : 4, 47.5, 49.2, 53.3, 63.1, 67, 68.2, 68.4, 73.1, 81.1, 101.4, 149.4, 153.2, 153.3, 153.4, 159.1, 159.2, 159.3, 177.3, 179.4, 180, 181.1, 188.1, 199.1, 219.1, 220, 221.2, 221.4, 227.1, 235, 239.2, 243.1, 244.3, 247.3, 255.2, 259.3, 263.1, 263.2, 295.1, 295.3, 299.2, 300, 301.4, 311.2, 318, 319.1, 324, 341.1, 341.2, 355.2, 359.1, 361.1 ; S. Seidl : 116.1, 117.3, 166.1, 287.5, 291.3, 317.1, 373.4 ; G. Steinbach : 47.1, 53.4, 114.3, 137.3, 142, 158.3, 159.4, 171.2, 177.4, 222.1, 255.3, 257.1, 279.1, 279.2, 295.2, 321.1, 338.1, 342.2, 346.1, 358 ;

Les dessins ont été réalisés par Paschalis Dougalis, H. Held et R. Hofmann.

Fruits sauvages comestibles

Fruits sauvages toxiques

Auteurs

Dr. Bruno P. Kremer a étudié la biologie et la chimie. D'abord actif dans la recherche et comme journaliste, il participe ensuite à la formation des enseignants en biologie à l'Université de Cologne au Zentrum für Mathematische und Naturwissenschaftliche Bildung. Il a publié de nombreux articles scientifiques et est l'auteur de guides et de livres de formation.

L'éditeur

Gunter Steinbach (†) est né en 1938, il a étudié les arts plastics à Hambourg et a été actif dans le monde de l'édition pendant des décennies. À la fin de sa vie il s'est retiré dans sa ferme isolée du reste du monde dans la région de l'Allgäu où il s'est entièrement consacré à l'étude et à la pratique de la nature.

AVERTISSEMENT

Les informations et recommandations présentées dans ce livre ont été réunies et vérifiées par l'auteur, le traducteur et l'éditeur avec le plus grand soin. Cependant aucune garantie ne peut être donnée quant à l'exactitude des données. L'auteur comme l'éditeur déclinent toute responsabilité en cas de dommages ou accidents liés à l'utilisation de cet ouvrage.

1re édition
Traduction : Walter Rosselli
Relecture : Béatrice Murisier
Impression et reliure : Offizin Andersen Nexö, Zwenkau
Printed in Germany

ISBN 978-2-84138-509-6 (Éditions Ulmer)
et ISBN 978-2-940365-39-5 (Rossolis)

Titre original : Bäume und Sträucher.
Édition autorisée sous licence accordée à Éditions Ulmer, Paris

Édition autorisée sous licence accordée à Rossolis Sàrl, Bussigny